政治文化与政治文明书系

主　编：高　建　马德普

行政文化与政府治理系列

执行主编：吴春华

本书为教育部人文社会科学研究青年基金项目
"我国城郊农民的空间迁移与社会流动——以超大城市为例"
（16YJC840029）的研究成果

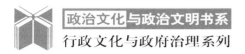

政治文化与政治文明书系

行政文化与政府治理系列

城郊农民的身份转型与社会流动研究

——在城镇化背景下以超大城市为例

Study on the Identity Transformation
and Social Mobility
of Suburban Farmers
——Take Mega Cities as an Example under
the Background of Urbanization

于 莉 ◎著

天津出版传媒集团

天津人民出版社

图书在版编目（CIP）数据

城郊农民的身份转型与社会流动研究 ：在城镇化背景下以超大城市为例 / 于莉著. -- 天津 ：天津人民出版社，2022.8

（政治文化与政治文明书系. 行政文化与政府治理系列）

ISBN 978-7-201-18683-2

Ⅰ．①城… Ⅱ．①于… Ⅲ．①农民－城市化－研究－中国 Ⅳ．①D422.64

中国版本图书馆 CIP 数据核字(2022)第 144349 号

城郊农民的身份转型与社会流动研究

CHENGJIAO NONGMIN DE SHENFEN ZHUANXING YU SHEHUI LIUDONG YANJIU

出　　版	天津人民出版社
出 版 人	刘　庆
地　　址	天津市和平区西康路 35 号康岳大厦
邮政编码	300051
邮购电话	（022）23332469
电子信箱	reader@tjrmcbs.com

策划编辑	王　康
责任编辑	佐　拉
装帧设计	卢炀炀

印　　刷	天津新华印务有限公司
经　　销	新华书店
开　　本	710 毫米×1000 毫米　1/16
印　　张	24.75
插　　页	2
字　　数	280 千字
版次印次	2022 年 8 月第 1 版　2022 年 8 月第 1 次印刷
定　　价	99.00 元

政治文化与政治文明书系

天津师范大学政治文化与政治文明建设研究院·天津人民出版社

编 委 会

序　言

随着社会转型与现代化发展的不断深入，我国大都市城郊地区发生了快速而深远的变迁，大量农民脱离土地，从农业劳动者转变为非农劳动者，其生存空间也从传统的乡村转变为现代化城镇，这一过程不仅仅是谋生手段和居住方式的转变，也是社会身份的转型。

城郊地区是中心城区向周边辐射与扩张的最前沿，城乡社会的结构变迁和政策改革共同作用于城郊空间的城镇化过程，外来农业人口的流入和本地农业人口的转型导致城郊农民的异质和分化，使城郊空间成为考察和对比农民身份转型和社会流动的最佳场域。这种探究可以呈现社会结构、政策制度等宏观因素及先赋条件、自致条件等微观因素对农民社会地位获得的作用，发现改革开放以来，大都市城郊农民身份转型与社会流动的基本状况及其影响机制，有利于促进农业人口的市民化转型和实现向上的社会流动，促进城乡现代化的协调发展和新型城镇化的深入推进。

本书共分为三个部分，第一部分是第一编——大都市城郊空间的城镇化变迁，该部分以天津市为例，借鉴邓肯(Duncan)的 POET(人口—组织—环境—技术)生态模型考察城乡体系的城镇化变迁,并以此为依据划分城乡体系的空间类型,识别出大都市的中心市区、近郊区和远郊区的三个空间结构,通过对环境、技术、组织和人口城镇化水平的分析和比较,呈现城郊空间在城镇化进程中所具有的独特属性,从而完成对城郊农民身份转型和社会流动的外部环境分析。基于实证分析结果提出本书的第一个结论:城郊空间的城镇化转型并非最终成为中心城区的一部分,而是在城乡体系中建构既不同于中心城区也不同于乡村的第三种社会空间,这一空间具有其独特的属性特征、社会问题和发展道路,城郊空间的城镇化过程不是中心城区对郊区的吞噬和同化,城郊空间正在发展成为具有独特功能和特色的空间结构,从而实现大都市体系中不同类型空间的多元发展和功能互补。

第二部分是本书的第二编——大都市城郊农民的身份转型与身份认同,该部分以天津市城郊地区的失地农民为研究对象,通过调查研究呈现城郊地区迅猛的城镇化变迁导致的城郊农民的市民化身份转型及其代际差异。研究主要从职业身份、户籍身份和市民待遇三个维度考察城郊农民社会身份的市民化转型状况,同时考察了城郊农民的身份认同和市民化意愿,并做出家庭代际和年代代际的比较分析。基于实证分析结果提出本书的第二个结论:城郊农民的非农就业、户籍"农转非"和市民待遇均呈现代际向上的发展趋势,但总体来看,城郊农民的非农就业质量和城市社会保障水平较低,市民化转型不彻底,城郊农民对市民身份的认同度不高并出现身份认同的多元分化。由于城镇化背景下城郊农民的身份转型具有较强的被动性,在无法保留土地的物质保障和农民的职业身份的背景下,保留户籍身份被认为是城郊农民应对城镇化生活风险的保障来源,虽然年轻一代城郊农民的市民身份转型程度高于他们的长辈,但无论是老一代还是年轻一代,都具有较强的户籍依恋心理,这种心理使他们在身份转型上并未呈现出积极的市民身份选择。因此,有必要探究城郊农民户籍依恋的根源,有针对性地做出政策调整,切实有效地推进城郊农民的市民化进程,促使其顺利完成由农民到新市民的转型。

第三部分是本书的第三编——大都市城郊农民的地位获得与社会流动,该部分基于 CGSS(中国综合社会调查)2010、2011、2012、2013、2015 和 2017 年的数据库,以北京、上海、天津和重庆四个超大城市为例,基于 ISEI(国际社会经济地位指数)测量超大城市中城郊农民的社会经济地位,考察其同期群代际流动和家庭代际流动状况,并使用 HLM(多层线性模型)软件通过分层回归技术分析城郊农民社会经济地位获得与代际流动的影响机制。基于实证分析结果,提出本书的第三个结论:城郊农民的社会经济地位与父代相比有了显著提升,总体呈现向上的代际流动,但其社会经济地位的平均值仍处于较低水平。从影响机制上看,宏观社会经济发展因素对城郊农民社会经济地位获得和向上的代际流动均产生显著的正向影响,同时还抑制了二元户籍制度的影响作用。(1)在政策因素中,空间迁移的影响体现为:与本地农民相比,外来迁居农民的社会经济地位更高,且家庭代际向上流动比率更高;户籍类型的影响体现为:"农转非"户籍者的社会经济地位显著高于农业户籍者,同时户籍"农转非"对城郊农民社会经济地位获得和向上的家庭代际流动均产生显著的正向影响。(2)在先赋因素中,城郊农民父代社会经济地位和父代教育程度都处于较低水平,先赋条件并不优越,虽然可以证明子代社会经济地位与父代社会经济地位和父代教育程度具有正向相关性,但解释模型中并没有呈现先赋条件对城郊农民社会经济地位的正向影响,甚至在家庭代际流动的解释模型中,父代社会经济地位反而对代际流动产生了抑制作用,体现为父代社会经济地位的提高导致向下流动可能性的增加和向上流动可能性的减少,父代的优势条件没有传递给子代而助力子代的向上流动。(3)在自致因素中,政治面貌和教育程度均对城郊农民社会经济地位获得和向上的代际流动产生显著正向影响,并且随着宏观社会经济的发展,受教育程度的正向影响还被不断强化。可见,教育是城郊农民实现向上流动的重要影响机制。

由于各种主客观条件的局限,本书还存在许多不够完善的地方。首先,在调查研究中,基于客观条件的限制,在抽样方式上采用了非概率抽样的方法,并且样本规模较为有限,从而影响了研究结果的外部效度,使研究局限于因果关系的探索性建构。因此,在本书的基础上,还需要跟进基于概率抽样的更大规模的描述性和解释性研究,以实现对研究结果的进一步推广。

其次,本书使用了 CGSS 数据库对城郊农民的社会流动进行分析,提升了结论的信度和外部效度。但是,由于利用的是二手资料的现有指标,限制了研究对影响因素的变量选择,因此对大都市城郊农民社会经济地位及其代际流动的解释模型还存在不够完善的地方。此外,由于数据库中地级市编码不予公开,对于广州和深圳两个超大城市的样本无法做出甄别,因此本书未能囊括全部超大城市的城郊农民样本,存在遗憾之处。

此外,本书的最终成果实现了描述性的现状呈现与探索性的关系分析,但并未建构起完整的理论解释体系,因此研究结果还需在理论层面上实现进一步的建构和提升,这将是后续研究需要致力完成的重要任务。

本书在教育部人文社会科学研究基金项目(项目编号:16YJC840029)的资助下完成,在此感谢教育部人文社会科学基金项目提供的资金支持。还要感谢项目评审专家对本项目提出的宝贵意见和专业指导,感谢学校及院系领导和老师对本项目的关心和支持,感谢参与本项目调研工作的所有老师和同学,感谢配合本项目顺利开展的政府工作人员和基层社区工作者,感谢接受本项目调查访谈的所有相关人员。感谢董发志、马君、任彬彬等我指导的大创项目组的同学参与本书第二编第七章的文献收集与综述工作,感谢我的硕士生于美钰同学参与本书第三编第八章和第十一章的文献收集与综述工作。此外,也特别感谢天津人民出版社对本书出版的大力支持。

于 莉

2021 年 8 月

目　　录

第一编　大都市城郊空间的城镇化变迁

对大都市城郊空间城镇化变迁的考察将借鉴邓肯的 PDET 生态复合体模型。邓肯将人类生存空间视为一个生态系统,它的各个部分是相互联系的,任何一个部分的变动都会影响到其他部分。同时,生态系统又处在一个不断前进、变化与自我调适的生态过程中。为了描述和分析生态系统变迁过程中生态变量的相互关系,邓肯提出了 POET 生态复合体模型。邓肯指出,对任何生态系统的研究都可以确定一组关系,体现为 POET 生态复合体模型中人口、组织、环境和技术四个关联变量的相互作用(如图 1-1 所示),其中人口和组织一般被认为是因变量,环境和技术则被认为是自变量。邓肯运用 POET 生态复合体模型分析了工业社会的生态扩张,指出生态扩张可以概括为生态复合体四个变量的一个公式:技术积累加速加剧了对环境的开发,从而带来了人口转变和组织革命。①

---

① See Duncan O., Social organization and the ecosystem,. In: R. Faris (ed.), *Handbook of modern sociology*, Rand McNally, 1964, p. 75.

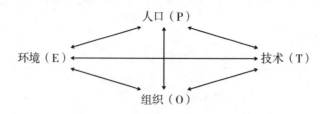

图 1 – 1 POET 生态复合体模型①

　　本书借鉴邓肯的生态复合体模型,以天津市为例,分析城镇化背景下大都市城郊地区的环境与技术变迁,及其所导致的组织与人口变迁,呈现城郊空间的独特特征,及其作为外部环境因素对城郊农民市民化转型带来的影响,并从外部环境中寻找解释个体微观行为与态度的根源。

　　根据邓肯的 POET 生态复合体模型,可以将城郊地区的城镇化转型视为生态系统变迁的过程,其中城郊地区大规模的耕地征用和流转作为环境因素的变迁;城郊地区产业结构的调整视为技术因素的变迁;城郊地区安置社区组织体系建构作为组织因素的变迁;它们共同导致城郊地区社会系统的整体变迁,也必然导致城郊地区人口因素的变迁并形成人口变迁的独特特征。

---

　　①　参见蔡禾主编:《城市社会学:理论与视野》,中山大学出版社,2003 年,第 30 页。

第一章　城乡体系中的城郊空间

第一节　城郊空间的界定

一、城市空间的理论解说

美国芝加哥学派在创立城市社会学之初,就对城市空间区位予以关注,他们从生态学视角出发,指出城市的空间结构是资源竞争的结果。由于城市的中心区具有资源获取的优势地位,因而成为土地价值最高的区位,占据了城市的统治地位,直接影响着其他地区的功能分布。[①] 古典城市生态学派试图从空间关系出发,揭示城市中的个体、群体和组织关系,以及秩序和制度的建构过程,伯吉斯(Burgess)的同心圆理论是芝加哥学派城市空间区位

① See Robert E. Park, *Human Communities : The City and Human Ecology*, Collier Macmillan, 1952, p. 151.

分析的代表性理论模型。① 新正统生态学代表人物霍利(Hawley)从功能主义视角出发,指出城市的空间秩序源自城市关键功能的支配与分化。城市的中心位置由执行关键功能的单位占据,执行较少功能的单位则按照其相对贡献的大小及功能的独立性程度分布在中心位置的周围,城市空间秩序就是按照这种功能互补和最大化效率的原则建构起来的。②

城市生态学理论作为早期形成的城市社会学理论,形成了城市研究的空间视角,并从生态经济发展视角,揭示出城市空间区位的差异性与城市空间结构的秩序性,为城市空间分析提供了丰富的理论依据和分析模型。

20世纪六七十年代,新城市社会学兴起并发展成为城市社会学的又一主流范式。新城市社会学关注城市空间的社会属性与政治属性,并从政治经济学视角对城市空间秩序做出解说。列斐伏尔(Lefedrve)是城市空间政治经济学理论的创始人,在对西方资本主义城市空间的研究中,列斐伏尔提出资本主义城市空间是资本主义生产方式的产物,资本将空间转化成商品,将空间生存纳入资本主义的逻辑过程中,资本主义城市空间体现了资本主义关系,同时剥削空间以谋求利润的资本要求与消费空间的人的社会需求之间的矛盾也体现在资本主义城市空间使用的斗争中。由于空间打上了资本主义的烙印,使得资本主义关系通过人们对空间的日常使用而实现再生产。③ 在列斐伏尔的启发下,一批研究者从政治经济学视角对资本主义城市空间问题做出分析。罗维斯(Roweis)和斯科特(Scott)指出城市空间并不是一种"容器",而是社会经济过程的产物,特定的社会生产建构了城市空间的

---

① 参见帕克等:《城市社会学》,宋峻岭等译,华夏出版社,1987年,第48～62页。

② See Amos H. Hawley. ,*Human Ecology:A Theory of Community Structure*,Ronald Press,1950,pp. 221 - 236.

③ See Henri Lefebvre,*The Survival of Capitalism,Reproduction of the Relations of Production*,Allison & Busby Ltd,1976,pp. 78 - 92.

组织形式,而空间形式又会反作用于这些生产组织。[1] 哈维(Harvey)将城市过程纳入资本主义系统下,揭示了资本主义基本矛盾、资本积累、资本危机和资本循环对城市空间过程的支配作用,指出资本主义城市过程是资本积累与阶级斗争互动过程的产物。[2]

城市政治经济学理论基于更广阔的社会背景,呈现出城市空间建构的社会与政治经济过程。这一理论视角揭示了空间的结构和属性是社会政治经济发展的产物,空间布局的变化体现了宏观社会政治经济发展的过程,同时空间结构与属性的变迁也会对特定社会组织和个体的日常生活产生影响。这一观点启发我们,在研究我国的城市空间变迁的过程中,也要从我国社会主义社会经济发展的背景出发,在我国经济现代化发展和社会城镇化转型的过程中考察城市空间结构的分化和空间属性的特征。

二、从二元空间到一体化发展

一直以来,城市与乡村被视为人类社区的两个基本类型,尽管很多学者认为城与乡的划分很难有明确的界限,[3]但城与乡的差异一直客观存在且被研究者所关注。

在我国,对城乡二元隔离与对立的研究被视为关系中国社会经济发展的重要课题之一。研究者普遍认为,20世纪50年代末,我国采取"重城市、轻农村,重工业、轻农业,重全民、轻集体"的发展战略,导致了城乡发展的差

---

[1]　See S. Roweis and A. Scott, The Urban Land Question, In K. Cox (ed.), *Urbanization and Conflict in Market Societies*, Methuen, 1978, pp. 63 – 72.

[2]　See David Harvey, *Social Justice and the City*, Edward Arnold, 1973, p. 311.

[3]　参见王渊、白永秀、王宇:《城乡经济社会一体化内涵与外延的再认识》,《福建论坛》(人文社会科学版),2013年第1期。

异化,并形成城乡经济社会的二元化结构。① 首先,农产品统购统销制度的提出,将城乡之间商品的等价交换关系人为隔断,为了保证工业的高额利润,积累发展资金,城市通过低价收购,获得粮食及各种农产品,实现城市工业原料和劳动力成本最大程度地降低,这一制度虽然在当时保证了城市的稳定和工业化的推进,但造成了农业的停滞和农民的贫困。其次,为了保证统购统销制度的顺利推行,农村建立集体经济组织,实施农业集体化,从而形成农村与城市具有明显差异的集体经济形态。最后,由于城乡之间的差距越来越大,城市居民逐渐占据更具优势的社会地位,为了将农民束缚在土地上,制止农民进城,中国实行了严格的户籍制度,将中国人口划分为农业户籍和非农业户籍两大类别,这两类人口在从业方式、福利待遇等方面存在着根本的差异,在此基础上形成的城乡有别的住房、医疗、工资和福利等制度,使得城乡二元体制最终形成。②

在城乡二元体制下,农村和城市成为两个相互隔离的封闭系统,各自孤立发展。农村单一搞农业,特别是种植业和养殖业,城市则发展工业;农村经济以集体所有制和个体所有制为主,城市经济则主要为全民和集体所有制,国家计划和投资的重点都放在全民所有制上,形成重工业、轻农业,重城市、轻农村的发展道路;同时,统购统销制度利用城乡之间的剪刀差,保证城市的生活供给和城市工商业利润,这不仅造成了农村的贫困,也严重破坏了小集镇和集市贸易的发展。③ 在这种情况下,城乡差异越来越大,而用行政手段人为地将城市和乡村割裂和封锁起来的方法,又进一步造成城乡之间的恶性循环和新的城乡对立。④

---

① 参见周游、厉伟:《发挥中心城市作用推进城乡一体化发展》,《南京农业大学学报》,2000 年第 3 期。

② 参见佟明忠:《论我国的城乡二元体制与城乡一体化道路》,《社会科学》,1989 年第 6 期。

③ 参见卢文:《我国城乡关系的新发展》,《中国农村经济》,1986 年第 11 期。

④ 参见张雨林:《论城乡一体化》,《社会学研究》,1988 年第 5 期。

　　城与乡的分离是社会发展到一定阶段的产物,随着经济社会的进一步发展,城乡融合的趋势逐渐呈现出来。我国城乡一体化发展的实践与理论探讨始于以党的十一届三中全会为开端的改革开放。首先,家庭联产承包责任制的实施,使农民获得了生产和出售农产品的自主权;其次,农村进行了产业结构调整,农民在搞好农业生产的基础上,可以发展第二、第三产业;再次,恢复发展农村集镇贸易,推动小城镇的建设,允许农民进城务工、经商;此外,鼓励城市设备、人才、科学、技术和资金向农村流动;同时,改革统购统销制度,建立完善的市场机制。① 由此深刻改变了我国原有的城乡关系,打破了农村单一的产业格局,乡镇企业得以发展,小集镇和集市贸易得以恢复,逐渐有农民进城务工经商,城乡壁垒开始松动,城乡关系呈现新的一体化发展趋势。

　　城乡一体化理论认为城与乡是相互依存的,二者互相促进,成为一个统一体。城与乡通过生产要素和资源的自由流动,发挥各自的优势和功能,从而实现城乡之间在经济、社会、文化和生态上的协调发展。② 而城郊地区正是城镇化成果辐射到乡村的桥梁,是乡村人口向城市集聚的过渡,也是城乡之间资源流动的枢纽,作为城乡社会消除隔离、缓冲差异、交流沟通和包容发展的中介,城郊空间日益成为城乡体系中的重要构成部分。

三、城郊空间的界定

　　城与乡的融合与一体化是城镇化深入发展过程中不可抗拒的趋势。曾经界限分明的地域空间和物质景观,是否会在一体化进程中消除了彼此的区

　　①　参见卢文:《我国城乡关系的新发展》,《中国农村经济》,1986 年第 11 期。
　　②　参见陈晓红、李城固:《我国城镇化与城乡一体化研究》,《城市发展研究》,2004 年第 2 期。

别？曾经迥然不同的经济社会形态，是否会在一体化发展中模糊了彼此的特征？从而人类生活的空间城不再是城，乡也不再是乡，又或者，城亦是乡，乡亦是城？然而时至今日，我们依然能够辨别出城市与乡村两种不同社区空间的存在。大多数学者都相信，城乡融合与一体化发展，并不是让城市变成乡村，也不是让城市取代乡村，这种发展所实现的是城与乡不再是彼此封闭与隔离的地域空间，而是在交流互动、优势互补中，形成协调发展的一体化的社会体系。在这个过程中，城与乡的某些属性特征仍然差异鲜明，而另一些特征则会趋于一致。城与乡的界限不再如楚汉分界般清晰鲜明，同时，在城与乡融合过渡的地带，日益呈现出一个亦城亦乡而又非城非乡的第三空间。随着城乡社会融合与一体化发展进程的推进，这一空间不断扩展，其独特的物理景观与经济社会特性也日益鲜明，并在城乡体系中发挥其重要而独特的功能，这个被我们视为"第三空间"的地域就是作为城乡接合部的城郊空间。

1936 年，德国地理学家路易斯首次提出"城市边缘区"①，这一概念指的是城市与乡村的交接过渡地带。此后城市边缘区在城市学、地理学和规划学等学科中得到研究者的广泛关注。20 世纪 80 年代末，我国学者开始了城乡接合部的研究，研究者在探讨中使用了多种不同的称谓，如"郊区""城乡交错带""城乡过渡带""城市边缘区"等，虽然概念表述不同，但它们所界定的具体地域范围通常是相同或者重叠的。②

在我国，城乡接合部概念是 20 世纪 80 年代由国土规划部门提出的，用于指称城市市区的边缘及其与郊区交错分布的区域，它是构成城市区域的

---

① 黄锐、文军：《从传统村落到新型都市共同体：转型社区的形成及其基本特质》，《学习与实践》，2012 年第 4 期。

② 参见魏伟、周婕：《中国大城市边缘区的概念辨析及其划分》，《人文地理》，2006 年第 4 期。

一个重要部分,也是城市向近域扩张的表现。① 城乡接合部概念在我国行政管理、城市规划和主流话语中经常被使用,并获得广泛的理解和接受。

研究者普遍认为作为城乡接合部的城郊空间地处城市的边缘,是城市与乡村之间的过渡地带。同时,其在时空分布上具有动态性和向外扩张性的特征,它以城市市区为中心,以圈层扩展的形式,随着城市建成区的扩张而向外扩展。② 在地域空间上,城郊空间是城乡系统中不可缺少的有机组成部分。由于处于城市扩张的前沿,并具备毗邻城市的地理区位,城郊以其独特的空间优势,发挥其不同于乡村和中心城区的特有的地域功能。

首先,作为城乡接合部的城郊地区成为中心城区的外际空间,为中心城区集聚资源、能源和设施。一些不适合布局在中心城区的设施和生产力要素逐渐外移到郊区,如热电厂、变电站、天然气储配站、自来水厂、污水和垃圾处理厂等,均呈现出由中心城区向城郊空间转移的过程。

其次,由于毗邻中心城区,具备交通、信息和科技等多种空间优势,城郊空间成为城市发展新的增长点,再加上城郊地区所具备的土地资源优势,很多工业园区、科技园区建到城郊地区,大型工厂、物流中心和储运中心也转移到郊区,使其成为聚集城市工业、贸易的重要地域。

最后,城郊空间成为城市生态调节与环境改善的缓冲地带。许多大型湿地、公园和水域等景区建在城郊,成为环绕城市的绿化隔离带,同时也控制着城市中心区的过度扩张。

基于上述分析,本书认为,城郊地区在城镇化的深入发展过程中,面积不断扩大,功能不断扩张,日益呈现出其在城乡体系中特有的空间属性和功能,这一空间并不是城与乡的物质、属性与功能的简单相加,而是一个区别

---

① 参见刘建峰:《构建完善的城乡结合部管理体系》,《广西农学报》,2011 年第 3 期。

② 参见齐童、白振平、郑怀文:《北京市城乡结合部功能分析》,《城市问题》,2005 年第 2 期。

于中心城区与乡村的独特空间。

第二节　识别城郊空间

一、城乡体系的划分

乡村与城市是现代人类社会按空间划分的区域性社会,关于城与乡的界限划分,有学者以人口数量和非农化水平为标准界定城市范围,[①]也有学者基于地域属性特征的综合评价界定大城市的边缘区域,[②]还有学者根据遥感影像中各类用地比率的突变点划定城乡边界。[③] 尽管研究者对此问题做出了多方面的努力,但城郊空间的地域划分一直难以形成统一的标准。这从另一方面也体现出城郊空间的复杂性与变动性特征。本书以天津市为例对城郊空间的变迁进行实证分析,在对城郊空间进行系统分析之前,先要尝试对天津市城郊空间的范围做出界定。

按照我国行政区划方案,城市市区不含辖县,城市地区包含管辖县。2016 年,天津蓟县撤县建区,改制为蓟州区,此后天津市整个区域都符合城市市区的范畴。但是从实体地域角度看,整个天津市的地域空间并非全部呈现城市市区的实体特征,确切地说,天津的实体地域是一个包括中心市区和市区外围区域的大型都市体系。

---

① 参见周一星、史育龙:《建立中国城市的实体地域概念》,《地理学报》,1995 年第 4 期。
② 参见李世峰:《大城市边缘区地域特征属性界定方法》,《经济地理》,2006 年第 3 期。
③ 参见章文波、方修琦、张兰生:《利用遥感影像划分城乡过渡带方法的研究》,《遥感学报》,1999 年第 3 期。

地理学家周一星曾指出,我国城乡划分存在行政地域和实体地域两种划分方式,但行政地域与实体地域之间往往存在较大差异,特别是改革开放以来,由于行政登记与地方经济利益紧密关联,出现大规模县改市、乡改镇和县改区的现象,从行政建制上这些地区已经转变为城镇地区,但从实体地域看,这些地区还存在乡村区域,其城镇化水平并未全部达到城市市区的程度。因此,他主张在行政地域划分的基础上,还要进行实体性地域划分。①

从以往研究成果看,以人口和产业结构作为划分城乡实体地域的指标得到较为普遍的认同。早在1936年,我国政府就将农村界定为由农业人口构成,且人口在2000以下的县(市)政府所在地之外的居民点;刘豪兴将农村界定为以农业生产活动为基础,以农业为主要职业的居民聚居地。② 谷中原将农村界定为从事农业生产和农耕生活的人口聚集地区,虽然现代工业社会中农村已经形成第一、第二和第三产业同时发展的混合产业结构,但农村仍然是第一产业的主要发展区域,并以第一产业为主导产业。③

大多研究者对城市的界定也首先关注人口和产业因素,指出人口聚居和产业活动非农化是城市最本质的要素。④ 因此,人口规模和密度以及人口的就业构成成为划分城乡区域的重要指标。马侠将75%和25%的非农人口比重作为界定城市与郊区的标准;⑤ 田雪原将500人/平方千米和70%以上非农人口作为界定市镇的标准;⑥OECD(经济合作与发展组织)城乡划分体系将农村人口比率为15%以下、15%到50%和50%以上作为城市主导区

---

① 参见周一星、史育龙:《建立中国城市的实体地域概念》,《地理学报》,1995年第4期。

② 参见刘豪兴:《农村社会学》,中国人民大学出版社,2004年,第46页。

③ 参见谷中原:《农村社会学新论》,武汉大学出版社,2010年,第58页。

④ 参见冯健、周一星、李伯衡、王凯:《城乡划分与检测》,科学出版社,2012年,第55~57页。

⑤ 参见马侠:《中国城乡划分标准与城镇发展水平》,《人口与经济》,1988年第6期。

⑥ 参见田雪原:《中国城市人口划分标准问题研究》,《人口与经济》,1989年第1期。

域、城乡过渡区域和农村主导区域的划分标准。[①] 此外,基础设施的完善程度也往往作为城乡划分的重要指标,王玉清以 10 万以上常住人口、80% 以上非农人口和非农劳动力以及 80% 以上基础社会服务率作为城市的划分标准,以 2 万以上常住人口、50% 以上非农人口和非农劳动力以及基础设施服务 70% 以上为小城镇的划分标准。[②]

二、天津城乡体系中的城郊空间

借鉴以往成果,本书尝试基于人口和产业结构两组指标对天津城乡体系的空间结构做出探索性分析。

对于城市和乡村的人口差异,首先体现在人口聚居程度的不同,城市人口密集,乡村人口稀疏,这种人口差异不仅和人口数量有关,也与分布的空间有关,能够体现人口密集与稀疏特征的最优指标并不是人口数量,而是人口密度,因此本书选择的第一个人口指标为人口密度。城乡人口的另一个差异体现为城市是非农人口聚居地,而农村是农业人口聚居地,因此乡村人口或农业人口比率可以成为分析城乡空间的第二个人口指标,以往研究者提出的上限标准为:城市中非农人口达到 85% 以上,城郊非农人口达到 50%以上,其余区域即为农村。从产业结构看,是否存在第一产业是城市与乡村差异的最具标志性的指标,通常认为第一产业在产业结构中的比重越高,越呈现乡村性特征,而中心城区第一产业的比重通常为零。

本书对天津市城郊空间进行结构分析的数据来自《天津统计年鉴》,年

---

① 参见王智勇:《中国的城乡划分与城镇化评估——基于国际比较的视角》,《人口与经济》,2018 年第 2 期。
② 参见王玉清:《关于用城镇乡划分标准取代城乡划分标准的建议》,《城市问题》,1994 年第 1 期。

鉴数据的采集是以天津市的行政区划作为基本单位,因此本书也以天津市行政区划作为基本的分析单位。

天津中心区域密集分布的六个市区——和平区、河东区、河西区、南开区、河北区、红桥区,它们构成了天津的中心城区;与中心城区毗邻环绕的是东丽区、西青区、津南区、北辰区四区,在 20 世纪 90 年代之前它们被称作天津的四个郊区,如今在天津年鉴中这四个区被称为环城四区,由于地处中心城区向郊县的过渡地带,环城四区在空间布局上具有典型的城郊空间的特征;再向外扩展,则是由塘沽、汉沽和大港构成的滨海新区,随着滨海新区的开发开放,其辅城地位日益突出,滨海新区的内部也具有中心与边缘的空间划分,由于本书关注的是整个天津的空间区域分布特征,所以对滨海新区的内部空间结构不做分析,而将其视为一个整体置于辅城地位;此外是地域广阔的武清区、宝坻区、宁河区、静海区和蓟州区,20 世纪 90 年代之前,它们是天津的五个郊县,具有更多的农村社区要素和特征,2000 年以后,由于城市扩张的不断推进,城郊空间也呈现出向外部郊县扩张的趋势,如今天津五个郊县已撤县建区,日益呈现出远郊区的特征。

本书根据《天津统计年鉴 2019》数据,呈现天津城乡体系的空间类型。

表 1-1　天津城乡体系空间类型的人口与产业结构指标(2018 年)

空间类型	地区	人口密度 (人/平方千米)	农业人口比重 (%)	第一产业比重 (%)
市内六区	和平区	43750	0.00	0.00
	河东区	19082	0.00	0.00
	河西区	22491	0.00	0.00
	南开区	22649	0.00	0.00
	河北区	21273	0.00	0.00
	红桥区	23833	0.00	0.00

空间类型	地区	人口密度 （人/平方千米）	农业人口比重 （%）	第一产业比重 （%）
环城四区	东丽区	846	30.69	0.36
	西青区	774	14.91	1.13
	津南区	1264	18.06	0.65
	北辰区	908	63.93	0.63
远郊五区	武清区	632	61.27	2.98
	宝坻区	485	68.55	3.47
	宁河区	313	63.81	3.98
	静海区	412	84.01	3.23
	蓟州区	549	69.80	6.86

从人口密度看,中心市区的人口密度均达到万人以上,平均值为25513人/平方千米;环城四区的人口密度为每平方千米700人以上,平均值为948人/平方千米;远郊五区的人口密度为每平方千米640人以下,平均值为478人/平方千米。人口密度从中心到外围呈现逐层递减的趋势,且多重比较显示中心市区与环城四区和远郊五区均呈现显著差异性(sig<0.05)。

从农业人口比重看,中心市区的农业人口比重为零;环城四区的农业人口比重,除了北辰区超过60%以外,其他三区皆在31%以下,环城四区农业人口比重平均值为31.90%,符合城乡过渡区域的人口结构特征;远郊五区的农业人口比重皆在60%以上,平均为69.49%,仍具有农村区域的人口结构特征。农业人口比重从中心到外围呈现逐层递增的趋势,且多重比较显示各空间类型之间均呈现显著差异性(sig<0.05)。

从产业结构看,中心市区的第一产业比重均为零;环城四区的第一产业比重均低于1.2%,平均为0.69%;远郊五区的农业人口比重均高于2.98%,平均为4.1%。第一产业比重从中心到外围呈现逐层递增的趋势,且多重比较显示中心市区与远郊五区呈现显著差异性(sig < 0.05)。

综合上述三个指标,可以将天津市城乡体系划分为市内六区、环城四区和远郊五区三个部分,其中市内六区具有典型的中心市区特征;环城四区属于近郊区,具有典型的城乡过渡空间特征;远郊五区属于远郊区,在一定程度上保留了乡村的属性特征。

基于上述分析,本书将环城四区作为近郊区样本,将远郊五区作为远郊区样本,从环境、技术、组织和人口四个维度呈现郊区区域的城镇化变迁。

第二章 城郊空间的变迁与城镇化水平

城镇化是一个历史范畴，也是一个发展中的概念。党的十五届五中全会首次在最高官方文件中使用"城镇化"一词，城镇化被界定为农村人口不断向城镇转移，第二、第三产业不断向城镇聚集，从而使城镇数量增加，城镇规模扩大的一种历史过程。城镇化的核心是人口就业结构、经济产业结构的转化过程和城乡空间社区结构的变迁过程，其本质表现为三个方面：一是农村人口在空间上的转换；二是非农产业向城镇聚集；三是农业劳动力向非农业劳动力的转移。

本书借鉴城镇化的概念指标，采用邓肯的 POET 生态复合体模型考察天津城郊空间的城镇化变迁，选取《天津统计年鉴》中 1980、1985、1990、1995、2000、2005、2010、2015、2018 年的统计数据，其中选择耕地比重和建设用地面积为指标反映城郊空间的环境变化；选择产业结构（即第一、第二、第三产业产值占总产值的比率）和从业结构（即第一、第二、第三产业从业人员占从业人员的比率）为指标反映城郊空间的技术变迁；选择村委会组织数量为指标反映城郊空间的组织变迁；选择非农人口比率为指标反映城郊空间的人口变迁。从统计数据看，作为中心城区的市内六区的耕地比重、第一产业比率、第一产业从业人员、村委会数量和非农人口比率均为零,所以《天津统计年鉴》中的上述指标的统计数据及其变化情况,实际上体现的就是包括近郊和远郊区域的天津市郊区空间的城镇化变迁。

第一节 城郊空间的城镇化变迁

一、环境变迁

城郊城镇化变迁体现在环境方面的变迁就是耕地的减少和城市建设用地的增加。

从1980年至2018年耕地比重变化的时间序列图(见图2-1)显示的结果看,天津城郊耕地比重经历了两个缩减的过程,1980年耕地比重为38.93%,1985年较1980年减少1.43个百分点,1990年较1985年减少1.3个百分点,这个阶段耕地面积出现锐减趋势,体现城市扩张和圈地运动对城郊耕地环境的影响迅猛而急速,在20世纪90年代初期达到高潮。1995年的数据呈现出对耕地急速减少的修正,与1990年相比,1995年耕地比率提高4.54个百分点,升至40.74%。2000年耕地比率略有减少,较1995年减少0.14个百分点,2000年之后耕地比重再次呈现锐减趋势,2005年较2000年减少3.2个百分点。此后,耕地比重呈现缓慢减少趋势,2010年较2015年减少0.17个百分点,2018年较2015年减少0.2个百分点。可见,1980年至1990年和2000年至2005年,天津城郊经历了两次耕地比率快速减少的过程,此后耕地比重仍呈减少趋势,但速度变缓。

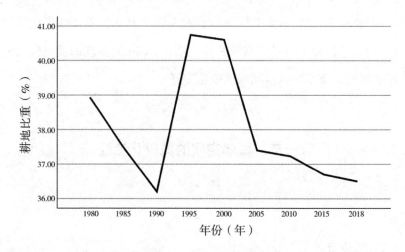

图 2 - 1　天津市耕地比重变迁

　　从 1995 年至 2018 年城市建设用地面积变化的时间序列图(见图 2 - 2)
显示的结果看,天津城市建设用地呈现逐年递增趋势,1995 年城市建设用地
为 353. 50 平方千米,2000 年为 385. 90 平方千米,增加 32. 40 平方千米,平均
增速为 6. 48 平方千米/年,这一阶段城市建设用地面积增速较为平缓,与该
阶段对耕地比重锐减的修正相呼应。此后,城市建设用地面积增速保持较
高水平,2000 年至 2005 年增加 144. 10 平方千米,平均增速为 28. 82 平方千
米/年;2005 年至 2010 年增加 156. 71 平方千米,平均增速为 31. 34 平方千
米/年;2010 年至 2015 年增加 213. 90 平方千米,平均增速为 42. 78 平方千
米/年,呈现增速不断提升的趋势。2018 年天津城市建设用地比 2015 年增
加 49. 94 平方千米,按照年平均增速看,这三年的平均增速为 16. 65 平方千
米/年,增速明显趋缓,与对应三年耕地面积比重减速趋缓趋势相呼应。

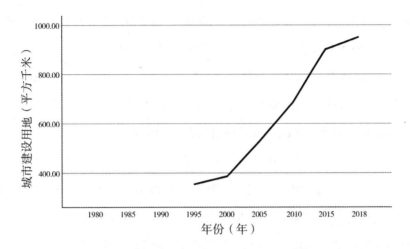

图2-2　天津市城市建设用地面积变迁

从上述分析看,天津市城郊环境发生较为显著的城镇化变迁,体现为耕地面积减少,城市建设用地面积增加,这种变化在 1980 年至 1990 年和 1995 年至 2015 年间表现得较为迅速,2015 年之后呈现的变化趋势并未改变,但变化速度逐渐趋缓。

二、技术变迁

与环境变迁相呼应的是体现技术变迁的产业结构和从业人员结构的变化。

从 1980 年至 2018 年产业结构的时间序列图(见图 2-3)显示的结果看,天津市城郊第一产业比重呈现出 1980 年至 1990 年间增加,1990 年至 2018 年间减少的趋势。1980 年天津市第一产业比重为 6.30%,至 1985 年增加 1.1 个百分点,从 1985 年至 1990 年,增加 1.4 个百分点。1990 年之后,第一产业比重呈现明显的下降趋势,1995 年较 1990 年减少 2.3 个百分点,

2000 年较 1995 年减少 2. 2 个百分点,2005 年较 2000 年减少 1. 5 个百分点,2010 年较 2005 年减少 1. 4 个百分点,2015 年较 2010 年减少 0. 4 个百分点,2018 年较 2015 年减少 0. 1 个百分点,从递减速度看,1990 年至 2000 年间,第一产业比重减速较快,2000 年至 2010 年间第一产业比重减速居中,2010 年之后第一产业比重递减速度缓慢,体现较为平稳的减少趋势。

从天津市第二产业和第三产业的变迁看,呈现出第二产业比重下降、第三产业比重上升的反向变化趋势,1980 年至 2000 年间第二产业比重锐减,第三产业比重锐增,2000 年至 2005 年呈现出第二产业比重略增、第三产业比重略减的波动,此后继续呈现出第二产业比重减少、第三产业比重增加的趋势,其变化速度与第一阶段基本一致,其中 2015 年是一个标志性阶段,第三产业比重首次超过第二产业比重。

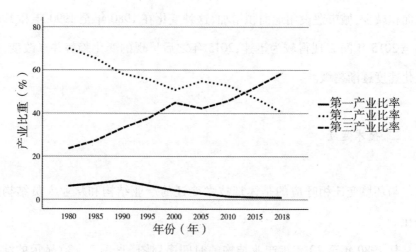

图 2 - 3　天津市产业结构变迁

从 1980 年至 2018 年从业结构的时间序列图(见图 2 - 4)显示的结果看,天津市城郊第一产业从业人员比率呈现两个递减阶段,1985 年至 1995 年是第一个递减阶段,1985 年第一产业从业人员比率为 21. 7% ,至 1990 年减少 1.8 个百分点,1990 年至 1995 年减少 3.8 个百分点;1995 年至 2000 年第一产业从业人员比率呈现出小幅度的反向波动,增加了 0.6 个百分点,此后第一产业从业人员比率开始逐年减少,2005 年较 2000 年减少 1.6 个百分点,2010 年较 2005 年减少 5 个百分点,2015 年较 2010 年减少 2.7 个百分点,2018 年较 2015 年减少 0.7 个百分点。从递减速度看,1990 年至 1995 年、2005 年至 2015 年是第一产业从业人员比率减少幅度较大的两个阶段,特别是 2005 年至 2010 年,第一产业从业人员比率减少幅度达 5 个百分点,可以认为这两个阶段存在大量第一产业人员向第二、第三产业转移的现象,这种转移趋势除了 1995 年至 2000 年以外,从 1985 年至今成为从业人员流动的主导趋势,2015 年之后,这一变化速度趋于平缓。

从天津市第二、第三产业从业人员比率的变化看,同样呈现出第二产业从业人员比率下降,第三产业从业人员比率上升的反向变化趋势。其中 2005 年是一个标志性阶段,第三产业从业人员比率首次超过第二产业从业人员比率。

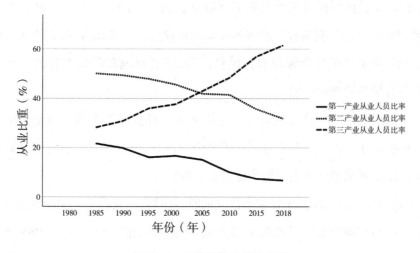

图 2-4 天津市从业结构变迁

从上述分析看,天津市产业结构和从业结构呈现较为明显的城镇化转型特征,体现在第一产业比重和第一产业从业人员比率的下降。从产业结构看,第一产业比重迅速减少发生在 1990 年至 2010 年间,高潮期在 1990 年至 2000 年期间。从从业人员结构看,第一产业从业人员比率减少尤以 1990 年至 1995 年和 2005 年至 2015 年间两个阶段最为突出,对比第二、第三产业从业人员比率变化情况,在这两个阶段,第二产业从业人员比率也呈减少趋势,而第三产业从业人员比率则呈现出显著增加的趋势,在一定程度上可以得出第一产业减少的从业人员会有相当部分转移到第三产业。这种转移呈现出城镇化人口转移的显著特征。

三、组织变迁

在我国城乡存在着不同的基层社会管理体系,城市的基层管理是街居体制,街道对基层社会实施社会管理,居委会作为群众自治组织,在街道的指导下,对社区居民开展社会服务和群众自治。我国乡村基层管理为村镇(乡)体制,乡镇是具有独立经济和社会管理权力的一级政府,村委会作为村民组织,除了组织社会管理和村民自治外,还要管理和经营本村的集体经济,发挥经济管理的职能。

在基层社会中,社会组织的变迁体现为乡村基层组织向城市基层组织的转变,由于市内六区并不存在村委会组织形态,所以可以通过村委会数量的变化,呈现出城郊社会组织变迁的趋势特征。

从 1985 年至 2018 年村委会数量的时间序列图(见图 2 - 5)显示的结果看,天津市村委会组织呈现两个快速减少的阶段,第一阶段是从 1985 年到 1995 年,1985 年村委会数量为 3963 个,至 1990 年减少了 91 个,1995 年与 1990 年相比减少了 39 个;1995 年至 2010 年进入一个相对稳定的波动期,

2000年较1995年村委会数量仅减少了1个,2005年较2000年又增加了4个,2010年较2005年减少了10个;从2010年之后,村委会数量进入第二个阶段的锐减期,其减少速度显著加快,其中2015年较2010年减少了142个,平均减速为28个/年;2018年较2015年减少了130个,平均减速为43个/年,呈现基层社会组织从乡村组织向城市组织转型的快速城镇化趋势。

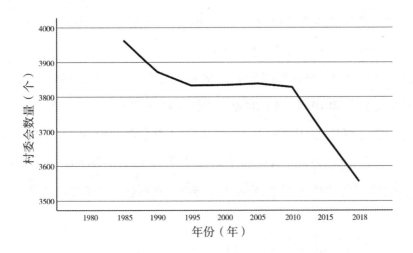

图2-5　天津市村委会数量变迁

四、人口变迁

我国城乡体制的差异不仅体现为基层组织和管理体系的不同,还体现为户籍管理的不同。城乡二元户籍管理体制,赋予城乡居民两种不同的户籍身份,不仅以此作为城市人口与农村人口的属性区别,还由于户籍身份与社会权益的关联性,导致了不同户籍身份的社会权益的差别。因此,基于城乡户籍身份形成的农业人口和非农人口数量的增减情况,可以反映出人口的城镇化变迁状况。作为中心城区的市内六区农业人口比重为零,所以采用农业人口比率作为考察城郊人口城镇化变迁的指标。

从 1980 年至 2018 年农业人口的时间序列图(见图 2 – 6)显示的结果看,天津市农业人口比率总体呈现下降趋势,1980 年农业人口比率为47.57%,至 1985 年减少了 2.95 个百分点,平均减速为每年 0.59 个百分点,经历了较为快速的减少期;1990 年至 2005 年农业人口比率进入缓速减少阶段,但减速总体呈逐渐增加趋势,1990 年较 1985 年减少了 0.66 个百分点,1995 年较 1990 年减少了 0.73 个百分点,2000 年较 1995 年减少了 1.62 个百分点,2005 年较 2000 年减少了 1.48 个百分点,2010 年较 2005 年减少了1.50 个百分点;2010 年开始,农业人口比率减速增快,2015 年较 2010 年减少了 2.57 个百分点,平均减速为每年 0.51 个百分点,2018 年较 2015 年减少了 6.36 个百分点,平均减速为每年 2.12 个百分点,时间序列图显示自 2010年之后,特别是 2015 年以来,农业人口城镇化转型进入快速发展阶段。

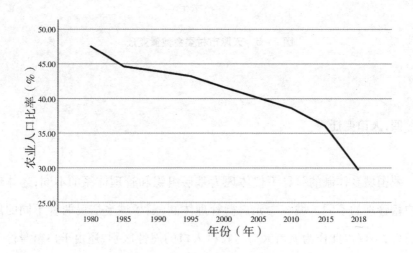

图 2 – 6 天津市农业人口比率变迁

五、小结

对城郊空间城镇化的各项指标进行汇总,统计结果如表 2 - 1 所示,城郊地区环境的城镇化变迁体现为:耕地比率在 1980—1990 年和 2000—2005 年呈现出两个较为迅猛的缩减阶段,1990—1995 年出现了逆向增长的修正阶段,2005 年之后,减速趋缓。与之相对应,城市建设用地呈现出单向增加趋势,与 1990—1995 耕地面积逆向增长趋势相呼应,这一阶段城市建设用地增速缓慢,与 2000—2005 年耕地面积缩减迅猛相呼应,2000—2015 年城市建设用地面积增加迅速,呈现出高速城镇化的发展态势,耕地比率在 2010 年之后出现缩减趋缓趋势,城市建设用地则在 2015 年之后增速趋缓,从环境的城镇化变迁看,2015 年之后进入较为平稳的缓速城镇化阶段。

技术的城镇化变迁体现为,第一产业比重从 1980 年到 1990 年呈现的是增长趋势,从 1990 年之后第一产业比重有所减少,其中 1990—2000 年第一产业比重减速较高,2000—2010 年中速减少,2010 年之后减少速度趋于平缓。第一产业从业人员比率在 1985—1995 年开始呈现减少趋势,但 1995—2000 年出现小幅增长,2000 年之后第一产业从业人员再次呈现减少趋势,其中 2005—2010 年间呈现锐减态势,直到 2015 年之后,减速趋于平缓。

组织的城镇化变迁从 1985—1995 年开始呈现村委会数量减少趋势,1995—2005 年间这一趋势趋于停滞,甚至在 2000—2005 年阶段出现了小幅增加,2005 年之后,村委会数量逐渐减少,并在 2015 年之后进入高速减少阶段,2018 年达到高峰,预示社区组织的城镇化转型已经进入高速发展阶段。

人口的城镇化变迁在 1980 年已经开始,表现为农业人口比率的减少趋势,1980—1985 年农业人口比率减少较为明显,之后进入从 1985—2010 年的缓速减少阶段,直到 2010 年,农业人口比率开始高速减少,2015 年后减少速度达到高峰,说明城郊农业人口的城镇化转型也进入高速发展阶段。

表2-1　天津市城镇化指标的统计数据(2018年)

年份	耕地比重(%)	城市建设用地(平方千米)	产值比率(%)			从业人员比率(%)			村委会数量(个)	农业人口比率(%)
			第一产业	第二产业	第三产业	第一产业	第二产业	第三产业		
1980	38.93	—	6.30	70.10	23.60	—	—	—	—	47.57
1985	37.50	—	7.40	65.40	27.20	21.70	50.10	28.20	3963	44.62
1990	36.20	—	8.80	58.30	32.90	19.90	49.40	30.70	3872	43.96
1995	40.74	353.50	6.50	55.70	37.80	16.10	47.90	36.00	3833	43.23
2000	40.60	385.90	4.30	50.80	44.90	16.70	45.60	37.70	3834	41.61
2005	37.40	530.00	2.80	54.90	42.30	15.10	41.90	43.00	3838	40.13
2010	37.23	686.71	1.40	52.80	45.80	10.10	41.50	48.40	3828	38.63
2015	36.70	900.61	1.00	47.10	51.90	7.40	35.70	56.90	3686	36.06
2018	36.50	950.55	0.90	40.50	58.60	6.70	31.80	61.50	3556	29.70

　　基于上述分析,可以看到天津市城郊地区城镇化变迁大体经历了三个阶段,第一个阶段呈现较为快速的城镇化变迁,第二个阶段表现为城镇化进程的停滞甚至逆向,第三个阶段表现为城镇化进程的重新启动和高速发展,而对于环境和技术变迁来说,已经进入第四个阶段,即平稳发展阶段。从城镇化发展进程看,环境和技术的城镇化发展要先于组织和人口的城镇化发展,其中产业结构体现的城镇化转型虽然启动于1990年之后,较其他方面的城镇化开端要晚,但产业结构的城镇化高潮最早到来,于1995—2000年达到高潮,此后进入稳步城镇化发展进程;耕地比重和城市建设用地的城镇化高潮在2000—2005年期间到来;从业人员结构的城镇化高潮出现于2005—2010年期间,这几个指标先后在2010—2015年时期之后进入平稳发展阶段;组织和人口的城镇化转型开始于1980—1995年阶段,大约在1990—

2000 年间进入停滞甚至逆向发展时期,2015 年后出现城镇化转型的高潮,目前仍处于这一高潮阶段。从环境、技术、组织和人口变迁情况看,均呈现出城镇化转型的特征,其中环境、技术城镇化进程快于组织和人口城镇化进程,呈现出环境和技术作为自变量对组织和人口两个因变量的影响和带动作用。

第二节 城郊空间的城镇化水平

按照对天津市城乡体系的划分,将市内六区作为中心市区的样本,将环城四区作为近郊区样本,将远郊五区作为远郊区样本,根据《天津统计年鉴2019》的统计数据,从环境、技术、组织和人口四个维度对郊区区域的属性特点做出比较性分析。根据可获得的区县数据,以耕地面积比重、城市建设用地比重作为考察环境城镇化水平的指标;以第一、第二、第三产业比重作为考察技术城镇化水平的指标;以村委会数量比重作为考察组织城镇化水平的指标;以乡村人口比重作为考察人口城镇化水平的指标。① 各指标统计结果如表 2 - 2 所示:

表 2 - 2 天津市各区城镇化指标的统计数据(不含滨海新区)

地区	耕地比重(%)	建设用地比重(%)	第一产业比重(%)	第二产业比重(%)	第三产业比重(%)	村委会比重(%)	乡村人口比重(%)
和平区	0.00	98.00	0.00	1.36	98.60	0.00	0.00
河东区	0.00	78.00	0.00	8.21	91.80	0.00	0.00
河西区	0.00	82.00	0.00	2.81	97.20	0.00	0.00
南开区	0.00	95.00	0.00	6.22	93.80	0.00	0.00

---

① 各区耕地面积比重为 2015 年数据,其余指标均为 2018 年数据。

地区	耕地比重(%)	建设用地比重(%)	第一产业比重(%)	第二产业比重(%)	第三产业比重(%)	村委会比重(%)	乡村人口比重(%)
河北区	0.00	82.00	0.00	31.06	68.90	0.00	0.00
红桥区	0.00	82.00	0.00	4.13	95.90	0.00	0.00
东丽区	17.00	14.00	0.36	45.47	54.20	0.00	30.69
西青区	24.00	11.00	1.13	59.85	39.00	75.76	14.91
津南区	32.00	9.00	0.65	48.72	50.60	62.45	18.06
北辰区	38.00	15.00	0.63	55.69	43.70	50.00	63.93
武清区	54.00	4.00	2.98	46.40	50.60	88.81	61.27
宝坻区	52.00	5.00	3.47	46.48	50.10	93.99	68.55
宁河区	30.00	2.00	3.98	67.95	28.10	89.70	63.81
静海区	42.00	2.00	3.23	47.70	49.10	90.33	84.01
蓟州区	36.00	2.00	6.86	31.75	61.40	96.84	69.80

综合各项指标对天津市城乡体系进行聚类分析。聚类分析作为一种探索性分析,可以实现从样本数据出发的自动分类,使具有相似属性的个案聚集为一个类别。研究采用的是层次聚类分析中的 Q 型聚类方法,它可以将具有共同特点的样本聚集在一起,并显示样本之间的亲疏程度,在聚类运算过程中,我们选择的是类间平均连锁法,并运用欧氏距离平方法计算样本距离,即通过计算各样本每个变量值之差的平方和,显示样本之间的亲疏关系。其计算公式为:

$$SEUCLID = \sum ki = 1(x_1 - y_1)^2$$

其中,k 表示每个样本有 k 个变量;x_1 表示第一个样本在第 i 个变量上的取值;y_1 表示第二个样本在第 i 个变量上的取值。

聚类分析结果显示:一次聚类将市内六区聚为一类,其他区域聚为一类,呈现出了中心市区与郊区的空间分异;此后经过的三次聚类中,远郊五区始终聚为一类,呈现远郊五区的较高同质性,及其与中心市区和环城四区的差异性;而环城四区在第一次聚类时与中心市区分离,在第四次聚类时与远郊五区分离,呈现出其与中心市区和远郊五区的差异性,但由于环城四区正处于城镇化转型的过程期,各项指标的城镇化进程并不同步,比如人口城镇化水平北辰区呈现滞后性,组织城镇化水平东丽区呈现超前性,因此环城四区呈现出一定的异质性,尽管如此,环城四区的内部异质性并没有超越它们与中心市区和远郊五区的差异性。聚类结果在一定程度上验证了本书对天津市城郊体系空间分类的合理性,考虑到城区发展的历史以及除个别指标外其他指标的综合水平,本书最终仍采取以市内六区作为中心市区,以环城四区作为近郊区,以远郊五区作为远郊区的分类方案。接下来,本书将通过方差分析和多重分析对三个空间类型的城镇化水平做出对比性分析,以呈现出郊区空间的城镇化状况及其属性特征。

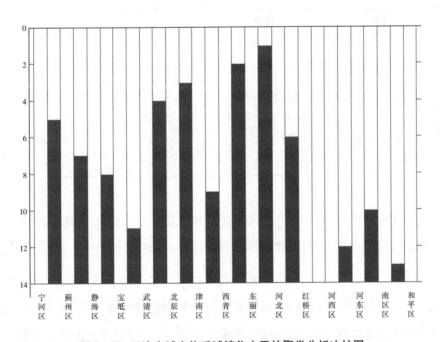

图 2-7　天津市城乡体系城镇化水平的聚类分析冰柱图

一、环境城镇化

城郊空间的环境城镇化水平体现为耕地的减少和城市建设用地的增加,对耕地比重和城市建设用地比重的统计结果显示:

中心市区耕地比重的均值为 0,环城四区的均值为 27.75%,远郊五区的均值为 42.78%,多重比较结果显示三个空间类型之间均存在显著差异。

中心市区城市建设用地比重的均值为 85.98%,环城四区的均值为 12.19%,远郊五区的均值为 2.69%,多重比较结果显示三个空间类型之间均存在显著差异。

表 2-3　环境城镇化指标的多重比较

变量	比较	t	sig
耕地比重	中心市区:环城四区	-27.746*	0.000
	中心市区:远郊五区	-42.784*	0.000
	环城四区:远郊五区	-15.038*	0.011
城市建设用地比重	中心市区:环城四区	73.788*	0.000
	中心市区:远郊五区	83.287*	0.000
	环城四区:远郊五区	9.499*	0.028

对中心市区、环城四区和远郊五区环境城镇化水平的比较结果显示,中心市区完全城镇化,不具有耕地等乡村环境特征;环城四区已经进入环境城镇化转型过程,耕地比重已低于地区总面积的三分之一,但城市建设用地比重不高,仅超过 10 个百分点;远郊五区耕地面积超过四成,城市建设用地比率刚刚超过 2 个百分点,环境城镇化水平不高,在一定程度上保留了乡村环境的属性特征。

二、技术城镇化

城郊空间的技术城镇化水平体现为产业结构的调整,通常表现为第一产业比重的减少和第三产业比重的增加,对各产业生产总值所占比重的统计结果显示:

中心市区第一产业比重的均值为0,环城四区的均值为0.69%,远郊五区的均值为4.10%,多重比较结果显示中心市区与环城四区差异不显著,远郊五区与中心市区和环城四区均呈现出显著差异。

中心市区第二产业比重的均值为8.97%,环城四区的均值为52.43%,远郊五区的均值为48.05%,多重比较结果显示出中心市区与环城四区和远郊五区均呈现出显著差异,环城四区与远郊五区差异不明显。

中心市区第三产业比重的均值为91.03%,环城四区的均值为46.88%,远郊五区的均值为47.87%,多重比较结果显示:中心市区与环城四区和远郊五区均呈现出显著差异,环城四区与远郊五区差异不明显。

表2-4 技术城镇化指标的多重比较

变量	比较	t	sig
第一产业比重	中心市区:环城四区	−0.69299	0.269
	中心市区:远郊五区	−4.10340*	0.000
	环城四区:远郊五区	−3.41041*	0.000
第二产业比重	中心市区:环城四区	−43.46783*	0.000
	中心市区:远郊五区	−39.08941*	0.000
	环城四区:远郊五区	4.37842	0.558
第三产业比重	中心市区:环城四区	44.15833*	0.000
	中心市区:远郊五区	43.17333*	0.000
	环城四区:远郊五区	−0.985000.892	0.000

对中心市区、环城四区和远郊五区技术城镇化水平的比较结果显示,中心市区以第三产业为主导,不存在第一产业,第二产业明显外迁,比重不足1成,具有典型的城镇化特征;环城四区第一产业比重锐减,不足1个百分点,在第一产业比重上已经与中心市区无显著差异,远郊五区第一产业比重不足5个百分点,产业结构也呈现明显的城镇化转型,但与中心城区和环城四区还存在显著差异,保留了一定的乡村产业特征。第二产业比重在环城四区和远郊五区均达到5成左右,成为郊区主导产业,体现郊区对中心城区第二产业外迁的承接特征,在第二产业比重上,与中心市区差异显著,而环城四区和远郊五区并无显著差异;环城四区和远郊五区的第三产业比重将近五成,但与中心城区还存在显著差异,第三产业比重在环城四区和远郊五区之间并未呈现出显著差异。从产业结构看,中心城区与郊区的差异显著,近郊区除了第一产业比重显著低于远郊区外,在第二产业和第三产业比重上均与远郊区趋于同质,共同呈现出存在一定比率的第一产业,以第二产业为主导,第三产业比重迅速增长的特征。

三、组织城镇化

城郊空间的组织城镇化水平体现为基层组织中村委会比率的减少和社区居委会比率的增加,对村委会比率的统计结果显示:

中心市区村委会比率的均值为0,环城四区的均值为47.05%,远郊五区的均值为91.93%,三个空间类型之间均存在显著差异。

表2-5　组织城镇化指标的多重比较

变量	比较	t	sig
村委会比率	中心市区:环城四区	-47.0516*	0.001
	中心市区:远郊五区	-91.9343*	0.000
	环城四区:远郊五区	-44.8827*	0.002

对中心市区、环城四区和远郊五区组织城镇化水平的比较结果显示,中心市区没有村委组织,基层组织完成城镇化;环城四区组织城镇化转型迅速,村委会比率已经低于五成,呈现城乡基层组织共存的特征;远郊五区的基层组织仍以村委会组织为主,居委会比率不到一成,仍呈现出典型的乡村组织形式特征。从组织城镇化水平看,中心市区、近郊区和远郊区差异显著,环城区呈现出城乡属性共存的组织特征,远郊区则保留乡村组织特征。

四、人口城镇化

城郊空间的人口城镇化水平体现为乡村人口比率的较少,这也同时意味着城镇人口比率的增加,对乡村人口比率的统计结果显示:

中心市区乡村人口比率的均值为0,环城四区的均值为31.90%,远郊五区的均值为69.49%,多重比较结果显示:三个空间类型之间均存在显著差异。

表2-6　人口城镇化指标的多重比较

变量	比较	t	sig
乡村人口比率	中心市区:环城四区	-31.8961*	0.002
	中心市区:远郊五区	-69.4867*	0.000
	环城四区:远郊五区	-37.5906*	0.001

对中心市区、环城四区和远郊五区人口城镇化水平的比较结果显示,中心市区没有乡村人口,人口完全城镇化;环城四区人口城镇化转型明显,多数为城镇人口,乡村人口比重仅占三成,呈现出城乡人口共存的特征;远郊五区仍以乡村人口为主,乡村人口比重接近七成,人口结构上仍保留一定的乡村性特征。从人口城镇化水平看,中心市区、近郊区和远郊区差异显著。

五、小结

总体来说,中心市区、近郊区和远郊区之间的差异性高于同质性,在环境、技术、组织和人口城镇化水平上均呈现出空间类型间的显著差异,中心市区是完全城镇化区域,近郊区是快速城镇化转型区域,除了在第一产业比重指标上与中心市区差异不显著,还在第二和第三产业比重指标上与远郊区差异不显著,从而呈现出产业结构的过渡性特征以外,在其余指标上均与中心城区和远郊区存在显著差异。在环境特征上,城郊地区既保留了一定的农耕环境和乡村环境特征,又发生了物质景观的城镇化转型;在技术特征上,除了第一产业比重远郊区略高于近郊区,整个郊区区域的趋同性较强,兼具第一、第二和第三产业,并实现从第一产业向第二、第三产业的转型,其中第二产业和第三产业各分秋色,在产业结构中均占有重要地位。从技术层面看,近郊区和远郊区的城镇化进程较快,且差异不明显。从组织和人口特征看,中心市区、近郊区和远郊区差异显著,近郊区具有城乡组织和城乡人口共存的独特特征,远郊区则在很大程度上保留了乡村组织和乡村人口主导的乡村性特征,呈现出组织和人口城镇化水平上的滞后性。

第三章　城乡体系的第三空间

　　城郊是中心城区的外围空间,地处城市与乡村的过渡带,具有典型的城乡接合部特征,这个空间在城市扩张和城镇化变迁的过程中,日益呈现出其在城乡体系中的独特特征和重要功能。①

第一节　城郊空间的独特性

一、城郊空间的经济特征

　　城郊空间是城市经济扩散的主要空间载体。在接收城市原有产业向外迁移的同时,城郊空间也成为城市新兴产业和各类新型开发区的落户地带。此外城郊地区原有的乡村经济也部分地保留了下来。由此构成城郊空间传

---

　　①　参见于莉、曹丽莉:《城乡结合部:我国城乡体系的第三空间》,《理论导刊》,2015 年第 5 期。

统乡村经济、传统工业产业与现代城市产业多元发展的特征。农业与非农业、传统产业与现代产业、正规经济与非正规经济并存共生,形成城郊空间独具特色的"混合经济形态"。

首先,城郊空间的传统乡村经济被城市经济形态所替代。许多工业园、开发区落户城郊地区,在城市招商引资中发挥前沿作用。由于产业聚集,具有较强的发展活力,且投资回报率相对较高,城郊空间成为工业产业的新基地和城市经济发展新的增长点,城市工业产业经济形态逐渐成为城郊地区的主导产业。与此同时,城郊地区的农村经济形态并非完全被取代,相反,农业产业园区和生态园区的建设和规模化经营,导致城郊传统农业经济得到全面提升和发展。

其次,城郊空间既是城市边缘区,又是城市的开发新区,[①]表现在经济类型上,具有高端与低端并存的经济特征。制造业、能源与资源的生产和供应业等传统产业是城郊地区的经济主体,批发、租赁和零售等低端服务业是城郊地区服务业的主体,与此同时,新兴产业园区在城郊的落户,也带来了新兴产业形式,并逐渐扩大其比重。

最后,正规经济与非正规经济并存是城郊经济结构的又一特征。一方面,随着城郊经济发展逐渐步入正轨,正规经济的规模不断壮大;另一方面,作为城乡接合部的城郊空间又是一些违法违规经济等非正规经济的存身之地,无照经营、违章建房租赁等现象常常出没于城郊地区。

此外,城郊空间的经济要素构成十分复杂。其一,体现在既有国有土地,也有集体土地,二者交错分布,带来了规划与管理的困难;其二,体现在集体资产比例较高,长期积累的集体资产和城镇化进程中的集体土地收益,

---

① 参见刘玉:《城乡结合部混和经济形态与驱动要素分析——以北京市海淀区为例》,《城市规划》,2012 年第 10 期。

使城郊地区的集体资产规模大，数量多。由于历史和现实因素的影响，集体资产的经营管理具有自身独特特征，大部分集体资产集中在传统产业、低端产业，尤其是租赁行业，对城郊经济形态和发展效率均产生较大影响。

二、城郊空间的人口特征

城郊地区在人口结构上往往呈现出"人户分离、农居混居"的特征。[①]

首先，由于城郊地区在经济功能上成为城市经济发展新的增长点，大量工业园区、科技园区和储运中心坐落于城郊地区，这同时也意味着城郊地区拥有了更多的就业岗位，再加上相对于中心城区而言，城郊地区的居住成本较低，因此城郊空间经常成为外来人口的聚集区。由于我国特有的户籍属地管理制度，外来人口的户籍无法转移到居住空间，因此存在大量"人户分离"的外来人口，他们虽然在城郊地区工作、居住，但他们并不具备本地户籍，也因此无法归属本地社区管理，更无法获得本地的社会保障，成为长期居住在本地的外来人。

其次，城郊地区还存在较为明显的"农居混居"的特征。所谓"农居混居"是指农业户籍人口与非农业户籍人口的混居。一方面，城镇化发展进程中，城郊地区大量土地房屋被征收改建，很多农民失去耕种的土地和居住的村落，他们被安置在新建小区之中，由于不愿放弃村籍利益，很多被征地农民虽然已经脱离了农业生产与生活方式，迁居到新建的城镇化社区，但他们依然保留农业户籍和"村民"身份；另一方面，中心城区的重建改造，使许多城市居民在拆迁后被安置到城郊地区的新建商品房社区之中，同时，许多开

---

① 参见冯晓英：《北京市城乡结合部人口管理模式的制度选择》，《北京社会科学》，2004年第1期。

发商也利用城郊空间毗邻中心城区的优势区位开发建设商品房项目,吸引城市居民买房定居。从而形成了城郊空间农业户籍居民与非农业户籍居民混居的特征。

此外,还存在一些农业户籍居民在征地拆迁后,或者主动或者被动地将农业户籍转变为非农业户籍;一些城市居民虽然从中心城区迁移到城郊,但出于种种考虑,并没有将户籍转变过来等现象,使得城郊地区"人户分离、农居混居"的特征呈现多样化表现。

三、城郊空间的独特问题

正是城郊地区所具有的独特空间特征,导致其面临的问题也具有独特性。由于城郊空间是城市扩张和城镇化变迁影响最为显著的地带,迅猛的社会变迁在给城郊空间带来巨大的发展机遇和现代化转型的同时,也为城郊地区带来了前所未有的问题、矛盾和冲突,它们成为城郊地区稳定发展的隐患,需要予以关注,并进行有针对性的探讨和解决。

第一,城郊地区作为城市外际空间的新型功能地域,成为政府规划征地的首选区域,大量土地被征收,用于建设工业开发区、住宅小区和公共设施。通常认为法律和社会所接受的是符合公共目的的土地征用,[1]因此各国都严格按照土地用途是否为公共用途或具有公共利益来判断土地征用的合法性。[2] 但是由于农业用地转变为城市经营性开发用地后,其回报率大大提高,土地功能的转变带来巨大的收益,由此产生了非法占地、不合理补偿等问题。在地方政府和开发商实现"以地生财"的过程中,被征地农民对于土

---

[1] 参见汪晖:《城乡结合部的土地征用:征用权与征地补偿》,《中国农村经济》,2002 年第 2 期。
[2] 参见商春荣:《土地征用制度的国际比较与我国土地资源的保护》,《农业经济问题》,1998 年第 5 期。

地补偿、征地安置等环节的权益问题日益关注,围绕征地和拆迁,利益矛盾和冲突比比皆是,被征地农民的不满甚至抗争也常常此起彼伏。征地和拆迁既是城镇化背景下,城郊地区正在经历的重要现实,也是关系被征地农民利益和城郊地区稳定发展的重大问题。必须处理好征地补偿和拆迁安置问题,切实维护被征地农民的应有权益,获得被征地农民对征地和拆迁的积极评价,这样才有利于被征地农民自身的身份转换,有利于城郊社会的顺利转型和稳定发展。

第二,城郊空间成为中心城区设施、生产力要素和经济发展实体外移的载体,因此需要占用大量的土地,这也带来了城郊地区土地资源和耕地减少等生态问题。此外,许多城市设施和工业厂房向城郊的外移,也带来了环境污染、资源流失等问题。在城郊地区成为支持城市发展的重要空间和城市经济贸易发展新的增长点的同时,要注重维护城郊地区的生态资源和生态环境,不能以牺牲资源、环境和生态为代价,换取城市的发展。

第三,城郊空间的经济发展不均衡现象十分显著。农业经济需要集约化和现代化发展;工业经济需要调整传统和现代产业结构,改变传统产业为主导的不合理结构;第三产业需要高端化发展,实现资产的高效使用。在城镇化的冲击下,城郊空间所面临的问题最为复杂和突出。城郊地区的产业结构复杂,层次高低差异显著;经济活动多样,正规经济与非正规经济并存;资本构成多样,集体资本地位突出,运营效率低下;劳动力构成复杂,弱势群体集中,无业、失业比率高;多元管理主体并存,经济管理交叉矛盾⋯⋯这些问题都成为城郊经济社会协调发展的障碍,需要加大力量促进经济要素的整合提升,协调经济结构的均衡发展,发挥高端产业力量的带动作用,从而推进城郊地区经济的健康转型和快速发展。

第四,城郊空间较为复杂的"人户分离、农居混居"现象,不仅带来了人口身份差异和待遇区别,造成人口隔离、社会距离等现象,而且也带来人口管理的困难。由于很多社会管理工作,例如安置就业、申请低保和婚育证明等,都需要通过户籍所在地的证明和审批。而人户分离情况的增加,带来了户籍所在地人口管理工作的困难。同时,无户籍居民也无法在其居住空间获得社会管理与社会服务。此外,由于农居居民享有不同的待遇,例如农业户籍的村籍福利不同于非农业户籍居民,非农业户籍居民的就业与社会保障也不同于农业户籍居民,这也造成了人口管理的复杂性。正因为如此,一些地方采用了分而治之的方式,对农居居民分别管理,但这样做的结果,导致了农居居民在社区生活中的隔离,也造成了社区资源和人力的浪费。因此,必须改革和创新户籍与人口管理制度,有力推动城乡地区的人口城镇化发展与融合。

第五,城郊空间是城乡各种社会矛盾和冲突相对集中的地带。由于空间开发不平衡,社会结构不稳定,城郊地区常常存在社会管理与防控的失调失控。① 首先,城郊地区的人口来源广泛,流动性强,结构复杂,管理困难,导致违法违规行为有了可乘之机;其次,城郊地区房屋出租量大且管理不规范,地域宽广且交通便利,容易成为犯罪活动的集散和藏匿地;最后,城郊地区的监管制度尚不健全,导致非正当行业、特种行业和非法行业的集中。以上种种,造成城郊地区治安问题和犯罪隐患较为突出,并威胁着城郊地区的社会稳定和发展。因此,需要加强城郊地区的社会管理与综合治理,完善城郊空间的管理体系,为城郊发展创造良好的治安环境。

第六,城郊空间的公共管理与公共设施滞后。城郊地区往往存在公共物品提供不足,公共环境、卫生和基础设施落后的问题。② 首先,城郊很多地

---

① 参见马少春、王发曾:《城乡结合部的犯罪机会控制与空间综合治理》,《人文地理》,2011 年第 2 期。

② 参见魏娜:《城乡结合部管理体制改革:思路与政策建议——公共物品提供的主体、责任与机制》,《北京行政学院学报》,2004 年第 3 期。

区并没有纳入城市管理体系,出现政府投入不足,管理不完善的情况;其次,城郊地区存在城乡管理体制并存的情况,造成多个管理主体对公共事务的管理既可能交叉重复,又可能扯皮推卸,从而导致一些公共问题和公共死角的出现。可见,城郊公共设施和公共管理的问题,既需要政府更多的关注和投入,又不仅仅是增加投入就能够解决的,包括管理的规范、主体的整合、体制的创新和管理标准的提升,都是促进城郊地区公共管理提高的基础。

大部分研究者认为,城郊地区是兼具城市与乡村双重特性的区域,是从城市向乡村的过渡地带,它一方面会逐渐被中心城区吞噬,另一方面又会不断向外扩展,侵入更广阔的农村地区,所以它是具有变动性和过渡性的地带。本书认为,城郊空间确实具有变动性,但它在变动中存在相对的稳定性。中心城区不会无限扩展,人口可以向外迁移、交通线可以向外延伸、住宅区域可以向外扩展,工业贸易功能可以向外转移,城市基础设施也可以向外搬迁,但中心城区并不需要无限的扩张,现代城市规划也会限制这种不必要的扩张。所以本书认为城市的扩张并非大规模拓展中心城区的区域面积,而是在中心城区的功能、要素外移过程中,构造出一个具有独特功能与特征的地带,它的面积不断扩展,在功能上与中心城区和农村连为一体,成为连接城市与乡村的中间地带。一方面它将城市辐射与带动的影响传递给乡村,另一方面它将乡村的功能和作用传递给中心城区。城郊空间的存在有其独立的景观、独特的社会经济特征和独有的功能,它作为第三空间的特征日益明显,它连接城市与乡村、消除城乡二元隔离的功能也越来越显著。

综上所述,本书认为,不应将城郊地区简单视为从乡村转变为城市的暂时过渡,而应将其界定为具有独立特征的第三空间。广义上可以认为城郊空间是城市的一部分,但如果从狭义上看,城郊空间的未来不是转变为中心城区,它将是中心城区的外围,是城乡交流、功能传递的中间地带,还是城市影响辐射乡村的传送地带。也正因为如此,针对城郊空间的问题,不能简单照搬中心城区的经验方法,而要采用独立视角,在城乡关联中审视城郊空间的独特环境、元素和功能。城郊空间的未来不是转变为中心城区,而是日益形成具有现代性和城镇化特征的独立的第三空间。

第二节　城郊空间的组织体制

我国城乡存在着街居体制和村镇(乡)体制两种基层管理体制,它们在城与乡的不同空间中各自发挥功能,彼此相安无事。但在作为城乡接合部的城郊地区,两种体制出现了交叉和碰撞。这种碰撞起因于两个因素,其一,在土地征用与村落拆迁过程中,被征地农民在社会身份上将从村民转型为市民,必然同时带来作为群众自治组织的村委会向居委会转型的问题;其二,越来越多的外来人口和部分中心城区的居民入住郊区,使得以村民为管理与服务对象的村委会无法满足人口多样性结构的需求,外来人口和入住居民需要服务范围更为广泛的基层治理组织提供的管理和服务。因此,城郊地区面临基层治理体系的变迁,需要根据城郊新型社区的特有性质和独特问题,进行创新和再造。①

一、从农村社区管理体制到城镇社区管理体制

2000 年以来,中国经历了快速的城镇化进程,其发展规模和发展速度都是前所未有的。② 城市的膨胀扩张所伴随的征地拆迁、旧村改造和撤村并居

---

① 参见于莉、崔金海、袁小波:《城乡结合部"村改社区"基层管理体制的转制研究》,《云南行政学院学报》,2015 年第 6 期。

② 参见杨伟鲁:《中国城镇化进程中必须重视的几个现实问题》,《经济纵横》,2011 年第 4 期。

等一系列过程,使中国村落数量迅速减少,同时也造就了新型社区类型——"村改社区"。

所谓"村改社区"是指在城镇化背景下,原居住在农村村落中的农民在征地拆迁后,集中安置到新建的城镇化居住社区。这类新型社区的居民以被征地农民为主,他们可能来自一个或几个行政村,此外社区中还有大量租住农民富余房屋的外来人口,以及部分在社区中购买商品房的城市居民。可见,"村改社区"是将居住在传统农村社区的人口安置到现代城镇化景观和环境中,并输入了新的人口元素之后,产生的新型社区。"村改社区"面临农村社区组织体系和治理模式的城镇化转型,这种转型首先表现为从以村民委员会为核心的农村社区管理体制到以居民委员会为核心的城镇社区管理体制的转型。

村民委员会组织和居民委员会组织是我国农村和城市基层社区治理的两种基本组织类型,在我国宪法中,它们都是基层群众实行自我管理、自我服务、自我教育和自我监督的基层群众性自治组织,二者性质相同,具有并列关系。① 村民委员会和居民委员会的组织建构和职权行使分别依据《中华人民共和国村民委员会组织法》和《中华人民共和国城市居民委员会组织法》,对比村委会和居委会组织法的规定,可以发现两个基层自治组织之间在许多方面存在着鲜明的差异:

第一,在组织职能上,村委会担负的治理职能包括农村生产、生活领域中有关经济、政治、社会和文化等各个方面;而社区居委会只负责与城市居民生活领域和社区服务相关的事务。

第二,在自治性质上,村委会作为村民自治组织,具有更强的自治性质,村委会的设立、调整和撤销除了由政府提出外,还需经过村民会议的讨论同

---

① 参见晋龙涛:《试论村委会与居委会的差异》,《农业考古》,2012 年第 3 期。

意;而居委会的成立、撤销和规模调整则直接由不设区的市、市辖区的人民政府决定。

第三,在选举方面,《村委会组织法》明确规定了村委会直接选举和意见反馈的机制;《居委会组织法》并没有明确的直选规则,居委会可以由居民直接选举,也可以由居民代表间接选举。

第四,在经费来源上,村委会的办公经费和村干部的生活补助通常由村集体筹款解决;而居民委员会则由政府规定和拨付其办公用房、工作经费和成员补贴。

第五,在与居民的关系上,村民对村委会具有较强的依赖性,许多与村民利益相关的事务,如集体资产的经营处置、集体土地的分配、乡村事务的管理和乡村发展的决策等,全部由村委会负责,除了村委会,农民没有任何其他组织;而对于城市居民来说,除了居委会外,他们还归属于自己的工作单位,以及各种可以满足需求的机构和团体。单位以及其他社会组织可以为居民提供工作、社会和生活等各方面的服务,因此居民对居委会的依赖性较低,对其关注程度也不高。[1]

第六,在管理模式上,村委会以属地所有者作为自己的管理对象,通常采用熟人管理的模式实现对村落的社会管理;居委会的管理对象是属地居民,其管理模式通常是单位管理。由于村民既是属地的居民,也是属地的所有者,他们以血缘、地缘关系以及所有权关系建构熟人关系,因而村委会与村民在权利、义务和利益方面存在一致性;而城市居民作为单位人与所在单位的利益紧密相关,作为社会人与公共性、国家性利益密切关联,因此社区组织与居民在权利义务关系上存在分歧。

---

[1] 参见王圣诵:《"城中村"土地开发、"村改居"和社区民主治理中的农民权益保护研究》,《法学论坛》,2010 年第 6 期。

以上差异的存在决定了从村委会管理体制到居委会管理体制的转型，并不是换一块牌子这么简单，这个过程将涉及社区组织属性职能、基层管理体系和管理模式的全方位转换。

二、"村改社区"转型的实质

"村改社区"的转型实质上是一个由封闭的传统社区到开放的现代社区转型的过程。这种由封闭到开放的过程并不是在破坏了村落社区的物质景观，甚至破坏了村落社会的网络结构之后就可以自然实现的。除了文化观念成为阻碍传统社区开放性发展的影响因素之外，村落内部的利益关联也成为难以打破村落结构的巨大阻碍。

传统村落在经历征地拆迁的非农化过程之后，获得了作为补偿的巨额集体资产，利用这些资产，村镇集体不仅可以获得集体经营的资产来源，也可以调动这些资源为被征地农民提供补贴、分红、社会保障、公共服务和社区设施。由于集体资产具有封闭性的边界，它是原村落居民的共同财产，并成为被征地农民重要的生活保障，因而强化了村落居民利益共同体的封闭化。具有村籍身份成为识别村落利益共同体的边界，村落成员可以在收入分配、就业、入学、医疗和养老等方面享有特殊待遇和权利。村制管理并不包括村籍之外的人口，也不允许村籍之外的人口分享村落的福利待遇。村落集体经济的管理和分配通常由村委会控制，这也导致了村民委员会的封闭性，非村籍成员不可能进入村民委员会，更不可能参与村落的管理和决策。

尽管在城镇化的过程中，村落社区组织发生了新的变化，大部分村落建立了集体经济组织进行集体资产的经营管理，但集体经济组织的领导和成员与村落社区组织经常重叠交叉，导致二者之间界限模糊，并逐渐出现集体经济组织替代村落社区组织管理社区公共事务的趋势。蓝宇蕴在探讨非农化村庄社区组织问题时,就指出非农化村庄社区组织的建构中出现村庄单位化现象,即村落依托集体经济的发展办社会。① 基于村落资源的独享性,这种村庄单位化的趋势加强了村落的封闭性以及村民对村落的依赖性。

当村落社区经历拆迁安置而转变为"村改社区"之后,村落社区的物质空间界限被打破,当"村改社区"有越来越多的外村村民和外来居民入住之后,村落社区的社会空间界限也被打破,随之而来的户籍改革和社区管理体系的改制,将可能危及被征地农民基于村籍待遇的利益共同体的边界,这必然会带来种种利益矛盾和冲突,从而导致"村改社区"转型困难重重。

三、"村改社区"基层管理体制的过渡性模式

目前"村改社区"的基层管理体制尚处于转型中的过渡状态,其表现形式并不一致,归纳起来可以有以下四种模式:

第一种形式是村委会与社区居委会分而治之,即在新建社区内设立居民委员会,对社区内购买商品房的居民实行社区管理,而原有的村民委员会并未撤销,社区内的村民仍归原来所属村落的村委会管辖。这种村民与居民分而治之的形式强化了被征地农民与外来居民的隔离,既不利于社区整体的发展和协调,也不利于被征地农民的市民化进程。很多社区内的服务不能惠及村民,再加上村民通常并非整村安置,导致很多事务需要回到原村办理,也给村民造成了不便。

第二种形式是村委会与社区居委会同时存在。在一些整村安置的社区

---

① 参见蓝宇蕴:《非农化村庄:一种缺乏社会延展性的社区组织》,《广东社会科学》,2001 年第6 期。

内同时存在村委会组织和居委会组织,两个社区组织在服务对象上并无区别,在服务内容上,居委会更侧重于社会服务。实行这种安排的社区通常是为了实现村委会向居委会的过渡。可见,村委会与居委会并行存在只是暂时之计,而且这种设置所导致的多头管理和资源浪费的弊端是不言而喻的。

第三种形式是经济组织办社区,这样的情况通常发生在集体经济经营比较好的村落,而且是整村安置的社区。社区中建立了集体经济的集团组织,组织的领导就是村委会的领导,由于村集体经济发展良好,能有更多的资源改善社区设施和购买社区服务,所以村委会对社区的管理和服务实际上是集体经济组织发挥了更为实质的作用。这种经济组织办社区的模式比较类似于学者蓝宇蕴提出的村庄单位化现象,其后果是加强了村落的封闭性和被征地农民对村落的依赖性,反而为村落社区的城镇化转型带来更大的阻碍。

第四种形式是目前我国"村改社区"中较为主流的转型方式,即"村改居"。所谓"村改居"是指在划入城市建设规划区域内的原农村地区,将原来的农村村民委员会撤销,改为城市社区居民委员会,采用城市社区管埋模式对被城镇化的农村地区实施治理。① 但许多研究者发现"村改居"后的社区居委会管理体系在很大程度上沿用了原来的村委会管理模式,普遍存在转型不彻底的情况。

四、"村改居"转型模式的现存问题

"村改社区"是由传统村落社区转变为现代城镇社区的产物,作为社区

---

① 参见梁慧、王琳:《"村改居"社区居委会管理中的问题及对策分析》,《理论月刊》,2008 年第11 期。

转型的结果,必然带来社区管理模式的转型,许多地方将这种转型看作撤销农村村委会建立城市居委会的过程,这就是所谓的"村改居"。然而在实施"村改居"的社区中,可以看到社区组织的这种转型目前存在很多问题。

首先,"村改居"后社区居委会的经费主要还是来自集体经济。由于农村集体经济管理职能是归属于村民委员会的,而社区居委会只具有办理居民公共事务和公益事务的社会职能,从村委会转变为居委会,将意味着集体经济的经营管理职能需要转移给新的主体——集体经济组织承担。然而在集体资本转移给集体经济组织之后,"村改居"的社区组织面临着经费短缺、资源不足等一系列的问题。传统农村社区中社区组织和社区事务的经费主要来自集体经济,改制后,"村改居"社区的经费除了上级拨付的补贴之外,工作经费仍主要来源于集体经济,从而导致社区组织对集体经济组织的依赖。

其次,在管理体制上,很多"村改居"的社区居委会仍然采用农村村委会的管理方式,依靠传统的宗族关系实现对社区的治理。"村改居"社区中村民的生活空间仍为原来村落所在的区域,以血缘为基础的家族宗族关系和以地域为基础的邻里关系在社区生活中仍起重要作用,宗族意识和大族观念在社区选举和社区事务管理中的影响依然存在。①

再次,居委会组织通常是由原村委会班子简单组成,其成员大部分是原村委会干部。由于具有"村籍"身份的被征地农民与社区组织,特别是集体经济组织利益关联最强,在集体经济与社区组织没有彻底分离之前,村民担心"非村籍"人员进入社区组织会导致集体资产被外来居民"共产",因此"村改居"的社区组织成员仍然来自本地村民。

---

① 参见丁煌、黄立敏:《从社会资本视角看"村改居"社区治理》,《特区实践与理论》,2010 年第3 期。

此外,非村民群体的社区组织归属感弱,社区参与不足。"村改社区"中人口的最突出特征就是成员的复杂性,即使是安置的村民也常常来自几个村落。还有购房的城市居民和租房的外来人口。由于社区组织成员通常来自原村落成员,导致其他人口群体没有代表在社区组织中任职,他们与社区组织的利益关联松散,这些"外来者"游离于社区组织之外,对社区组织缺乏归属感,社区参与在广度和深度上都存在不足。

最后,"村改居"漠视了村委会和居委会的法律地位,也漠视了被征地农民的意愿。按照《村委会组织法》的规定,村委会的成立、撤销和范围调整,应由本村村民会议决定,各级政府只有程序上的提出与批准的权力。而实际运作过程中,"村改居"过程往往实行行政主导,政府通常以行政公文的形式公布并予以确认。在缺少村民认同基础上的社区转制要么会遭到抵制,要么导致新的建制形同虚设。

可见,"村改社区"的改制问题并不是摘下村民委员会牌子,挂上居民委员会牌子就万事大吉了。它牵涉着农村集体经济的改制、被征地农民生活和利益的妥善安置、不同人口群体的融合、人口户籍制度的改革、基层管理方式的改变、城市管理体制的完善以及传统村落行为习惯与价值观念的转型等各个方面,是一个系统而全面的转型过程。

五、"村改社区"转制是一个复杂的建构过程

"村改社区"基层管理体制的转型是一个重新建构而非简单置换的过程,它将是一场涉及利益分配、治理体系重组和社区秩序重构的社会改革。

首先,在城镇化背景下,城郊地区在城市体系中的地位与功能定位的日益突出,带来了大规模的征地拆迁和城镇建设,这一过程涉及村镇集体收益和村民利益补偿的合理性分配问题。在传统村落社会中,村委会具有管理

村集体资产的经济功能,而城市社会中的居委会并不具有经济功能,如果在"村改社区"将村委会简单变身为居委会,村集体经济管理职能如何转移,村委会与村民的利益关联如何割断,这将是"村改社区"中社区组织建设面临的首要问题。

其次,基层管理体制转型的最大障碍是被征地农民对村镇体制的依赖,这不仅仅是社会管理和自治权利的归属问题,更重要的是这是关系村民长远利益的集体财产处置和集体经济发展的问题。如果实施"村转居",集体资产的处置就会提上议事日程,关于集体资产如何核算和分配,触及各方利益,如果处理不当,必将诱发矛盾和冲突的产生,因此集体资产和集体经济是否能够处置妥当,决定了社区组织是否能够成功转型。

再次,由于被征地农民不愿放弃村民身份,由此形成"村改社区"中同时存在着农业户籍人口与非农业户籍人口混居的状态,导致不同人口群体共同居住在一个社区,却有着不同的利益需求和社会归属。由此使得"村改社区"的社区组织面临一个重大问题,就是如何代表和服务于这些界限分明的居民群体。如果能将村民的集体分红、利益补偿和社会保障与被征地农民的户籍身份分开,被征地农民是以集体经济组织的股东身份获取集体经济收益,以被征地农民社会保障服务机构的服务对象身份获得社会保障服务,那么农业户籍对被征地农民来说将不再具有特殊价值。由农业户籍变为非农业户籍是被征地农民市民化的第一步,在户籍制度没有彻底取消之前,非农业户籍将为被征地农民身份转型提供合理性依据,同时,被征地农民的市民化转型也将对"村改社区"的城镇化转制产生积极的促进作用。

总之,"村改社区"的改制是传统村落中村委会治理体系的转制,不仅关涉社会与行政管理的转制,也涉及集体经济管理的转制,只有将集体经济管理、村民经济补偿和社会保障的管理职能转移到独立的组织实体,同时,社区管理又不对这些组织实体具有任何依赖关系时,才能彻底建构起只发挥社会的、行政的和自治职能的新型社区组织。这一目标的实现,一要取决于集体经济组织的股份化建制,将集体资产的经营管理推向市场;二要取决于村民经济联系的妥善安置,一方面通过股份化改制,保证村民分享集体资产的收益,另一方面建立独立的村民社会保障服务机构,处理村民利益补偿和社会保障事务;三要取决于政府对"村改社区"社区管理与服务投入机制的建构,只有政府对社区组织资源充足配置,才能消除社区组织对集体经济组织的资源依赖,彻底割断集体经济组织对社区事务的介入。

第二编　大都市城郊农民的
身份转型与身份认同

　　人类社会从传统的乡土社会转变为以工业为主的现代社会被视为城镇化过程,它是社会经济现代化发展的需要和必然结果。城镇化进程需要劳动力的流动,城市工商业发展带来就业机会的丰富,从而吸引农村劳动力向城市的流动,以满足现代工商业发展,推动社会经济的现代化发展,这是各国社会经济现代化发展的共同规律。因此,城镇化水平通常被视为衡量一个国家社会经济发展水平的重要指标。

　　从农业现代化视角看,我国人多地少,随着生产力的发展,大量滞留农村的农业人口需要向城镇转移,从而实现农业产业的规模化,提高农业效率,推进农业现代化发展。

　　从工业现代化视角看,我国工业化发展需要实现规模效应,工商业聚集的同时需要人口的聚集,城市发展和产业发展,需要大量劳动力的注入,农业转移人口向城市的转移满足了现代经济的发展需求。

　　1982 年我国 173 万农村劳动力从农业部门转移到城市非农业部门,2017 年这一数据已经增加到 2.86 亿人,城市中 41% 的岗位劳动力需求是由农业转移人口支撑的。① 农村劳动力向非农部门的持续转移,推动了我国工业与服务业的发展,对我国推进现代化和城镇化进程具有重要意义。

在工业发展和城市扩张的进程中,许多国家都经历了农村人口向城市转移的过程。早在 20 世纪中期,发达国家的城市人口比率就已经达到70%~80%,农民在从农业向工业的转移过程中,自然地完成了从农民到市民的城镇化转型。② 然而我国农村劳动力的职业转移与市民身份转型并非同步完成,农村劳动力向非农职业的转移和向城市的空间迁移是与其社会身份的市民化转型相分离的,③这一现象的根源在于我国城乡二元体制的存在。

我国是典型的城乡二元社会结构,城市与乡村在基本生活、生产方式上存在显著的差异性。农业转移人口从农村向城市的迁移,不仅是就业的迁移,还涉及居住、生活和福利的转变。李培林等人也指出我国农业转移劳动力具有就业部门非农业而户籍身份为农业人口的特征。④

我国农业转移人口市民化滞后的主要原因在于我国城乡实行不同的户籍管理制度,并建构了与之相匹配的不同福利水平的城乡社会保障体系,农业转移人口难以进入城市保障体系。农村人口向城市的融入型迁移大多通过高考和城市企业招工等特殊通道,⑤除此之外,农业转移人口能够稳定就业并享受配套城市社会保障的比重很低。

近年来,我国城乡二元体制改革不断深入,诸多城市的社会保障体系逐步向非城市户籍就业者覆盖,流动人员的医疗保障、公租房与廉租房以及外

---

① 参见中国社会科学院:《中国农民工调查:2010—2015》。

② 参见刘源超、潘素昆:《社会资本因素对失地农民市民化的影响分析》,《经济经纬》,2007 年第 5 期。

③ 参见蔡昉、王美艳:《农村劳动力剩余及其相关事实的重新考察——一个反设事实法的应用》,《中国农村经济》,2007 年第 10 期。

④ 参见李培林:《农民工:中国进城农民工的经济社会分析》,社会科学文献出版社,2003 年,第 35 页。

⑤ 参见钱永坤:《农村劳动力异地迁移行为研究》,《中国人口科学》,2006 年第 5 期。

地人口子女入学等政策也逐步放宽,劳动保障法律体系不断完善,与户籍挂钩的福利水平差异也相对缩小,①农业人口向城市转移的制度阻力在不断降低,农民市民化条件也在不断完善。但从制度层面看,户籍制度、社会保障体系和就业市场的排斥仍然对农业人口的市民化进程具有阻碍作用,使农业转移人口无法成为真正的市民。②

当前,我国城镇化快速发展和农业转移人口市民化滞后的矛盾突出,已经成为制约城镇化进一步发展的关键性问题。③ 一方面,城市扩张导致大量农业用地转为城镇用地;另一方面,当农业转移人口离农、离土和离村进入城镇之后,并没有同步完成向市民的转化,他们需要经历社会身份、生活方式和观念行为的全面转型,这一相对独立的市民化过程从微观上看是农民个体与群体的角色转型,而从宏观上看则涉及分层结构和体制政策的社会转型。

国际上衡量城镇化的标准是用城镇常住人口计算城镇化水平。我国存在特有的户籍制度,导致存在常住人口和户籍人口的差异性,《国家新型城镇化规划(2014—2020 年)》的相关数据显示,目前我国常住人口城镇化率为53.7%,户籍人口城镇化率只有 36% 左右,可见还有相当部分居住在城市的农业转移人口尚未实现身份上的市民化转变。

中国的城镇化进程具有较强的政府主导性,政府通过城市发展规划推进城镇化进程,尤其体现在大规模征地实现城市扩张的过程中,在这个过程中,出现大规模"失地农民"被市民化现象。长期以来,土地城镇化成为地方政府推进城镇化的主要方式,而对人的城镇化的忽略导致失地农民陷入既

---

① 参见王春光:《农村流动人口的"半城镇化"问题研究》,《社会学研究》,2006 年第 5 期。

② 参见孙鹏程:《农村劳动力迁移模式选择:理论、现实与经验证据》,吉林大学 2018 年博士学位论文。

③ 参见孙婧芳:《城市劳动力市场中户籍歧视的变化:农民工的就业与工资》,《经济研究》,2017 年第 8 期。

失去土地保障又难以进入城市保障,既失去农民职业又难以进入城市就业市场的困境。

党的十八大报告中首次明确提出要"有序推进农业转移人口市民化",并指出新型城镇化建设亟须实现"从物的城镇化到人的城镇化"的路径转型。党的十九大报告中再次提出要"以城市群为主体构建大中小城市和小城镇协调发展的城镇格局,加快农业转移人口市民化",农民市民化已经成为关系城乡社会健康发展的重大社会问题。无论对于进城农民还是对于失地农民,都迫切需要重视和加强推进"人"的城镇化,以使他们走出城镇化浪潮带来的困境,通过市民化转型更好地融入城市社会,完成新市民角色的构建。

第四章　城郊农民的市民化转型

第一节　城郊农民市民化的界定

一、城郊农民市民化的源起

在我国城市土地扩张和建设重心外移的过程中,城郊地区出现大规模的征地和宅基地动迁,导致城郊物质环境的迅速转变。由于征地范围宽、补偿安置不完善,大量城郊农民失去土地,陷入"种田无地、就业无岗"的困境。[①] 对城郊农民而言,市民化不仅是居住空间的变迁和职业身份的转变,还意味着社会身份、行为观念模式的变动,推进这一过程的动力不仅来自外

[①] 参见冀县卿、钱忠好:《人力资本、物质资本、社会资本与失地农民城市适应性——基于江苏省 469 户失地农民的调查数据》,《江海学刊》,2011 年第 6 期。

部客观因素,还来自内部个体因素。

从外部因素看,城郊农民的市民化首先与征地拆迁直接相关,征地拆迁的补偿安置状况直接影响城郊农民进入城市的生计能力,同时进入城市后的就业状况、社会保障状况决定了城郊农民抵御城市社会风险的能力。由于经济条件的弱势、就业机会的缺失以及社会保障的不足,城郊农民面临生存发展的困境。其次,我国城乡二元体制导致城乡隔离,二元户籍制度制约农业转移人口向城市的迁移;二元社会保障制度阻碍农业转移人口获得市民待遇;二元土地所有制阻碍土地等资产的市场流动;二元社会组织形式和管理形式阻碍农业转移人口的社会融入和身份认同。城郊农民无法跨越制度藩篱,而成为真正的市民。

从内部因素看,城郊农民的市民化首先是一种制度安排的市民化,而不是城郊农民个体选择的市民化。因此,城郊农民的市民化具有鲜明的被动性特征,这种被动性还导致城郊农民对市民化转型的准备不足,在知识技能、社会交往、行为方式和价值观念等方面都呈现出相对的滞后性,难以在短时间内适应城市转型的需求。城郊农民的市民化过程更体现为"物质-技术"层面的市民化,农民失去土地和村落生活后,可以从事非农职业,可以将户籍身份转换为非农业户籍。然而由于市民化并非城郊农民的主观选择,征地拆迁过程存在着对城郊农民的权益伤害,离农离地的城镇化生活面临种种不确定因素,城郊农民的市民化意愿不高,对市民角色的认同感低,市民角色转化不彻底。文军等人曾指出,对城郊农民而言,强化身份认同与角色再造是其市民化的主要发生路径。[1]

---

[1] 参见文军、沈东:《"市民化连续体":农业转移人口类型比较研究》,《社会科学战线》,2016年第10期。

二、市民化的内涵

从字面上看,所谓市民化就是农民向市民的转化,这种转化既可以体现为一种过程,也可以体现为一种结果。对于市民化的内涵可以从主体视角、过程－结果视角和内容视角进行分析。

(一) 主体视角分析

黄祖辉等人提出市民化概念时就明确指出,市民化的主体不是所有农民,而是转移出的农民,目前学界将我国市民化的主体统称为农业转移人口。[①]

程业炳等人认为农业转移人口包括在城市工作或在城乡流动的农业户籍人口,以及虽获得城市户籍却没有完成角色转变的原农业人口。[②]《中国城市发展报告》指出,在广义上农业转移人口是指从农村转移到城镇的进城务工经商人员、随迁家属和失地农民等;狭义的农业转移人口特指"农民工"群体。[③]

综上所述,农业转移人口可以包括三类:一是进入城市务工经商的农业转移人口,例如农民工,很多研究者关注农民工群体的市民化,并将市民化界定为迁居城市务工经商的农民逐步向城市居民转化的过程;[④]二是失去土

①　参见黄祖辉、顾益康、徐加:《农村工业化、城镇化和农民市民化》,《经济研究》,1989年第3期。

②　参见程业炳、张德化:《农业转移人口市民化的制度障碍与路径选择》,《社会科学家》,2016年第7期。

③　参见潘家华、魏后凯:《中国城市发展报告》,社会科学文献出版社,2013年,第1~43页。

④　参见刘传江:《中国农民工市民化研究》,《理论月刊》,2006年第10期;赵立新:《城市农民工市民化问题研究》,《人口学刊》,2006年第4期;王桂新、沈建法、刘建波:《中国城市农民工市民化研究——以上海为例》,《人口与发展》,2008年第1期;徐建玲:《农民工市民化进程度量:理论探讨与实证分析》,《农业经济问题》,2008年第9期。

地和宅基地后迁入城镇社区居住生活的农业转移人口,例如城郊农民;三是在农村集中居住或者从事非农产业的农业转移人口。他们的共同特点是正在或者将要经历职业上从农业到非农业的转移,居住上从村庄到城镇的转移,户籍上从农业户籍到非农业户籍的转移,身份上从农民到市民的转移,生活方式上从传统性到现代性的转移。但不同类型的市民化主体在市民化过程中的具体经历、市民化的程度和特征、市民化进程中面临的问题和阻碍以及市民化的路径和结果等都或多或少存在差异。

(二)过程—结果视角分析

从过程—结果视角出发,对市民化有三种界定:

一是过程说。文军指出市民化在狭义上是农民获得市民的合法身份与权利的过程,广义上则是农民在身份地位、价值观念、生活方式和社会权利等方面向市民全面转化的过程。[①] 郑杭生将市民化界定为农民从职业和社会身份上向市民转变的过程,这个过程伴随着能力的发展、城市的适应、市民资格的获得和市民素质的习得。[②] 这一界定强调市民化是一个过程,即农业转移人口获得城市户籍并在各个方面融入城镇生活的过程。[③]

二是结果说。市民化概念一提出,就明确了其最终结果是农民身份向市民身份的转变。[④] 2011 年,国务院发展研究中心课题组将农民工市民化的核心内涵界定为农民工整体融入城市公共服务体系,包括农民工个人融入

---

① 参见文军:《农民市民化:从农民到市民的角色转型》,《华东师范大学学报》(哲学社会科学版),2004 年第 3 期。

② 参见郑杭生:《农民市民化:当代中国社会学的重要研究主题》,《甘肃社会科学》,2005 年第 4 期。

③ 参见黎智洪:《农业转移人口市民化:制度困局与策略选择》,《人民论坛》,2013 年第 20 期;余传杰:《农业转移人口市民化:机制完善及制度创新》,《中州学刊》,2014 年第 3 期。

④ 参见黄祖辉、顾益康、徐加:《农村工业化、城镇化和农民市民化》,《经济研究》,1989 年第 3 期。

企业,子女融入学校,家庭融入社区。① 2013 年,人力资源社会保障部劳动科学研究所课题组明确了市民化的目标是农民工彻底实现非农劳动为主、居住城市并享有城市市民权利。② 这些界定强调了市民化的结果,即农业转移人口能够进入城镇从事非农职业,并为城市接纳,平等参与城市生活。③

三是过程—结果说。"我国农村劳动力转移与农民市民化研究"课题组认为市民化是农民转移到城市并转变为市民的过程和状态,④这一界定是将市民化视为既是一个过程又是一个结果。市民化是指农业转移人口摆脱在城市的边缘化状态,在经历行为、观念和生活方式的城镇化转型之后,融入城市生活的过程和状态。⑤

(三) 内容视角分析

从市民化的内容分析,大多研究者赞同市民化是一个多维度概念,并从不同角度进行了维度分析。

一些研究者将市民化做了二元维度的分析,如许峰将农民工的市民化分为外在资格和内在素质两个层面,前者指职业身份、户籍保障方面的市民化;后者指生活方式、意识观念方面的市民化。⑥ 还有研究者将市民化划分为客观和主观两个方面,姜义平认为客观指标包括生存环境、生活水平、社

---

① 参见国务院发展研究中心课题组:《农民工市民化进程的总体态势与战略取向》,《改革》,2011 年第 5 期。

② 参见人力资源社会保障部劳动科学研究所课题组:《农民工市民化发展研究》;国务院农民工办课题组:《中国农民工发展研究》,中国劳动社会保障出版社,2013 年,第 426 页。

③ 参见仝尧:《我国农业转移人口市民化路径探讨》,《行政与法》,2014 年第 2 期;程云蕾:《论我国农民工市民化现状及时代特征》,《农业经济》,2015 年第 4 期。

④ 参见我国农村劳动力转移与农民市民化研究课题组:《农民市民化的趋势与国内相关理论学派的主张》,《经济研究参考》,2003 年第 5 期。

⑤ 参见刘传江:《中国农民工市民化研究》,《理论月刊》,2006 年第 10 期;张志勇:《西部农业转移人口市民化的问题及对策研究》,《中国农业资源与区划》,2017 年第 2 期。

⑥ 参见许峰:《农民市民化问题探讨》,《绿色中国》,2004 年第 10 期。

会保险、民主权利和文化素质等,主观指标包括价值观、自我认同和社会认同等;①朱冬梅等人认为市民化在客观上包括城镇户籍、政治权利、劳动就业、社会保障和公共服务等;主观上包括思想观念、社会认同和生活方式等。② 文军等人将农民市民化划分为政策技术和社会文化两个层面,其中政策技术包括农民脱离土地和农业生产,从合法身份上向市民的转变,这一层面的标志是获得城市户口和居民权益;社会文化层面是农民的观念行为从农民向市民的转化,表现为主动融入城市社会,发展市民素质,形成城市认同与融合的过程,这一过程是与政府在技术层面的市民化相对应的,体现为农民社会文化角色转换的过程。③

一些研究者将市民化内容进行了更加细致的维度划分。刘传江从四个层面概括了市民化的内容,包括职业上从非正规劳动的农民工到正规就业的产业工人的转化,社会身份上从农民到市民的户籍身份转化,以及人力资本与社会资本的提升,意识形态和行为方式的城镇化;④赵立新将市民化归纳为户口、地域、产业和文化四个方面的转变;⑤王桂新等人将农业转移人口市民化归纳为居住条件、经济条件、社会关系、政治参与和社会心理五个方面;⑥周小刚等人认为市民化是涉及经济体制、社会结构、制度变迁以及心理、社会意识等多层次转换的动态、持久的整合过程;⑦田园认为市民化是农

---

① 参见姜义平:《失地农民市民化程度测评指标体系的构建》,《湖州师范学院学报》,2012 年第 4 期。

② 参见朱冬梅、袁欣:《有序推进农业转移人口市民化问题研究综述》,《城市发展研究》,2014年第 11 期。

③ 参见文军、黄锐:《超越结构与行动:论农民市民化的困境及其出路——以上海郊区的调查为例》,《吉林大学社会科学学报》,2011 年第 2 期。

④ 参见刘传江:《中国农民工市民化研究》,《理论月刊》,2006 年第 10 期。

⑤ 参见赵立新:《城市农民工市民化问题研究》,《人口学刊》,2006 年第 4 期。

⑥ 参见王桂新、沈建法、刘建波:《中国城市农民工市民化研究——以上海为例》,《人口与发展》,2008 年第 1 期。

⑦ 参见周小刚、陈东有:《中国人口城镇化的理论阐释与政策选择: 农民工市民化》,《江西社会科学》,2009 年第 12 期。

民从农村进入城市成为新市民的过程,不仅包括职业和身份的转换,还包括享有和城镇居民同等的就业、住房、教育、养老和医疗等方面的公共服务和权利待遇。①

三、城郊农民市民化的界定

本书从市民化主体、市民化过程－结果和市民化内容视角对城郊农民市民化做出如下界定:

首先,从主体视角看,本书关注的市民化主体属于农业转移人口中失去土地和村落生活的城郊农民,这一群体最为突出的特点在于,其市民化转型是政府征地等外部因素影响下的被动市民化,这一群体对于市民化转型的意愿不强,准备不足,并在这一过程中被剥夺土地使用权、谋生方式和居住方式的选择权,由于非自愿进入城市,他们面临的市民化障碍更加突出。②本书将呈现出城郊农民市民化进程的特点、面临的问题,以及市民化的独特路径和结果。

其次,从过程－结果视角看,市民化要关注过程,也要讨论结果。从过程来看,市民化是农业转移人口进入城镇并逐步适应城镇生活,完成从农村到城镇的迁移和从农民到市民的转型过程;从结果看,市民化的结果体现为农业转移人口实现生存空间的城镇化、经济生活的非农化、身份权益的市民化和行为观念的现代化。但由于不同市民化主体迁移后的生活环境不同,其市民化结果也略有差异,对于进入中心城区的农民工,需要适应现代城市

① 参见田园:《政府主导和推进下农业转移人口市民化问题探究》,《西北农林科技大学学报》(社会科学版),2013年第13期。
② 参见刘源超、潘素昆:《社会资本因素对失地农民市民化的影响分析》,《经济纬》,2007年第5期。

生活,实现从农村人到城市人的转型;而对于迁入郊区城镇的失地农民,则需要适应新型城镇生活,实现从农村人到现代城镇人的转型。

最后,从内容分析视角看,市民化是农业转移人口从农民转变为市民的过程,这个过程包括在空间层面上从农村向城镇和城市的居住迁移,在经济层面上从农业向非农业的职业流动,这个过程实质上属于人口城镇化的过程,是全世界社会经济发展都会经历的过程,它对于促进经济社会发展具有重要意义。然而在我国,由于城乡二元分割体制的存在,上述人口城镇化过程并不能使农民彻底完成从农民到市民的转化,因此在社会层面,需要一个社会身份"市民化"的过程,即农业转移人口获得非农业户籍、市民待遇和城市接纳。在心理层面,需要形成市民化意愿,构建市民身份认同感,并在观念、行为和生活方式上实现从传统到现代的转型。由此,本书从广义上将市民化界定为农业转移人口向市民的转化,包括生活环境城镇化、谋生方式非农化、社会地位市民化和价值观念现代化四个方面,这四个方面体现了市民化从表象到本质的深入,表现为物质层面到制度层面再到心理层面的渐进过程。

与西方人口城镇化不同的是,我国农业转移人口的市民化深受制度性因素的影响,是政府主导下的市民化,农业转移人口在空间迁移、职业转移、身份转换和社会接纳等方面都受到制度性因素的影响,因而我国农业转移人口市民化进程不仅仅是农民个体、家庭或群体的行为选择,更是涉及从中央到地方的政策制度改革过程和社会结构转型过程。因此,对农业转移人口市民化的考察可以从宏观制度层面、中观社区层面和微观个体层面进行探讨。本书是从微观个体层面切入,主要从外部身份和内部认同两个层面考察农业转移人口市民化水平,而将宏观制度因素和中观社区因素纳入影响因素进行考察,并分析其对农业转移人口市民化水平的影响。

第二节　城郊农民身份转型及影响因素的操作化

一、市民化的分析维度

基于对城郊农民市民化的概念界定,本书将从外部身份转型与内部身份认同两个维度对城郊农民市民化进行考察。

外部身份转型包括从职业身份转型、户籍身份转型和市民待遇获得三个维度进行考察。第一,城郊农民在失去土地后,离地离农进入非农就业部门,其生产方式从农业转向非农业,体现了其职业身份上的非农化转移。是否能够实现非农就业以及非农就业质量的高低是衡量城郊农民职业身份转型的重要指标,也是城郊农民市民化转型的重要前提。第二,我国户籍管理体制下,户籍身份是市民与农民社会身份差异的客观指标。城郊农民由农民向市民的转型直接体现为户口类型从农业户籍向非农业户籍的转变,户籍"农转非"成为城郊农民身份转型的一个重要的客观指标。第三,获得市民待遇是城郊农民社会身份市民化的内在标志,能否获得与城市市民同等的城市社会保障和公共服务,成为体现城郊农民在事实上是否获得市民社会地位的重要指标。

内部身份认同体现了心理层面的市民化,它是城郊农民对市民化转型的接纳和对市民身份的认同,体现了城郊农民对城镇化变迁后的生活与社会环境的接纳和认可,对城市价值观念和市民社会身份的接受和认同,并在此基础上形成市民化意愿,从生活方式和价值观念等方面向"市民"转化的过程。内部身份认同是城郊农民市民化转型的内在驱动力。城郊农民完成市民化转型的最终目标就是实现城市融入。曾维希等人指出"城市融入"是农业转移人口对城市环境的接纳和适应,包括对自然环境、经济活动、制度安排、生活习俗、思维方式和价值观念等多个方面,城市融入的程度越高农民市民化程度越高。①

二、城郊农民市民化的影响因素分析

城郊农民的市民化受到宏观社会因素和微观个体因素的双重影响,这些因素一旦进入微观视角,便直接转化为失地农民的市民化资本,呈现为资本的市民化功能水平。因此,本书以城郊农民的物质资本、人力资本、社会资本和文化资本作为影响市民化水平的重要自变量,并认为这些资本的存量和质量及其在城郊农民市民化进程中的功能水平,是经济社会政策等外部因素和个体内部因素共同作用的结果和体现。

(一)物质资本分析

物质资本是城郊农民进入城市后所拥有的财产,是失地农民在城市生存与发展的物质基础,决定着城郊农民的生存状态和收入状况。

对农民而言,土地是其生产生活最基本和最重要的物质资本,失去土地就意味着农民失去了赖以生存和发展的基本物质资本,取而代之的是城郊农民所获得的土地补偿、房屋安置和集体资产的分配,然而土地征收补偿标准的不合理、补偿安置不到位等问题的存在,导致城郊农民物质资本的缺损,陷入收入无来源、生活无保障的困境。学者郁晓晖、张海波指出,缺失物

---

① 参见曾维希、李媛、许传新:《城市新移民的心理资本对城市融入的影响研究》,《西南大学学报》(社会科学版),2018年第4期。

质资本是城郊农民实现城市融入与城市适应的最大障碍。[1] 由此可见,城郊农民在失地动迁过程中获得的物质资本的数量和方式,对其城镇化转型后获得收入和生活保障具有直接的影响,[2]这也必然决定了其对市民化的态度和主动市民化的程度。基于此,本书提出研究假设1:城郊农民所拥有的物质资本对其市民化水平具有影响。

(二)人力资本分析

人力资本是城郊农民的知识、技能和体能等素质的综合,决定着城郊农民进入城市后的就业质量和收入水平。舒尔茨(Schultz)在《改造传统农业》中指出,对改变农业落后和农民贫困起决定性作用的是人力资本。[3] 卢卡斯(Lucas)的研究结果显示,通过学校教育而形成的人力资本和通过实践获得的人力资本对收入增长具有显著影响;[4]古斯塔夫索纳(Gustafssona)研究发现劳动力教育水平的提高具有提高农户收入的效应;[5]邹薇等人发现受教育程度是导致农村人口工资性差异的主要因素;[6]徐舒认为教育对收入有显著影响,而且会拉大收入的不平等。[7]

随着分工的深化,非农业部门就业岗位的专业性要求不断提高,[8]对技

---

① 参见郁晓晖、张海波:《失地农民的社会认同与社会建构》,《中国农村观察》,2006年第1期。

② 参见冀县卿、钱忠好:《人力资本、物质资本、社会资本与失地农民城市适应性——基于江苏省469户失地农民的调查数据》,《江海学刊》,2011年第6期。

③ 参见[美]舒尔茨:《改造传统农业》,梁小民译,商务印书馆,2011年,第110～152页。

④ See Lucas R E. ,On the mechanics of economic development, *Journal of monetary economics*, 1988 (1).

⑤ See Gustafssona, B., Li, S., Income Inequality within and across Counties in Rural China 1988 and 1995, *Journal of Development Economics*, 2002(1).

⑥ 参见邹薇、张芬:《农村地区收入差异与人力资本积累》,《中国社会科学》,2006年第2期。

⑦ 参见徐舒:《中国劳动者收入不平等的演化》,西南财经大学2010年博士学位论文。

⑧ 参见赵蜀蓉、陈绍刚:《人才资源转变为人力资本的理论构架及实践方法评价》,《西南民族大学学报》(人文社科版),2004年第3期。

术的复杂性和专业化要求越来越高。[①] 城郊农民的人力资本存量如果无法达到城市就业的最低人力资本要求，就难以实现城市的稳定就业，而只能在城市二级劳动市场的非正规就业部门获得暂时性工作，[②]也难以获得较高的工资。因此通过专业的技能教育和培训提升农村劳动力人力资本以满足城市就业对人力资本的最低要求是十分必要的。基于此，本书提出研究假设2：城郊农民所拥有的人力资本对其市民化水平具有影响。

(三)社会资本分析

社会资本是存在于个体社会关系网络中的可以为个体生存与发展提供社会支持的资本。社会学家波特斯（Portes）和梅西（Massey）指出移民网络对劳动力迁移的作用，有亲友或同胞等人际关系构成的社会网络能够为移民提供诸如就业信息、资金和住宿等各种形式的社会支持，降低劳动力转移的成本和风险，同时移民网络会产生示范效应，吸引更多劳动力的迁入。[③]城郊农民在进入城市后能够获得城市社会资本，对于其获取就业信息、发展支持具有实质性帮助，对其城镇化融入和市民化转型具有重要影响。基于此，本书提出研究假设3：城郊农民所拥有的社会资本对其市民化水平具有影响。

(四)文化资本分析

文化资本是失地农民在特定文化环境中所习得内化的精神气质、知识修养和知识趣味等，这种文化资本通常受家庭文化环境的影响，以制度形态

---

① 参见戴江维、奚伟东：《人力资本视角下农民工就业分析》，《社会福利：理论版》，2015 年第8 期。

② 参见罗炳锦：《我国农民就业的相关制度障碍》，《经济研究参考》，2012 年第 24 期。

③ 参见冀县卿、钱忠好：《人力资本、物质资本、社会资本与失地农民城市适应性——基于江苏省 469 户失地农民的调查数据》，《江海学刊》，2011 年第 6 期。

的文化程度、物质形态的文化产品和行为形态的文化惯习体现出来。

20世纪70年代,法国社会学家布尔迪厄提出文化资本概念,认为文化资本体现为社会成员的教育程度、行为方式、观念模式和兴趣品味等,对社会成员的阶层地位起决定性作用。①

布尔迪厄提出子女的教育机会与父母的受教育程度呈正向相关;国内相关研究也证实,父母文化程度越高,子女接受高等教育的机会越多,进入重点高校的概率也越高。张苏峰在豫东村落的调查显示,父母学历在高中以上时,子代对家庭体制形态的文化资本具有正向传承性;父母学历在高中以下时,文化资本的传承主要体现为习惯和态度的传承,而不是文化知识的传递。由于农民文化程度普遍较低,子代对文化资本的继承非常有限,此时,父母勤奋刻苦的习性、积极向上的观念及其对子女的教育期望对子代学业成就的影响就显得更为突出。② 基于此,本书提出研究假设4:城郊农民所拥有的文化资本对其市民化水平具有影响。

(五)代际因素分析

社会中具有相似的年龄和社会特征的人群被称为"代","代"的概念具有自然和社会两重性。代际差异在自然属性上体现为年龄的差异,但代际差异更多体现为代群之间价值观念与行为方式上的差别。③ 卡尔·曼海姆(Karl Mannheim)指出,出生年代相同,使其经历了相同的社会变革,同"代"群体会形成独特的集体认同或社会意识,从而在行为、态度上体现出与之前

---

① 参见[法]布尔迪厄:《文化资本与社会炼金术——布尔迪厄访谈录》,包亚明译,上海人民出版社,1997年,第192~193页。

② 参见张苏峰:《文化资本对农村青年社会流动的影响研究——以豫东黄淮平原M村和T村为例》,《中国青年研究》,2013年第10期。

③ 参见陈英、谢保鹏、张仁陟:《农民土地价值观代际差异研究——基于甘肃天水地区调查数据的实证分析》,《干旱区资源与环境》,2013年第10期。

或之后的不同代人群相区别的独特性,因此"代"的形成与社会的发展变迁紧密关联。①

在对农业转移人口的市民化研究中,代际因素也是很多研究者关注的因素。研究者发现,农民对土地的价值观存在较大的代际差异,很多"80后""90后"的农民不再认为土地是农民的命根子,如果有稳定的工作,他们会放弃土地从事非农工作。对农民工的代际研究也发现新生代农民工对城市的向往和积极情感显著优于第一代农民工。

在对农业转移人口市民化的研究中,很多研究者从年代代际视角出发将农业转移人口划分为老一代和新生代。2001年王春光首次提出"新生代农村流动人口"的概念,将其界定为20世纪90年代第一次外出的农民工,并对其社会认同与城乡融合特征进行了考察。② 刘传江等人依据出生年份划分了第一代农民工和第二代农民工,发现20世纪80年代后出生、90年代后期进城打工的第二代农民工在个人特征、外出动因及特点等方面与第一代农民工均存在较大差异。③ 大多研究者认为相对于父辈群体来说,新生代农业转移人口对城市的包容性和适应性更强。④ 还有研究者指出,由于九年义务教育的普及和高等教育的扩招,20世纪八九十年代后出生的新生代农业转移人口与父辈相比,拥有更高的知识水平和与非农职业相匹配的工作技能,人力资本积累意识也更高,他们在劳动力市场中的竞争能力有所提升,又因为缺乏农业生产技能,更多的时间在城市接受教育和务工,因此新生代农业转移人口的城市融入意愿更强,其进城目的已经从老一辈为了生

① 参见李静:《农民工城乡观及代际差异研究》,西南大学2011年硕士学位论文。
② 参见王春光:《新生代农村流动人口的社会认同与城乡融合的关系》,《社会学研究》,2001年第3期。
③ 参见刘传江、徐建玲:《第二代农民工及其市民化研究》,《中国人口·资源与环境》,2007年第1期。
④ 参见陈英、谢保鹏、张仁陟:《农民土地价值观代际差异研究——基于甘肃天水地区调查数据的实证分析》,《干旱区资源与环境》,2013年第10期。

存而增加收入的目标转移到为了个人发展而选择城市生活方式的目标,①进而从第一代的流动型迁移转变为第二代的融入型迁移。②

　　除了年代代际的二元划分外,也有研究者提出了年代代际的三元划分。邓大才将分田到户后的第一批外出打工人员划分为第一代打工者,将 20 世纪 90 年代的外出打工人员划分为第二代打工者,将 20 世纪 90 年代出生,2000 年以后外出打工人员划分为第三代打工者。第一代打工者外出打工是出于追求生存最大化的生存逻辑,第二代是出于追求收入最大化的货币逻辑,第三代则是出于在城市发展以实现利益最大化的前途逻辑。③ 陈辉等人也赞同这种三代划分的方式,并指出第三代农民工有一部分出生在农村,具有留守儿童经历;有一部分出生在城市,具有流动儿童经历。④ 同样支持三代划分的韩长赋指出,第一代农民工外出时间为 20 世纪 80 年代,这一代农民工早已人过中年,除了少部分具有技术专长或管理能力的人成为企业经营者外,大部分人已回到农村;第二代农民工为"80 后"出生,90 年代外出的农民工,他们经历了我国经济快速发展的过程;第三代农民工为"90 后"出生的新一代农民工。⑤ 杨菊华根据农民工的出生年代,将"80 前"出生的农民工界定为老一代,"80 后"界定为中生代,"90 后"界定为新生代,并指出新生代农民工已经成为当代农民工的主力军。⑥ 但也有研究者认为"90 后"农民工与"80 后"农民工之间没有出现像新生代农民工与老一辈农民工那样的

---

① 参见陆学艺:《当代中国社会流动》,社会科学文献出版社,2004 年,第 26~28 页。

② 参见孙鹏程:《农村劳动力迁移模式选择:理论、现实与经验证据》,吉林大学 2018 年博士学位论文。

③ 参见邓大才:《农民打工:动机与行为逻辑——劳动力社会化的动机-行为分析框架》,《社会科学战线》,2008 年第 9 期。

④ 参见陈辉、熊春文:《关于农民工代际划分问题的讨论——基于曼海姆的代的社会学理论》,《中国农业大学学报》(社会科学版),2011 年第 4 期。

⑤ 参见韩长赋:《关于"90 后"农民工》,《新华文摘》,2010 年第 7 期。

⑥ 参见杨菊华:《90 后流动人口社会融合的困难》,《中国社会科学报》,2015 年 11 月 18 日。

"鸿沟""裂变"式代际差异,因此将"90 后"农民工冠之以"第三代农民工"是不恰当的。①

本书认为,代际分类可以在家庭和社会中进行,在家庭中可以按照家庭成员的代际角色,划分为父代和子代的代际关系;在社会中则通常根据出生年代划分不同年龄群体的代际关系。由于不同代际经历的社会生活的变迁性,代际间经常会产生差异性,这种差异可以从微观层面体现出个体在不同生命周期的生理、社会和心理属性的差异,也可以从宏观层面体现出群体在不同时代和社会背景下的行为、观念等社会属性的差异。

本书根据城郊农民的出生年代,将城郊农民划分为三个代际:20 世纪 60 年代之前出生的群体为老一代,这一代群体已经步入老年阶段,他们在市民化转型过程中所面临的问题和产生的需求更能体现老年城郊农民的特点;20 世纪 60 到 70 年代出生的群体为中生代,这一群体正处于 40 到 50 岁的年龄阶段,具有其特殊的群体特点和需求;"80 后"为新生代,这一代群体正处于青壮年阶段,他们赶上了九年义务教育的普及和高等教育的扩招,在群体属性特征和行为观念上与中生代和老一代形成鲜明的差异性。通过对年代代际市民化差异的分析,一方面可以从年轻一代的特征中发现城郊农民市民化的未来趋势和发展瓶颈,有针对性地提出对策建议,推动城郊农民市民化的进一步发展;另一方面可以揭示不同年代代际群体的市民化状况及其面临的问题和具有的需求,有针对性地做好城郊农民市民化安置和转型工作,有利于推动城郊地区城镇化的平稳发展。

此外,本书还根据家庭代际关系,将城郊农民划分为父代和子代,这种划分一方面可以在分析父代和子代市民化差异的基础上,呈现市民化转型

---

① 参见王兴周:《"90 后农民工"群体特性探析——以珠江三角洲为例》,《广西民族大学学报》(哲学社会科学版),2013 年第 1 期。

为城郊农民带来的代际流动趋势,发现城郊农民社会地位在代际间的流动状况。由于向上的代际流动是代际间实现传承和发展的重要途径,在市民化转型过程中积极促成城郊农民向上的代际流动会极大地鼓励城郊农民对市民化的接纳和认同。此外,在个体发展中,家庭具有重要的资源支持意义,通过代际分析,可以看到家庭因素对市民化发展的重要作用,有研究曾指出农业转移人口家庭资源支持的不足,限制了农业转移人口城市融入的能力和水平。通过家庭代际的分析,可以看到家庭禀赋因素对市民化的影响,对于城郊农民市民化问题的探讨和解决具有重要的理论和现实意义。

三、数据来源和样本结构

本书采用判断抽样方法在天津市城郊地区抽取具有征地拆迁经历的农民家庭作为调查对象,抽样过程考虑性别和代际因素,共抽取样本家庭 200 个,对每个家庭的父代和子代分别进行调查,共访谈城郊农民样本 400 个。通过结构式访谈收集问卷资料,运用 SPSS 21.0 软件对调查资料进行统计分析,呈现出天津市城郊农民市民化状况及其影响因素。

本书的样本结构如表 4-1 所示,从性别结构看,48.3% 为女性,51.7% 为男性;从年代代际看,20 世纪 50 年代以前出生的老一代占 21.8%,出生于 60 至 70 年代的中生代占 34.3%,80 年代至 90 年代出生的新生代占 44.0%;从文化程度看,小学及以下占 20.8%,初中占 24.0%,高中或高职占 21.3%,大专或高职占 9.8%,大学本科占 23.3%,研究生占 1.0%;从婚姻状况看,34.8% 无配偶,65.3% 有配偶;从政治面貌看,20.5% 为党员,79.5% 为非党员;从户籍类型看,69.5% 为农业户籍,30.5% 为非农业户籍;从居住区域看,31.3% 居住在远郊区,65.5% 居住在近郊区,3.3% 居住在中心市区。

表4-1　样本的基本状况

变量	取值		赋值	频次	频率		父代(赋值0)		子代(赋值1)	
性别	女		0	193	48.3%		45.0%		51.5%	
	男		1	207	51.7%		55.0%		48.5%	
年代代际	老一代	30后	0	3	0.8%	21.8%	1.5%	43.5%	0	0
		40后		14	3.5%		7.0%		0	
		50后		70	17.5%		35.0%		0	
	中生代	60后	1	91	22.8%	34.3%	42.5%	56.5%	3.0%	12%
		70后		46	11.5%		14.0%		9.0%	
	新生代	80后	2	78	19.5%	44.0%	0	0	39.0%	880%
		90后		98	24.5%		0		49.0%	
文化程度	小学及以下		0	83	20.8%		40.5%		1.0%	
	初中		1	96	24.0%		34.0%		14.0%	
	高中/职高		2	85	21.3%		16.0%		26.5%	
	大专/高职		3	39	9.8%		2.0%		17.5%	
	大学本科		4	93	23.3%		7.5%		39.0%	
	研究生		5	4	1.0%		0		2.0%	
婚姻状况	无配偶		0	139	34.8%		15.5%		54.0%	
	有配偶		1	261	65.3%		84.5%		46.0%	
政治面貌	非党员		0	318	79.5%		79.5%		79.5%	
	党员		1	82	20.5%		20.5%		20.5%	
户籍类型	农业户籍		0	278	69.5%		80.5%		58.5%	
	非农业户籍		1	122	30.5%		19.5%		41.5%	
居信区域	远郊		0	125	31.3%		31.5%		31.0%	
	近郊		1	262	65.5%		65.5%		65.5%	
	中心市区		2	13	3.3%		3.0%		3.5%	

第三节 城郊农民市民化的资本分析

一、物质资本及其代际差异

(一)物质资本及其测量

物质资本是指物质财产及其货币表现。[1] 对城郊农民而言,物质资本是生活质量的保障,是创业、收入和社会保障的重要来源。物质资本的匮乏会严重阻碍城郊农民的市民化水平。[2]

土地是农民家庭生产生活的重要物质资源。城郊农民失地前可以依靠土地和宅基地提供食物消费、居住场所、务农资源和社会保障,土地是农民生存最基本的物质资源。很多研究者发现农户家庭生产用地和固定资产对农户收入具有正向影响。[3] Zhou 的研究显示物质资本对农村收入的影响从1990 年至 2002 年增加了 20 个百分点,达到 24% 的贡献率。[4] 赵亮等人在吉林的调查显示耕地数量对农民收入差异具有显著正向影响。[5] 赵晓锋研究发现扩大土地经营面积对农户收入的作用显著高于增加生产性资产的影响。[6]

---

① 参见冀县卿、钱忠好:《人力资本、物质资本、社会资本与失地农民城市适应性——基于江苏省 469 户失地农民的调查数据》,《江海学刊》,2011 年第 6 期。

② 参见郁晓晖、张海波:《失地农民的社会认同与社会建构》,《中国农村观察》,2006 年第 1 期。

③ 参见孙敬水、于思源:《物质资本、人力资本、政治资本与农村居民收入不平等——基于全国31 个省份 2852 份农户问卷调查的数据分析》,《中南财经政法大学学报》,2014 年第 5 期。

④ See Wan, G., Zhou, Z., Income Inequality in Rural China: Regression – based Decomposition Using Household Data, *Review of Development Economics*, 2005(1).

⑤ 参见赵亮、张世伟:《农村内部收入不平等变动的成因——基于回归分解的研究途径》,《人口学刊》,2011 年第 5 期。

⑥ 参见赵晓锋、张永辉、霍学喜:《农业结构调整对农户家庭收入影响的实证分析》,《中南财经政法大学学报》,2012 年第 5 期。

农民失去土地,不仅意味着失去了重要的生产生活资本,也意味着失去了收入来源和生活保障来源。这要求在农民失地后,替代土地的物质资本必须能够承担起农民收入来源与保障来源的功能,目前来看,这种资本主要来自农民的征地拆迁补偿和安置资本以及由这些资本产生的增值资本。

对于失地农民来说,物质资本可以分为私人资产和集体资产两部分,私人资产除了家庭私人财产和货币收入外,主要是由征地拆迁而获得的货币补偿及其增值收益;集体资产则是失地农民在失地后获得的集体产权住房、集体资产经营的补助和分红,以及其他集体经济福利。这些构成城郊农民失地后最主要的物质资本。

因此,城郊农民的物质资本并不仅仅受城郊农民个体和家庭因素的影响,更直接与地方征地拆迁安置政策、集体资产经营与分配状况相关联。由此获得的物质资本成为城郊农民市民化转型的物质基础,对于城郊农民避免陷入贫困具有重要意义。

基于上述分析,本书将城郊农民的物质资本界定为由土地和房屋补偿而获得的物质资本,其数量和质量直接与征地拆迁补偿政策和集体经营与分配状况相关联。

本书对失地农民物质资本状况的测量指标包括住房资本和货币资本两个维度,其中住房分配、货币补偿和征地补助三个指标体现城郊农民失地后的资本获得状况,是否有租房收入体现住房资本的增值功能和水平,是否有财产收入体现货币资本的增值功能和水平,这两个指标体现了失地农民对物质资本的利用,以及物质资本的增值能力,分别呈现出住房资本和货币资本的质量。

(二)物质资本的统计描述与代际分析

城郊农民物质资本的统计描述及其代际分布状况如表4-2所示:

表4-2 物质资本的统计描述和代际分布

变量	取值	赋分	频次	频率	父代	子代	老一代	中生代	新生代
分配住房	1	1	101	25.3%	23.5%	27.0%	26.4%	24.1%	25.6%
	2	2	163	40.8%	43.0%	38.5%	39.1%	45.3%	38.1%
	3	3	94	23.5%	20.0%	27.0%	23.0%	18.2%	27.8%
	4	4	19	4.8%	6.0%	3.5%	3.4%	6.6%	4.0%
	5	5	19	4.8%	6.0%	3.5%	8.0%	3.6%	4.0%
	6	6	4	1.0%	1.5%	0.5%	0	2.2%	0.6%
出租住房	0	0	213	53.3%	53.0%	53.5%	60.9%	49.6%	52.3%
	1	1	154	38.5%	39.5%	37.5%	34.5%	40.1%	39.2%
	2	2	25	6.3%	6.0%	6.5%	4.6%	8.0%	5.7%
	3	3	6	1.5%	1.5%	1.5%	0	2.2%	1.7%
	4	4	2	0.5%	0	1.0%	0	0	1.1%
货币补偿	无	0	315	78.8%	74.5%	83.0%	77.0%	75.2%	82.4%
	有	1	85	21.3%	25.5%	17.0%	23.0%	24.8%	17.6%
经济补助	无	0	306	76.5%	72.5%	80.5%	74.7%	71.5%	81.3%
	有	1	94	23.5%	27.5%	19.5%	25.3%	28.5%	18.8%
财产收入	无	0	244	61.0%	66.5%	55.5%	66.7%	67.9%	52.8%
	有	1	156	39.0%	33.5%	44.5%	33.3%	32.1%	47.2%

1. 物质资本的基本状况

城郊农民样本在征地拆迁后全部获得了住房安置,其分得集体产权住房数量主要集中于:2套(40.8%),1套(25.3%),3套(23.5%);出租住房数量集中于:没有出租住房(53.3%)和出租1套(38.5%)。

城郊农民样本在征地拆迁后的货币资本状况为:获得货币补偿(21.3%),获得经济补助(23.5%),通过投资等方式获得财产收入(39.0%)。

以分配住房数量、出租住房数量作为住房资本的赋分依据,参照调研结果,其取值范围为 1—10 分;以是否获得货币补偿和经济补助、是否拥有财产收入,作为货币资本的赋值依据,其取值范围为 0—3 分;将二者分值相加,得到物质资本的综合得分,其取值范围为 1—13 分。

统计结果显示,城郊农民样本分配住房平均为 2.26 套(标准差 =1.096套),出租住房平均为 0.58 套(标准差 =0.722 套),住房资本数量和质量水平都很低。

城郊农民样本货币补偿平均为 0.21 分(标准差 =0.410 分),经济补助平均为 0.24 分(标准差 =0.425 分),财产收入平均为 0.39 分(标准差 =0.488 分)。货币资本的数量和质量水平也很低。

综合来看,城郊农民样本物质资本综合得分情况为:最低 1 分,最高 11分,平均得分为 3.67(标准差为 1.78 分),处于低水平。

2. 物质资本的家庭代际比较

通过配对样本 T 检验呈现物质资本的家庭代际比较,结果如表 4 - 3所示:

表4 -3　家庭代际物质资本的配对样本 T 检验

变量	代际	均值	均值差	t	sig
分配住房	父代	2.33	0.130	1.930	0.055
	子代	2.20			
出租住房	父代	0.56	- 0.030	- 0.801	0.424
	子代	0.59			
货币补偿	父代	0.26	0.085	3.652	0.000
	子代	0.17			
经济补助	父代	0.28	0.080	2.565	0.011
	子代	0.20			

续表

变量	代际	均值	均值差	t	sig
财产收入	父代	0.34	−0.110	−3.488	0.001
	子代	0.45			
物质资本	父代	3.75	0.155	1.417	0.158
	子代	3.60			

家庭代际比较显示,父代分配住房集中于:2 套(43%),1 套(23.5%),3 套(20.0%);子代集中于:2 套(27.0%),1 套(27.0%),3 套(27.0%)。父代拥有住房平均值(2.33 套)高于子代(2.20 套),家庭代际差异不显著。

父代出租住房集中于:没有出租住房(53.0%),出租 1 套(39.5%);子代集中于:没有出租住房(53.5%),出租 1 套(37.5%)。父代出租住房平均值(0.56 套)低于子代(0.59 套),家庭代际差异不显著。

父代 25.5%因征地获得货币补偿;子代 17.0%获得货币补偿。父代货币补偿平均分(0.26 分)高于子代(0.17 分),家庭代际差异显著。

父代 27.5%因征地获得经济补助;子代 19.5%获得经济补助。父代经济补助平均分(0.28 分)高于子代(0.20 分),家庭代际差异显著。

父代 33.5%有财产收入;子代 44.5%有财产收入。父代财产收入平均分(0.34 分)低于子代(0.45 分),家庭代际差异显著。

综合来看,父代物质资本平均分(3.75 分)高于子代(3.60 分),家庭代际差异不显著。父代与子代物质资本的相关系数为 0.624(sig = 0.000),呈现较强的显著正相关性,说明父代物质资本得分越高,子代物质资本得分也越高。

3. 物质资本的年代代际比较

通过方差分析和多重比较呈现出物质资本的年代代际比较,结果如表

4-4 所示:

表4-4　年代代际物质资本的多重比较

变量	代际	均值	方差齐次性检验	均值差		t	sig
分配住房	老一代	2.28	Levene 统计量	老一代:中生代	0.006	—	0.969
	中生代	2.27	=0.292	老一代:新生代	0.032	—	0.827
	新生代	2.24	sig=0.747	中生代:新生代	0.026	—	0.837
出租住房	老一代	0.44	Levene 统计量	老一代:中生代	-0.191	—	0.054
	中生代	0.63	=2.099	老一代:新生代	-0.165	—	0.080
	新生代	0.60	sig=0.124	中生代:新生代	0.025	—	0.756
货币补偿	老一代	0.23	Levene 统计量	老一代:中生代	-0.018	-0.311	0.756
	中生代	0.25	=5.322	老一代:新生代	0.054	1.000	0.319
	新生代	0.18	sig= 0.005	中生代:新生代	0.072	1.535	0.126
经济补助	老一代	0.25	Levene 统计量	老一代:中生代	-0.032	-0.519	0.604
	中生代	0.28	=8.732	老一代:新生代	0.065	1.180	0.240
	新生代	0.19	sig=0.000	中生代:新生代	0.097	1.997	0.047
财产收入	老一代	0.33	Levene 统计量	老一代:中生代	0.012	0.188	0.851
	中生代	0.32	=11.298	老一代:新生代	-0.138	-2.184	0.030
	新生代	0.47	sig=0.000	中生代:新生代	-0.150	-2.734	0.007
物质资本	老一代	3.53	Levene 统计量	老一代:中生代	-0.223	—	0.362
	中生代	3.75	=0.409	老一代:新生代	-0.153	—	0.513
	新生代	3.68	sig=0.665	中生代:新生代	0.070	—	0.730

　　年代代际比较显示,老一代分配住房集中于:2套(39.1%),1套(26.4%),3套(23.0%);中生代集中于:2套(45.3%),1套(24.1%),3套(18.2%);新生代集中于:2套(38.1%),1套(25.6%),3套(27.8%)。分配住房平均数从高到低为:老一代(2.28套),中生代(2.27套),新生代(2.24套),年代代际差异不显著。

　　老一代出租住房集中于:没有出租住房(60.9%),出租1套(34.5%);中生代集中于:没有出租住房(49.6%),出租1套(40.1%);新生代集中于:没有出租住房(52.3%),出租1套(39.2%)。出租住房平均数从高到低为:中生代(0.63套),新生代(0.60套),老一代(0.44套),年代代际差异不显著。

老一代23.0%获得货币补偿,中生代24.8%获得货币补偿,新生代17.6%获得货币补偿。货币补偿平均分从高到低为:老一代(0.23分),中生代(0.25分),新生代(0.18分),年代代际差异不显著。

老一代25.3%获得经济补助;中生代28.5%获得经济补助;新生代18.8%获得经济补助。经济补助平均分从高到低为:中生代(0.28分),老一代(0.25分),新生代(0.19分),中生代显著高于新生代,老一代与中生代和新生代差异均不显著。

老一代33.3%有财产收入;中生代32.1%有财产收入;新生代47.2%有财产收入。财产收入平均分从高到低为:新生代(0.47分),老一代(0.33分),中生代(0.32分),新生代显著高于老一代和中生代,老一代和中生代差异不显著。

综合来看,物质资本平均分从高到低为:中生代(3.75分),新生代(3.68分),老一代(3.53分),年代代际差异不显著。

(三)物质资本的回归分析

对物质资本的回归分析将考察年代代际为指标的时代因素和家庭代际为指标的家庭因素对城郊农民样本物质资本状况的影响,同时还会考察性别、政治面貌、户籍类型和居住区域对物质资本的影响。

以物质资本作为因变量,以性别、政治面貌、户籍类型和居住区域为控制变量,分别以家庭代际和年代代际变量为自变量,建构多元回归模型。

为了进一步验证父代物质资本对子代物质资本的影响,我们选取子代的200个样本,建构子代物质资本的多元回归模型。模型以子代物质资本为因变量,以性别、年龄、政治面貌、户籍类型和居住区域为控制变量,以父代物质资本为自变量,建构多元回归模型(见表4-5)。

表4－5　物质资本的回归模型

	物质资本回归模型			子代回归模型
	模型1	模型2		模型3
常量	4.496*** (0.213)	4.324*** (0.239)	常量	2.007*** (0.592)
性别	−0.419* (0.181)	−0.388* (0.182)	性别	0.290 (0.208)
政治面貌	0.157 (0.228)	0.176 (0.227)	年龄	−0.027 (0.016)
户籍类型	−0.422* (0.203)	−0.490* (0.202)	政治面貌	−0.160 (0.275)
居住区域	−0.650*** (0.172)	−0.663*** (0.173)	户籍类型	−0.636** (0.209)
家庭代际	−0.083 (0.181)		居住区域	−0.007 (0.201)
年代代际	—	0.114 (0.116)	父代物质资本	0.658*** (0.063)
R方	0.052	0.053	R方	0.436

注：* $p < 0.05$，** $p < 0.01$，*** $p < 0.001$，$N = 200$，后同。

模型1（家庭代际模型）可以解释物质资本5.2%的变异。在控制其他变量的情况下，女性物质资本高于男性0.419分，农业户籍者高于非农业户籍者0.422分，从中心城区到近郊区再到远郊区，物质资本逐级提高0.650分，且具有显著性。但家庭代际对物质资本并不具有显著影响。具有显著影响变量的标准回归系数绝对值从小到大依次为：户籍类型（−0.109）＜性别（−0.118）＜居住区域（−0.189），其中居住区域对物质资本的影响最大。

模型2（年代代际模型）可以解释物质资本5.3%的变异。在控制其他变量的情况下，女性物质资本高于男性0.388分，农业户籍者高于非农业户籍者0.490分，从中心城区到近郊区再到远郊区，物质资本逐级提高0.663分，且具有显著性。但年代代际对物质资本并不具有显著影响。具有显著影响变量的标准回归系数绝对值从小到大依次为：性别（−0.109）＜户籍类型（−0.127）＜居住区域（−0.193），其中居住区域对物质资本的影响最大。

模型3(子代模型)可以解释子代物质资本43.6%的变异,在控制其他变量的情况下,子代为农业户籍者的物质资本高于非农业户籍者0.636分,父代物质资本每提高1分,子代物质资本提高0.658分,且具有显著性。具有显著影响变量的标准回归系数绝对值从小到大依次为:户籍类型(-0.171)<父代物质资本(0.616),其中父代物质资本对子代物质资本的影响最大。

二、人力资本及其代际差异

(一)人力资本及其测量

20世纪50年代末至60年代初,以舒尔茨(Sohultz)、贝克(Becker)和弗里德曼(Friedman)为代表的经济学家指出了人力资本在现代经济增长中的决定性作用。

舒尔次认为人力资本是人所拥有的,能够带来未来财富的资本形态,是劳动者通过教育、培训和工作经验等获得并积累的知识和技能。[①] 贝克进一步拓展了人力资本的概念,认为人的体力和健康也属于人力资本的范畴。[②] 研究者指出,通过教育提高劳动力的质量,通过卫生保健发展提高劳动者的身体素质,通过劳动力的合理流动和配置,减少人力资本的浪费,都将推动经济的发展和国民收入的增加。[③]

教育能够提升人的知识和技能,因而成为影响人力资本积累的重要因

---

① See Schultz, T. W., Investment in Human Capital, *The American Economic Review*, 1961(1).

② See Becker, G. S., Investment in Human Capital: A Theoretical Analysis, *The Journal of Political Economy*, 1962(5).

③ 参见惠宁、霍丽:《试论人力资本理论的形成及其发展》,《江西社会科学》,2008年第3期。

素,不仅对经济有促进作用,而且收入分配中的个体差异越来越与教育程度相关联,而呈现出教育程度与收入的正相关关系。[1] 人力资本可以在劳动市场上进行交易,通过劳动换取报酬,并创造出远远超出自身价值的物质与精神财富,从而体现出其作为"资本"的价值。[2]

人力资本是投资的产物,[3]它通过在教育培训、医疗健康等方面的投资而形成,[4]它的增加可以提高人的生产能力。人的体能和知识技能的总和构成人力资本的存量,人在生产过程中知识经验的积累以及通过培训、继续学习而获得的新技能和新智慧构成人力资本的增量。虽然人力资本会受到个体自致性因素的影响,但教育、医疗、社会服务等政策性和社会性因素也会对人力资本的存量和质量产生直接影响。

人力资本体现为人的能力与素质,其中知识和技能构成了人力资本的核心。[5] 因此,人力资本对于失地农民进入城市后的就业机会和就业质量具有重要影响,基础教育、职业教育、技能培训和工作经验对人力资本的积累和提升具有重要意义。[6] 本书基于人力资本的核心内容考察城郊农民的人力资本,将测量指标设定为城郊农民的文化程度、专业技能和继续教育状况。

(二)人力资本的统计描述与代际分析

城郊农民物质资本的统计描述及其代际分布状况如表4-6所示:

① 参见周坤:《论人力资本的特征及其价值实现》,《中国科技论坛》,1997年第3期。
② 参见周新芳:《人力资本理论文献综述》,《现代经济信息》,2008年第1期。
③ 参见丁栋虹、刘志彪:《从人力资本到异质型人力资本》,《生产力研究》,1999年第3期。
④ 参见黄萍:《社会主义市场经济中的一个现实概念:人力资本》,《经济体制改革》,1998年第S2期。
⑤ 参见李守身、黄永强:《贝克尔人力资本理论及其现实意义》,《江淮论坛》,2001年第5期。
⑥ 参见卢海阳、李祖娴:《农民工人力资本现状分析与政策建议——基于福建省1476个农民工的调查》,《中国农村观察》,2018年第1期。

表4-6 人力资本的统计描述及其代际分布

变量	取值	赋分	频次	频率	父代	子代	老一代	中生代	新生代
文化程度	小学及以下	0	83	20.8%	40.5%	1.0%	55.2%	24.1%	1.1%
	初中	1	96	24.0%	34.0%	14.0%	28.7%	41.6%	8.0%
	高中/职高	2	85	21.3%	16.0%	26.5%	6.9%	23.4%	26.7%
	大专/高职	3	39	9.8%	2.0%	17.5%	2.3%	2.2%	19.3%
	大学本科	4	93	23.3%	7.5%	39.0%	6.9%	8.8%	42.6%
	研究生	5	4	1.0%	0	2.0%	0	0	2.3%
专业技能	无	0	291	72.8%	75.0%	70.5%	70.1%	74.5%	72.7%
	有	1	109	27.3%	25.0%	29.5%	29.9%	25.5%	27.3%
继续教育	无	0	271	67.8%	81.5%	54.0%	79.3%	77.4%	54.5%
	有	1	129	32.3%	18.5%	46.0%	20.7%	22.6%	45.5%

1. 人力资本的基本状况

城郊农民样本文化程度的分布状况为:初中(24.0%),大学本科(23.3%),高中或职高(21.3%),小学及以下(20.8%),初中以下学历占44.8%,大专以上学历占34.1%,低学历占比更高,并呈现出两极分化特征;27.3%有专业技能;32.3%参加过继续教育。

以文化程度作为衡量人力资本水平的基本指标,其赋值为小学及以下计0分,初中计1分,高中/职高计2分,大专/高职计3分,大学本科计4分,研究生计5分。以专业技能和继续教育作为加分指标,其赋值为无专业技能计0分,有专业技能计1分;无继续教育计0分,有继续教育计1分。由此得到人力资本计分范围为0—7分。

统计结果显示,城郊农民样本文化程度的平均分为1.94分,专业技能的平均分为0.27分,继续教育的平均分为0.32分。人力资本综合得分情况为:最低分为0分,最高分为6分,平均分为2.53分(标准差=1.835分),均处于低水平。

2. 人力资本的家庭代际分析

通过配对样本T检验呈现人力资本的家庭代际比较,结果如表4-7

所示:

表 4-7　家庭代际人力资本的配对样本 T 检验

变量	代际	均值	均值差	t	sig
文化程度	父代	1.02	-1.835	-18.840	0.000
	子代	2.86			
专业技能	父代	0.25	-0.045	-1.153	0.250
	子代	0.30			
继续教育	父代	0.19	-0.275	-6.298	0.000
	子代	0.46			
人力资本	父代	1.46	-2.155	-16.632	0.001
	子代	3.61			

父代文化程度集中于:小学及以下(40.5%),初中(34.0%),高中/职高(16.0%);子代集中于:大学本科(39.0%),高中/职高(26.5%),大专/高职(17.5%),初中(14.0%)。父代文化程度平均分(1.02 分)低于子代(2.86分),家庭代际差异显著。

父代 25.0% 有专业技能;子代 29.5% 有专业技能。父代专业技能平均分(0.25 分)低于子代(0.30 分),家庭代际差异不显著。

父代 18.5% 参加过继续教育;子代 46.0% 参加过继续教育。父代继续教育平均分(0.19 分)低于子代(0.46 分),家庭代际差异显著。

综合来看,父代人力资本平均分为 1.46 分,子代人力资本平均分为 3.61 分,家庭代际差异显著。父代与子代人力资本的相关系数为 0.242(sig =0.001),呈现显著弱正相关性,说明父代人力资本得分越高,子代人力资本得分也越高。

3. 人力资本的年代代际分析

通过方差分析和多重比较呈现人力资本的年代代际比较,结果如表4-8 所示:

表4-8 年代代际人力资本的多重比较

变量	代际	均值	方差齐次性检验	均值差		t	sig
文化程度	老一代	0.77	Levene 统计量	老一代:中生代	-0.529	—	0.001
	中生代	1.30	= 0.552	老一代:新生代	-2.241	—	0.000
	新生代	3.01	sig = 0.576	中生代:新生代	-1.712	—	0.000
专业技能	老一代	0.30	Levene 统计量	老一代:中生代	0.043	—	0.479
	中生代	0.26	= 0.965	老一代:新生代	0.026	—	0.656
	新生代	0.27	sig = 0.382	中生代:新生代	-0.017	—	0.735
继续教育	老一代	0.21	Levene 统计量	老一代:中生代	-0.019	-0.341	0.734
	中生代	0.23	= 37.784	老一代:新生代	-0.248	-4.295	0.000
	新生代	0.45	sig = 0.000	中生代:新生代	-0.228	-4.390	0.000
人力资本	老一代	1.28	Levene 统计量	老一代:中生代	-0.505	-2.302	0.022
	中生代	1.78	= 3.128	老一代:新生代	-2.463	-13.321	0.000
	新生代	3.74	sig = 0.045	中生代:新生代	-1.958	-11.528	0.000

老一代文化程度集中于:小学及以下(55.2%),初中(28.7%);中生代集中于:初中(41.6%),小学(24.1%),高中/职高(23.4%);新生代集中于:大学本科(42.6%)、高中/职高(26.7%),大专/高职(19.3%)。文化程度平均分从高到低为:新生代(3.01 分),中生代(1.30 分),老一代(0.77 分),年代代际差异显著。

老一代29.9%有专业技能;中生代25.5%有专业技能;新生代27.3%有专业技能。专业技能平均分从高到低为老一代(0.30 分),新生代(0.27 分),中生代(0.26 分),年代代际差异不显著。

老一代20.7%参加过继续教育;中生代22.6%参加过继续教育;新生代45.5%参加过继续教育。继续教育平均分从高到低为:新生代(0.45 分),中生代(0.23 分),老一代(0.21 分),新生代的继续教育得分显著高于老一代和中生代,老一代与中生代差异不显著。

综合来看,人力资本平均分从高到低为:新生代(3.74 分),中生代(1.78 分),老一代(1.28 分),年代代际差异均显著。

（三）人力资本的回归分析

以人力资本作为因变量，以性别、政治面貌、户籍类型和居住区域为控制变量，分别以家庭代际和年代代际变量为自变量，建构多元回归模型1－2。

选取子代的200个样本，建构子代人力资本的多元回归模型。模型以子代人力资本为因变量，以性别、年龄、政治面貌、户籍类型和居住区域为控制变量，以父代人力资本为自变量建构多元回归模型3（见表4－9）。

表4－9　人力资本的回归模型

	人力资本回归模型			子代回归模型
	模型1	模型2		模型3
常量	0.581 *** (0.150)	0.039 (0.170)	常量	4.207 *** (0.401)
性别	0.128 (0.127)	0.258 * (0.129)	性别	0.128 (0.181)
政治面貌	1.267 *** (0.159)	1.282 *** (0.161)	年龄	-0.054 *** (0.013)
户籍类型	1.159 *** (0.142)	1.223 *** (0.143)	政治面貌	0.864 *** (0.235)
居住区域	0.445 *** (0.121)	0.355 ** (0.122)	户籍类型	0.867 *** (0.182)
家庭代际	1.904 *** (0.127)	—	居住区域	0.157 (0.175)
年代代际	—	1.202 *** (0.082)	父代人力资本	0.096 (0.059)
R方	0.562	0.552	R方	0.266

注：$*p<0.05$，$**p<0.01$，$***p<0.001$，$N=200$。

模型1（家庭代际模型）可以解释人力资本56.2%的变异。在控制其他变量的情况下，党员人力资本高于非党员1.267分，非农业户籍者高于农业户籍者1.159分，从远郊区到近郊区再到中心城区，人力资本逐级提高

0.445 分,且具有显著性。此外,家庭代际也对人力资本具有显著影响,在控制其他变量的情况下,子代人力资本高于父代1.904 分。具有显著影响变量的标准回归系数绝对值从小到大依次为:居住区域(0.125) < 政治面貌(0.279) < 户籍类型(0.291) < 家庭代际(0.519),其中家庭代际对人力资本的影响最大。

模型2(年代代际模型)可以解释人力资本55.2%的变异。在控制其他变量的情况下,男性人力资本高于女性0.258 分,党员高于非党员1.282 分,非农业户籍者高于农业户籍者1.223 分,从远郊区到近郊区再到中心城区,人力资本逐级提高0.355 分,且具有显著性。此外,年代代际也对人力资本具有显著影响,在控制其他变量的情况下,从老一代到中生代再到新生代,人力资本逐级提高1.202 分。具有显著影响变量的标准回归系数绝对值从小到大依次为:性别(0.070) < 居住区域(0.100) < 政治面貌(0.282) < 户籍类型(0.307) < 年代代际(0.511),其中年代代际对人力资本的影响最大。

模型3(子代模型)可以解释子代人力资本26.6%的变异,在控制其他变量的情况下,子代年龄每减少1 岁人力资本提高0.054 分,党员的人力资本高于非党员0.864 分;非农业户籍者高于农业户籍者0.867 分,且具有显著性。而父代人力资本并未对子代人力资本产生显著影响。具有显著影响变量的标准回归系数绝对值从小到大依次为:政治面貌(0.250) < 年龄(0.261) < 户籍类型(0.306),其中户籍类型对子代人力资本的影响最大。

三、社会资本及其代际差异

(一)社会资本及其测量

社会资本镶嵌于个体社会网络中,是个体获得外部资源,提升投资收益的重要资源。① 乔纳森·特纳(Jonathan H. Turner)认为学界对社会资本的探讨可以分为三个层次,即从社会制度的宏观层次、社会组织和团体的中观层次,以及个体人际交往关系的微观层次的探讨。②

本书对城郊农民社会资本的探讨主要关注的是微观个体层面。边燕杰从这一层面将社会资本界定为存在于个体的社会关系网络中,是可以被个体转移和利用的资源,个体必须通过发展和积累社会关系网络来运用这种资源,③社会网络的规模、结构和性质的不同,都会影响其潜在的社会资本的多少。弗兰普(Flap)等人指出社会网络可以提供个人需求的数量、意愿、强度和能力的多少即为个人所拥有的社会资本的多少。④ 格兰诺维特(Granovetter)有关社会网络的弱关系理论揭示了社会网络的异质性和网络中的弱联系常常可以带来更多的社会资源和竞争优势。⑤ 伯特(Burt)的结构洞理论指出个人在其社会网络关系中越处于桥梁性的位置,在社会网络中能够获取的社会资本越多。⑥ 林南指出个体的社会网络能够达到的社会位置越高,同时社会网络异质性幅度越大,包含的社会位置数量越多,就能够拥有更多的社会资源。⑦

微观层面的社会资本主要关注社会网络资本,张文宏在城市居民社会网络资本的阶层差异研究中,以讨论网的网络规模、关系种类、陌生成员规

① See Putnarn, R. D., *Bowling Alone*: *The Collapse and Revival of American Community*, Simon & Schuster, 2000, pp. 42 – 121.

② 参见[美]乔纳森·特纳:《社会资本的形成》,[印]帕萨·达斯古普特、[印]伊斯梅尔·撒拉格尔丁:《社会资本:一个多角度的观点》,中国人民大学出版社,2005 年,第 123~124 页。

③ 参见边燕杰:《城市居民社会资本的来源及作用:网络观点与调查发现》,《中国社会科学》,2004 年第 3 期。

④ See Hendrik D. Flap & Nan Dirk De Graaf, Social Capital and Attained Occupational Status, *Netherlands Journal of Sociology*, 1986(2).

⑤ See Granovetter, M. S., The Strength of Weak Ties, *American Journal of Sociology*, 1973 (6).

⑥ See Burt, *Ronald S. Strucural Holes*, HarvardUniversity Press, 1992, pp. 150 – 154.

⑦ See Lin, Nan, *Social Capital*: *A Theory of Social Structure and Action*, Cambridge Press, 2001, pp. 25 – 30, p. 70.

模和交往频率以及网络的异质性为指标测量社会网络资源,并发现具有优势地位的社会阶层拥有更加丰富和更有价值的社会网络资本。① 王卫东在测量中国城市居民的社会网络资本时,运用定名法收集了社会成员的核心讨论网和拜年网,以春节期间相互拜年的关系人的数量和特征测量拜年网,测量居民的社会网络资本,并指出社会网络资本对网络成员的个体资本具有显著的正向影响。②

社会资本的功能在于可以为个体提供社会支持,这种社会支持可以是工具性的,也可以是情感性的。因此,可以将是否能够提供社会支持作为测量社会网络资本质量的依据。

综上所述,本书主要从个体层面探讨社会资本对城郊农民市民化的影响,因此采用狭义上的社会资本概念,以社会网络规模作为考察城郊农民社会资本总体规模的指标;此外,还根据社会网络提供的社会支持类型划分劳务支持、经济支持、决策支持、交往支持和情感支持,考察社会网络提供社会支持的平均值,以此衡量城郊农民社会资本的质量。

(二)社会资本的统计描述与代际分析

城郊农民社会资本的统计描述及其代际分布状况如表 4 - 10 所示:

---

① 参见张文宏:《城市居民社会网络资本的阶层差异》,《社会学研究》,2005 年第 4 期。
② 参见王卫东:《中国城市居民的社会网络资本与个人资本》,《社会学研究》,2006 年第 3 期。

表4-10 社会资本状况的统计描述及其代际分布

变量	取值	赋分	频次	频率	父代	子代	老一代	中生代	新生代
网络规模	0	0	19	4.8%	7.5%	2.0%	12.6%	3.6%	1.7%
	1	1	227	56.8%	59.5%	54.0%	63.2%	62.0%	49.4%
	2	2	125	31.3%	29.5%	33.0%	23.0%	29.9%	36.4%
	3	3	26	6.5%	3.5%	9.5%	1.1%	4.4%	10.8%
	4	4	1	0.3%	0	0.5%	0	0	0.6%
	5	5	0	0	0	0	0	0	0
	6	6	0	0	0	0	0	0	0
	7	7	1	0.3%	0	0.5%	0	0	0.6%
	8	8	1	0.3%	0	0.5%	0	0	0.6%
劳务支持网络	0	0	178	44.5%	38.5%	50.5%	40.2%	34.3%	54.5%
	1	1	169	42.3%	53.0%	31.5%	54.0%	55.5%	26.1%
	2	2	45	11.3%	7.0%	15.5%	5.7%	8.0%	16.5%
	3	3	7	1.8%	1.5%	2.0%	0	2.2%	2.3%
	4	4	1	0.3%	0	0.5%	0	0	0.6%
经济支持网络	0	0	177	44.3%	45.5%	43.0%	55.2%	40.1%	42.0%
	1	1	159	39.8%	46.0%	33.5%	44.8%	46.0%	32.4%
	2	2	43	10.8%	6.0%	15.5%	0	10.2%	16.5%
	3	3	19	4.8%	2.5%	7.0%	0	3.6%	8.0%
	5	5	1	0.3%	0	0.5%	0	0	0.6%
	6	6	1	0.3%	0	0.5%	0	0	0.6%
决策支持网络	0	0	226	56.5%	56.5%	56.5%	59.8%	56.2%	55.1%
	1	1	142	35.5%	39.5%	31.5%	39.1%	37.2%	32.4%
	2	2	26	6.5%	3.0%	10.0%	1.1%	5.1%	10.2%
	3	3	4	1.0%	1.0%	1.0%	0	1.5%	1.1%
	7	7	1	0.3%	0	0.5%	0	0	0.6%
	8	8	1	0.3%	0	0.5%	0	0	0.6%

续表

变量	取值	赋分	频次	频率	父代	子代	老一代	中生代	新生代
交往 支持 网络	0	0	35	8.8%	11.0%	6.5%	14.9%	8.8%	5.7%
	1	1	241	60.3%	64.0%	56.5%	65.5%	65.7%	53.4%
	2	2	107	26.8%	24.0%	29.5%	19.5%	24.1%	32.4%
	3	3	15	3.8%	1.0%	6.5%	0	1.5%	7.4%
	7	7	2	0.5%	0	1.0%	0	0	1.1%
情感 支持 网络	0	0	179	44.8%	53.5%	36.0%	59.8%	50.4%	33.0%
	1	1	182	45.5%	43.5%	47.5%	40.2%	44.5%	48.9%
	2	2	29	7.3%	3.0%	11.5%	0	5.1%	12.5%
	3	3	9	2.3%	0	4.5%	0	0	5.1%
	8	8	1	0.3%	0	0.5%	0	0	0.6%

1. 社会资本的统计描述

城郊农民样本的社会网络规模集中于：1 人（56.8%），2 人（31.3%）。社会网络平均规模为 1.44 人（标准差 = 0.82 人）。

劳务支持网络集中于：0 人（44.5%），1 人（42.3%），2 人（11.3%）；经济支持网络集中于：0 人（44.3%），1 人（39.8%），2 人（10.8%）；决策支持网络集中于：0 人（56.5%），1 人（35.5%）；交往支持网络集中于：1 人（60.3%），2 人（26.8%）；情感支持网络集中于：1 人（45.5%），0 人（44.8%）。

社会支持网络规模得分从高到低依次为：交往支持网络平均为 1.29 分（标准差 = 0.78 分），经济支持网络平均为 0.78 分（标准差 = 0.89 分），劳务支持网络平均为 0.71 分（标准差 = 0.75 分），情感支持网络平均为 0.69 分（标准差 = 0.80 分），决策支持网络平均为 0.55 分（标准差 = 0.82 分），均处于较低水平。

通过计算社会网络提供的劳务支持、经济支持、决策支持和交往支持的平均分,得到城郊农民样本社会网络提供社会支持的得分。统计结果显示,城郊农民样本社会支持网络平均为 0.80 分(标准差 = 0.59 分),处于较低水平。

将社会网络规模和社会支持得分加总,得到城郊农民社会资本的综合得分。城郊农民样本社会资本综合得分情况为:最低分为 0 分,最高分为14.40 分,社会资本平均为 2.24 分(标准差 = 1.34 分),处于较低水平。

2. 社会资本的家庭代际比较

通过配对样本 T 检验呈现社会资本的家庭代际比较,结果如表 4 - 11所示:

表 4 - 11 家庭代际社会资本的配对样本 T 检验

变量	代际	均值	均值差	t	sig
社会网络	父代	1.29	-0.29	-4.644	0.000
	子代	1.58			
劳务支持	父代	0.72	0.01	0.162	0.872
	子代	0.71			
经济支持	父代	0.66	-0.25	-3.478	0.001
	子代	0.91			
决策支持	父代	0.49	-0.13	-1.898	0.059
	子代	0.62			
交往支持	父代	1.15	-0.27	-4.188	0.000
	子代	1.42			
情感支持	父代	0.50	-0.38	-5.642	0.000
	子代	0.88			
社会资本	父代	1.99	-0.50	-4.617	0.000
	子代	2.49			

父代社会网络规模集中于:1 人(59.5%),2 人(29.5%);子代集中于:1

人(54.0%),2 人(33.0%)。父代社会网络平均规模(1.29 人)低于子代(1.58 人),家庭代际差异显著。

父代劳务支持网络集中于:1 人(53.0%),0 人(38.5%);子代集中于:0 人(50.5%),1 人(31.5%),2 人(15.5%)。父代劳务支持平均规模(0.72 人)高于子代(0.71 人),家庭代际差异不显著。

父代经济支持网络集中于:1 人(46.0%),0 人(45.5%);子代集中于:0 人(43.0%),1 人(33.5%),2 人(15.5%)。父代经济支持平均规模(0.66 人)低于子代(0.91 人),家庭代际差异显著。

父代决策支持网络集中于:0 人(56.5%),1 人(39.5%);子代集中于:0 人(56.5%),1 人(31.5%)。父代决策支持平均规模(0.49 人)低于子代(0.62 人),家庭代际差异不显著。

父代交往支持网络集中于:1 人(64.0%),2 人(24.0%),0 人(11.0%);子代集中于:1 人(56.5%),2 人(29.5%)。父代交往支持平均规模(1.15 人)低于子代(1.42 人),家庭代际间差异显著。

父代情感支持网络集中于:0 人(53.5%),1 人(43.5%);子代集中于:1 人(47.5%),0 人(36.0%),2 人(11.5%)。父代情感支持平均规模(0.50 人)低于子代(0.88 人),家庭代际差异显著。

综合来看,父代社会资本平均分(1.99 分)低于子代(2.49 分),家庭代际差异显著。父代与子代社会资本的相关系数为 0.377(sig = 0.000),呈现偏弱的显著正相关性,说明父代社会资本得分越高,子代社会资本得分也越高。

3.社会资本的年代代际比较

通过方差分析和多重比较呈现社会资本的年代代际比较,结果如表 4 - 12 所示:

表4-12 年代代际社会资本的多重比较

变量	代际	均值	方差齐次性检验	均值差		t	sig
社会网络	老一代	1.13	Levene 统计量 =8.449 sig=0.000	老一代:中生代	-0.22	-2.612	0.010
	中生代	1.35		老一代:新生代	-0.53	-5.338	0.000
	新生代	1.65		中生代:新生代	-0.30	-3.365	0.001
劳务支持	老一代	0.66	Levene 统计量 =13.582 sig=0.000	老一代:中生代	-0.12	-1.418	0.158
	中生代	0.78		老一代:新生代	-0.02	-0.293	0.770
	新生代	0.68		中生代:新生代	0.10	1.131	0.259
经济支持	老一代	0.45	Levene 统计量 =10.467 sig= 0.000	老一代:中生代	-0.32	-3.815	0.000
	中生代	0.77		老一代:新生代	-0.50	-5.234	0.000
	新生代	0.95		中生代:新生代	-0.18	-1.733	0.084
决策支持	老一代	0.41	Levene 统计量 =5.518 sig=0.004	老一代:中生代	-0.11	-1.314	0.190
	中生代	0.52		老一代:新生代	-0.24	-2.448	0.015
	新生代	0.65		中生代:新生代	-0.13	-1.277	0.203
交往支持	老一代	1.05	Levene 统计量 =13.592 sig=0.000	老一代:中生代	-0.13	-1.677	0.095
	中生代	1.18		老一代:新生代	-0.43	-4.644	0.000
	新生代	1.48		中生代:新生代	-0.30	-3.477	0.001
情感支持	老一代	0.40	Levene 统计量 =2.158 sig=0.117	老一代:中生代	-0.15	—	0.168
	中生代	0.55		老一代:新生代	-0.54	—	0.000
	新生代	0.94		中生代:新生代	-0.39	—	0.000
社会资本	老一代	1.72	Levene 统计量 =8.467 sig=0.000	老一代:中生代	-0.391	-2.986	0.003
	中生代	2.11		老一代:新生代	-0.875	-5.577	0.000
	新生代	2.59		中生代:新生代	-0.483	-3.227	0.001

老一代社会网络规模集中于:1 人(63.2%),2 人(23.0%);中生代集中于:1 人(62.0%),2 人(29.9%);新生代集中于:1 人(49.4%),2 人(36.4%),3 人(10.8%)。社会网络平均规模从高到低为:新生代(1.65人),中生代(1.35 人),老一代(1.13 人),年代代际差异均为显著。

老一代劳务支持网络集中于:1 人(54.0%),0 人(40.2%);中生代集中于:1 人(55.5%),0 人(34.3%);新生代集中于:0 人(54.5%),1 人(26.1%)。劳务支持平均值从高到低为:中生代(0.78),新生代(0.68),老一代(0.66),年代代际差异均不显著。

老一代经济支持网络集中于:0 人(55.2%),1 人(44.8%);中生代集中于:1 人(46.0%),0 人(40.1%),2 人(10.2%);新生代集中于:0 人(42.0%),1 人(32.4%),2 人(16.5%)。经济支持平均值从高到低为:新生代(0.95),中生代(0.77),老一代(0.45),老一代的经济支持网络得分显著低于中生代和新生代,中生代与新生代差异不显著。

老一代决策支持网络集中于:0 人(59.8%),1 人(39.1%);中生代集中于:0 人(56.2%),1 人(37.2%);新生代集中于:0 人(55.1%),1 人(32.4%)。决策支持平均值从高到低为:新生代(0.65),中生代(0.52),老一代(0.41),新生代显著高于老一代,中生代与老一代和新生代差异均不显著。

老一代交往支持网络集中于:1 人(65.5%),2 人(19.5%),0 人(14.9%);中生代集中于:1 人(65.7%),2 人(24.1%);新生代集中于:1 人(53.4%),2 人(32.4%)。交往支持平均值从高到低为:新生代(1.48),中生代(1.18),老一代(1.05),新生代显著高于老一代和中生代,老一代与中生代差异不显著。

老一代情感支持网络集中于:0 人(59.8%),1 人(40.2%);中生代集中于:0 人(50.4%),1 人(44.5%);新生代集中于:1 人(48.9%),0 人(33.0%),2 人(12.5%)。情感支持平均分从高到低为:新生代(0.94 分)>中生代(0.55 分)>老一代(0.40 分),新生代显著高于老一代和中生代,老一代与中生代差异不显著。

综合来看,社会资本平均分从高到低为:新生代(2.59 分)>中生代(2.11 分)>老一代(1.72 分),年代代际差异均显著。

(三)社会资本的回归分析

以社会资本作为因变量,以性别、政治面貌、户籍类型和居住区域为控制变量,分别以家庭代际和年代代际变量为自变量,建构多元回归模型1-2。

选取子代的 200 个样本,建构子代社会资本的多元回归模型。模型以子代社会资本为因变量,以性别、年龄、政治面貌、户籍类型和居住区域为控制变量,以父代社会资本为自变量,建构多元回归模型 3(见表 4 – 13)。

表 4 –13　社会资本的回归模型

	社会资本回归模型			子代回归模型
	模型 1	模型 2		模型 3
常量	2.135 *** (0.162)	1.836 *** (0.179)	常量	1.389 * (0.639)
性别	−0.085 (0.137)	−0.021 (0.136)	性别	−0.070 (0.217)
政治面貌	−0.272 (0.173)	−0.252 (0.170)	年龄	−0.011 (0.017)
户籍类型	0.017 (0.154)	−0.020 (0.151)	政治面貌	−0.375 (0.279)
居住区域	−0.064 (0.131)	−0.101 (0.129)	户籍类型	0.171 (0.219)
家庭代际	0.488 *** (0.137)	—	居住区域	0.314 (0.208)
年代代际	—	0.445 *** (0.087)	父代社会资本	0.607 *** (0.115)
R 方	0.043	0.074	R 方	0.170

注: $^*p < 0.05$, $^{**}p < 0.01$, $^{***}p < 0.001$, $N = 200$。

模型 1(家庭代际模型)可以解释社会资本 4.3% 的变异。在控制其他变量的情况下,只有家庭代际对社会资本具有显著影响,子代社会资本高于父代 0.488 分,其标准回归系数为 0.182。

模型 2(年代代际模型)可以解释社会资本 7.4% 的变异。在控制其他变量的情况下,只有年代代际对社会资本具有显著影响,从老一代到中生代再到新生代,社会资本逐级增加 0.445 分,其标准回归系数为 0.258。

模型 3(子代模型)可以解释子代社会资本 17.0% 的变异,在控制其他变量的情况下,只有父代社会资本对子代社会资本具有显著影响,父代社会资本每增加 1 分,子代社会资本增加 0. 607 分,其标准回归系数为 0. 378。

四、文化资本及其代际差异

(一) 文化资本及其测量

文化资本由布尔迪厄(Bourdieu)首先提出,并将其作为与经济资本和社会资本相并列的概念,指出文化资本并不简单是教育水平,还是体现上层阶级身份的各种行为习惯、风格品味和态度观念。[1] 布尔迪厄将文化资本划分为具体化、客观化和体制化三种特征,具体化文化资本体现为精神和身体所带有的较为持久的品性,它是其他两种文化资本的基础;客观化文化资本体现为文化商品;体制化文化资本,如教育资格等,是区分文化资本高低的原始资产。[2] 文化资本如各类其他资本一样形塑了阶级阶层和社会群体的差异性。

我国研究者的实证研究也发现城市居民的文化品位和文化消费已经出现了阶层差异,并指出文化资本表现为文化知识和欣赏高级文化产品的能力,它有助于促进个体的政治参与和各种社会参与,[3]并对社会阶层的向上流动以及促进阶层认同和公民守法行为的形成具有积极作用。[4]

---

[1]　See Bourdieu, Pierre., *Distinction: A Social Critique of the Judgment of Taste*, Harvard University Press,1984,p. 260,p. 7.

[2]　参见[法]布尔迪厄:《布尔迪厄访谈录:文化资本与社会炼金术》,包亚明译,上海人民出版社,1997 年,第 192~201 页。

[3]　参见金桥:《上海居民文化资本与政治参与——基于上海社会质量调查数据的分析》,《社会学研究》,2012 年第 4 期。

[4]　参见仇立平、肖日葵:《文化资本与社会地位获得——基于上海市的实证研究》,中国社会科学,2011 年第 6 期。

文化资本理论认为,文化资本最初的和最主要的传承场所是家庭,父母的文化素养潜移默化地被子女继承和内化。因而,家庭文化资本的不同会导致社会成员的发展起点有所差异,出身于拥有更多文化资本家庭的社会成员有机会继承和获得更多的文化资本,他们有更多的机会获得更多的教育投资和更优质的教育资源。[1]

陈乐将文化资本划分为先赋性和后生性两类,前者是指家庭文化资本禀赋,后者是指个体通过后天的教育和努力获得的文化资本,认为家庭文化资本会通过家庭生活方式和家庭教育传递给子代,并潜移默化地影响后生性文化资本,而个体对后生性文化资本的积极建构,可以实现对先赋性文化资本不足的有效弥补,从而实现社会地位的向上流动。[2]

参考前人研究成果,根据文化资本的含义和类型划分,我们以城市中产阶层文化资本为参照,从三个方面测量和考查失地农民文化资本的拥有程度。

第一,基于家庭文化资本对社会成员的重要影响,我们将失地农民的家庭文化资本作为第一个重要维度,又基于文化资本存在从父辈到子辈的传承特征,我们将父辈制度性文化资本,即最高文化程度作为衡量家庭文化资本的标准,认为父辈文化程度越高,子辈拥有的家庭文化资本越多。

第二,我们将测量失地农民的文化行为及其特征,并认为人的行为特征是其内在修养和品质的外在表现,通过对文化行为的测量,可以显示出行为者的文化品质和文化性格,从而获得行为者拥有的具体化文化资本的状况。

第三,我们将测量失地农民家庭所拥有的文化商品,文化商品作为一种

[1] 参见张苏峰:《文化资本对农村青年社会流动的影响研究——以豫东黄淮平原 M 村和 T 村为例》,《中国青年研究》,2013 年第 10 期。
[2] 参见陈乐:《"先赋"与"后生":文化资本与农村大学生的内部分化》,《江苏高教》,2019 年第 8 期。

文化性的财富资源,可以体现拥有文化商品者的品味和对于文化产品的鉴赏能力,通过该指标的测量可以了解和考查失地农民所拥有的客观化文化资本的状况。

家庭文化资本以父辈最高文化程度为指标;行为文化资本的三个指标是询问近一年是否有过以下行为:观看剧院演出、参观文化展馆和阅读书籍。计分方式为:"从未有过"计0分,"以前有过"计1分,"偶尔有"计2分,"有时有"计3分,"经常有"计4分。

商品文化资本的三个指标是询问是否拥有以下物品:书桌书房、藏书和艺术收藏品,计分方式为:"没有"计0分,"有"计1分。

统计家庭文化资本得分(取值范围是0—5分),计算行为文化资本三个指标的均值作为行为文化资本得分(取值范围是0—4分),计算商品文化资本三个指标的总分作为商品文化资本得分(取值范围是0—3分),将三者加总得到城郊农民样本文化资本的综合得分,其取值范围是0—12分。

(二)文化资本的统计描述与代际分析

城郊农民文化资本的统计描述及其代际分布状况如表4－14所示:

表4－14　文化资本的统计描述

变量	取值	赋分	频次	频率	父代	子代	老一代	中生代	新生代
父辈最高文化程度	小学及以下	0	252	63.0%	90.5%	35.5%	97.7%	83.2%	30.1%
	初中	1	89	22.3%	8.0%	36.5%	2.3%	12.4%	39.8%
	高中	2	35	8.8%	1.0%	16.5%	0	1.5%	18.8%
	大专	3	7	1.8%	0	3.5%	0	2.2%	2.3%
	大本	4	17	4.3%	0.5%	8.0%	0	0.7%	9.1%
观看剧院演出	从未有过	0	227	56.8%	60.0%	53.5%	56.3%	63.5%	51.7%
	去过	1	49	12.3%	13.0%	11.5%	9.2%	13.1%	13.1%
	偶尔	2	84	21.0%	23.0%	19.0%	31.0%	18.2%	18.2%
	有时	3	26	6.5%	3.0%	10.0%	3.4%	2.2%	11.4%
	经常	4	14	3.5%	1.0%	6.0%	0	2.9%	5.7%

变量	取值	赋分	频次	频率	父代	子代	老一代	中生代	新生代
参观文化展馆	从未有过	0	144	36.0%	53.5%	18.5%	52.9%	50.4%	16.5%
	去过	1	56	14.0%	16.5%	11.5%	12.6%	22.6%	8.0%
	偶尔	2	127	31.8%	22.0%	41.5%	31.0%	17.5%	43.2%
	有时	3	54	13.5%	5.0%	22.0%	3.4%	5.1%	25.0%
	经常	4	19	4.8%	3.0%	6.5%	0	4.4%	7.4%
阅读书籍	从未有过	0	84	21.0%	33.0%	9.0%	34.5%	27.7%	9.1%
	去过	1	20	5.0%	5.0%	5.0%	5.7%	5.1%	4.5%
	偶尔	2	117	29.3%	34.5%	24.0%	24.1%	39.4%	23.9%
	有时	3	102	25.5%	14.5%	36.5%	20.7%	13.9%	36.9%
	经常	4	77	19.3%	13.0%	25.5%	14.9%	13.9%	25.6%
书桌书房	没有	0	195	48.8%	56.5%	41.0%	56.3%	54.7%	40.3%
	有	1	205	51.3%	43.5%	59.0%	43.7%	45.3%	59.7%
藏书	没有	0	279	69.8%	81.0%	58.5%	80.5%	77.4%	58.5%
	有	1	121	30.3%	19.0%	41.5%	19.5%	22.6%	41.5%
收藏品	没有	0	330	82.5%	88.0%	77.0%	90.8%	83.2%	77.8%
	有	1	70	17.5%	12.0%	23.0%	9.2%	16.8%	22.2%

1. 文化资本的统计描述

城郊农民样本家庭文化资本状况显示,父辈最高文化程度集中于:小学及以下(63.0%)和初中(22.3%)。行为文化资本状况显示,观看剧院演出的众值为从未有过(56.8%);参观文化展馆的众值为从未有过(36.0%);阅读书籍的众值为偶尔(29.3%)。商品文化资本的情况为:51.3%的城郊农民拥有书桌书房;30.3%拥有藏书;17.5%拥有艺术收藏品。

统计结果显示,城郊农民样本家庭文化资本平均值为0.62分(标准差=0.104分),行为文化资本平均为1.47分(标准差=0.978分),商品文化资本平均为0.99分(标准差=0.923分)。文化资本综合得分情况:最低分为0分,最高分为11分,平均为3.08分(标准差=2.184分),均处于低水平。

2. 文化资本的家庭代际比较

通过配对样本T检验呈现文化资本的家庭代际比较,结果如表4-15

所示：

表4-15 家庭代际文化资本的配对样本T检验

变量	代际	均值	均值差	t	sig
家庭文化资本	父代	0.12	-0.430	-3.795	0.000
	子代	1.12			
行为文化资本	父代	1.10	-0.752	-13.209	0.000
	子代	1.85			
商品文化资本	父代	0.25	-0.163	-5.906	0.000
	子代	0.41			
文化资本综合得分	父代	1.96	-2.242	-17.675	0.000
	子代	4.20			

从家庭文化资本看，父代的父辈最高文化程度集中于：小学及以下（90.5%）；子代的父辈最高文化程度集中于：初中（36.5%），小学及以下（35.5%），高中（16.5%）。父代家庭文化资本平均分（0.12分）低于子代（1.12分），家庭代际差异显著。

从行为文化资本看，父代观看剧院演出的众值为从未有过（60.0%），子代众值为从未有过（53.5%）；父代参观文化展馆的众值为从未有过（53.5%），子代众值为偶尔（41.5%）；父代阅读书籍的众值为偶尔（34.5%），子代众值为有时（36.5%）。父代行为文化资本平均分（1.10分）低于子代（1.85分），家庭代际差异显著。

从商品文化资本看，父代43.5%拥有书桌书房，子代59.0%拥有书桌书房；父代19.0%拥有藏书，子代41.5%拥有藏书；父代12.0%拥有艺术收藏品，子代23.0%拥有艺术收藏品。父代商品文化资本分（0.25分）低于子代（0.41分），家庭代际差异显著。

综合来看，父代文化资本平均分（1.96分）低于子代（4.20分），家庭代际差异显著。父代文化资本与子代文化资本的相关系数为0.560（sig = 0.000），呈现中等偏强的显著正相关性，说明父代社会资本得分越高，子代社会资本得分也越高。

3. 年代代际比较

通过方差分析和多重比较呈现文化资本的年代代际比较,结果如表4-16所示:

表4-16　年代代际文化资本的多重比较

变量	代际	均值	方差齐次性检验	均值差		t	sig
家庭文化资本	老一代	0.02	Levene 统计量	老一代:中生代	-0.225	-3.829	0.000
	中生代	0.25	=64.645	老一代:新生代	-1.182	-13.203	0.000
	新生代	1.20	sig =0.000	中生代:新生代	-0.956	-9.142	0.000
行为文化资本	老一代	1.14	Levene 统计量	老一代:中生代	0.010		0.933
	中生代	1.13	=1.531	老一代:新生代	-0.760		0.000
	新生代	1.90	sig =0.218	中生代:新生代	-0.770		0.000
商品文化资本	老一代	0.24	Levene 统计量	老一代:中生代	-0.041		0.320
	中生代	0.28	=1.369	老一代:新生代	-0.170		0.000
	新生代	0.41	sig = 0.256	中生代:新生代	-0.129		0.000
文化资本综合	老一代	1.89	Levene 统计量	老一代:中生代	-0.337		0.191
	中生代	2.23	=1.851	老一代:新生代	-2.450		0.000
	新生代	4.34	sig =0.158	中生代:新生代	-2.113		0.000

从家庭文化资本看,老一代的父辈最高文化程度集中于:小学及以下(97.7%);中生代集中于:小学及以下(83.2%),初中(12.4%);新生代集中于:初中(39.8%),小学及以下(30.1%),高中(18.8%)。家庭文化资本平均值从高到低为新生代(1.20),中生代(0.25),老一代(0.02),年代代际差异均显著。

从行为文化资本看,老一代观看剧院演出的众值为从未有过(56.3%),中生代的众值为从未有过(63.5%),新生代的众值为从未有过(51.7%);老一代参观文化展馆的众值为从未有过(52.9%),中生代的众值为从未有过(50.4%),新生代的众值为偶尔(43.2%);老一代阅读书籍的众值为从未有过(34.5%),中生代的众值为偶尔(39.4%),新生代的众值为有时

(36.9%)。行为文化资本平均分从高到低为：新生代(1.90分)，老一代(1.14分)，中生代(1.13分)，新生代的行为文化资本得分显著高于老一代和中生代，老一代和中生代不存在显著差异。

从商品文化资本看，老一代43.7%拥有书桌书房，中生代45.3%拥有书桌书房，新生代59.7%拥有书桌书房；老一代19.5%拥有藏书，中生代22.6%拥有藏书，新生代41.5%拥有藏书；老一代9.2%拥有艺术收藏品，中生代16.8%拥有艺术收藏品，新生代22.2%拥有艺术收藏品。商品文化资本平均分从高到低为：新生代(0.41分)，中生代(0.28分)，老一代(0.24分)，新生代的商品文化资本得分显著高于老一代和中生代，老一代和中生代不存在显著差异。

综合来看，文化资本平均分从高到低为：新生代(4.34分)，中生代(2.23分)，老一代(1.89分)，新生代显著高于老一代和中生代，老一代和中生代不存在显著差异。

(三)文化资本的回归分析

以文化资本作为因变量，以性别、政治面貌、户籍类型和居住区域为控制变量，分别以家庭代际和年代代际变量为自变量，建构多元回归模型1-2。

选取子代的200个样本，建构子代文化资本的多元回归模型。模型以子代文化资本为因变量，以性别、年龄、政治面貌、户籍类型和居住区域为控制变量，以父代文化资本为自变量，建构多元回归模型3(见表4-17)。

表4-17 文化资本的回归模型

	文化资本回归模型			子代回归模型
	模型1	模型2		模型3
常量	1.562***	0.995***	常量	3.396***
	(0.220)	(0.251)		(0.591)
性别	0.163	0.301	性别	0.369
	(0.187)	(0.191)		(0.253)
政治面貌	1.069***	1.081***	年龄	-0.043*
	(0.235)	(0.239)		(0.019)
户籍类型	0.483*	0.570**	政治面貌	-0.057
	(0.210)	(0.212)		(0.349)
居住区域	-0.004	-0.102	户籍类型	0.287
	(0.982)	(0.181)		(0.258)
家庭代际	2.146***	—	居住区域	0.415
	(0.187)			(0.238)
年代代际	—	1.317***	父代文化资本	0.696***
		(0.122)		(0.084)
R方	0.328	0.307	R方	0.350
	N=400			N=200

注:*$p<0.05$,**$p<0.01$,***$p<0.001$。

模型1(家庭代际模型)可以解释文化资本32.8%的变异。在控制其他变量的情况下,党员文化资本高于非党员1.069分,非农户籍者高于农业户籍者0.483分。此外,家庭代际也对文化资本具有显著影响,在控制其他变量的情况下,子代文化资本高于父代2.146分。具有显著影响变量的标准回归系数绝对值从小到大依次为:户籍类型(0.102)<政治面貌(0.198)<家庭代际(0.492),其中家庭代际对文化资本的影响最大。

模型2(年代代际模型)可以解释文化资本30.7%的变异。在控制其他变量的情况下,党员文化资本高于非党员1.081分,非农户籍者高于农业户籍者0.570分。此外,年代代际也对文化资本具有显著影响,在控制其他变量的情况下,从老一代到中生代再到新生代,文化资本逐级提高1.317分。

具有显著影响变量的标准回归系数绝对值从小到大依次为：户籍类型（0.120）<政治面貌（0.200）<家庭代际（0.471），其中年代代际对文化资本的影响最大。

模型3（子代模型）可以解释子代文化资本35.0%的变异，在控制其他变量的情况下，子代年龄每减少1岁文化资本提高0.043分，且具有显著性。此外，父代文化资本对子代文化资本产生显著影响，父代文化资本每提高1分，子代文化资本提高0.696分。具有显著影响变量的标准回归系数绝对值从小到大依次为：年龄（-0.138）<父代文化资本（0.544），其中父代文化资本对子代文化资本的影响最大。

五、城郊农民市民化资本及其特征

（一）城郊农民的物质资本及其特征

征地前，土地和房屋是城郊农民所拥有的主要物质资本，征地拆迁后，取而代之的是土地、拆迁补偿和相关补助。通过调查发现，城郊农民样本因征地拆迁而获得的住房资本和货币资本的数量与质量均不高，综合物质资本仅获得二成八的分数，均处于低水平。

从家庭代际看，父代住房资本数量高于子代，子代租房收益高于父代，但代际差异都不显著；父代货币资本数量显著高于子代，子代财产收益显著高于父代。综合来看，父代物质资本总体高于子代，但代际差异并不明显。同时，代际物质资本呈现较强正相关，体现出物质资本较强的代际传递性质。

从年代代际看，老一代住房资本数量最高，新生代最低；中生代租房收益最高，老一代最低；但都没有形成显著代际差异。货币资本中，老一代货币补偿最高,新生代最低;中生代经济补助最高,新生代最低;代际差异均显著。而财产收益方面,新生代显著高于老一代和中生代,中生代财产收益最低,但与老一代差异不显著。综合来看,中生代物质资本最高,老一代最低,代际差异不显著。

综上所述,城郊农民物质资本总体数量与质量都较低,年长一代物质资本数量更多,而年轻一代更善于对物质资本进行增值利用,提升物质资本的质量,但综合比较,物质资本并不具有显著的代际差异。

由于城郊农民失地后的物质资本主要由征地拆迁补偿资本构成,物质资本具有一定的乡村性特征,在物质资本模型中呈现出农业户籍物质资本更多,居住区域远离市中心物质资本更多的特征。此外,物质资本还呈现出女性多于男性的特征。子代模型中,除了农业户籍者物质资本更多外,物质资本还呈现出代际传递性的特点,体现为父代物质资本越多,子代也越多的显著代际影响。

(二)城郊农民的人力资本及其特征

城郊农民的人力资本能够从文化程度、专业技能和继续教育状况中得以体现。总体来看,城郊农民文化程度得到三成九的分数,专业技能得到二成七的分数,继续教育得到三成二的分数,综合人力资本得到三成六的分数,均处于低水平。

从家庭代际看,父代文化程度、专业技能和继续教育水平均低于子代,除了专业技能外,其他指标均呈现出显著代际差异。综合来看,父代人力资本仅获得两成的分数,水平很低;子代人力资本获得四成五的分数,水平偏低;父代人力资本显著低于子代。代际人力资本呈现出显著弱正相关,体现较弱的代际传递性。

从年代代际看,文化程度和继续教育均为新生代最高,老一代最低,其中文化程度代际差异显著,继续教育新生代显著高于老一代和中生代;专业技能为老一代最高,中生代最低,代际差异不显著。综合来看,新生代人力资本获得五成三的分数,呈现中等水平;中生代获得二成五的分数,水平低;老一代获得一成八的分数,水平很低,代际差异显著。

综上所述,城郊农民人力资本总体水平偏低,但年轻一代人力资本水平明显提升,尤其在文化程度和继续教育方面代际优势突出,说明年轻一代由于接受教育的年限增加,人力资本水平显著提升,但在专业技能方面,年轻一代并不具有显著优势。可见,职业教育和技能培训对城郊农民人力资本提升的作用还需增强。

人力资本由文化素质和专业技能因素构成,体现现代性与城市性的增强,在人力资本模型中呈现出非农业户籍人力资本更高,居住区域越靠近市中心人力资本越高的特征,此外,人力资本还呈现出党员高于非党员,子代高于父代,以及年轻一代高于年长一代的特征。子代模型中,也呈现出党员、非农业户籍者人力资本更高,以及年龄越小人力资本越高的特征。

城郊农民人力资本的原始积累不足,特别是老一代和中生代群体尤为突出,这直接导致失地农民非农就业水平和就业质量的低下,进而影响其收入水平和生活水平的提升。很多研究证明,由于人力资本水平低,农业转移人口进入城市后只能从事劳动强度大、收入低和工作条件差的职业,并由于缺乏人力资本再投资的能力,无法提升收入水平而陷入贫困。[1] 农业转移人口的职业地位越低,就越难以认同市民生活,难以融入城市社会,导致其在城市生活中的边缘化。[2]

---

[1]　参见卢海阳、李祖婳:《农民工人力资本现状分析与政策建议——基于福建省1476个农民工的调查》,《中国农村观察》,2018年第1期。

[2]　参见李飞、钟涨宝:《人力资本、阶层地位、身份认同与农民工永久迁移意愿》,《人口研究》,2017年第6期。

马斯金(Mushkin)认为个体和政府投资于人力资本的提升,会增加农民获得就业机会的能力,增加农民的收入来源和水平。[1] 萨姆纳(Sumner)指出人力资本对农业转移劳动力的非农就业具有重要影响,教育程度越高的农民,就业机会和可选择的行业都会越多。[2] 杨晶等人研究发现,失地农民被征地后在非农就业转移中会发生分化,具有人力资本优势的失地农民可以实现择优选择性转移就业,顺利完成生计转型,而人力资本不足的失地农民则可能在失地后陷入失业困境,失去生计保障。人力资本的差异性导致失地农民在就业能力和谋生方式上的差异,也进一步导致其收入水平和职业地位的分化。[3] 教育和培训能够显著提高失地农民的人力资本水平,[4]提高失地农民的城市适应能力和城市融入水平。[5] 沈诗杰的调查发现,受教育程度、技能水平和工作经验的提升均对农业转移人口职业声望的提高具有显著正向影响。[6]

教育是提升失地农民人力资本的直接途径,对于新生代失地农民,由于教育和继续教育水平的提高,人力资本水平得到了改善,其市民化水平也有所提高。因此,要继续重视新生代失地农民的基础教育和继续教育投入。而对于老一代和中生代群体,由于其年龄和文化基础的限制,通过参加正规教育的方式提升其人力资本并不是一种广泛适用的方式,针对这一群体更

---

① See Mushkin S J. Health as an investment, *Journal of Political Economy*, 1962(2).

② See Sumner, D. A., Wage Functions and Occupational Selection in a Rural Less Developed Country Setting, *The Review of Economics and Statistics*. 1981(4).

③ 参见杨晶、丁士军、邓大松:《人力资本、社会资本对失地农民个体收入不平等的影响研究》,《中国人口·资源与环境》,2019 年第 3 期。

④ 参见刘莹莹、梁栩凌、张一名:《新生代农民工人力资本对其就业质量的影响》,《调研世界》,2018 年第 12 期。

⑤ 参见徐美银:《人力资本、社会资本与农民工市民化意愿》,《华南农业大学学报》(社会科学版),2018 年第 4 期。

⑥ 参见沈诗杰:《东北地区新生代农民工"就业质量"影响因素探析——以"人力资本"和"社会资本"为中心》,《江海学刊》,2018 年第 2 期。

适合通过技能培训指导他们以"干中学"的方式积累工作经验、提升技能水平，使其尽快适应非农就业对人力资本的需求，顺利完成从农业到非农业、从农民到市民的转型。王建对农业转移人口正规就业的研究发现，正规教育和技能培训对农业转移人口正规就业具有重要影响，对比而言，技能培训的影响更为直接有效，无论短期培训还是长期培训，都能显著促进农业转移人口的正规就业，对于第一代农业转移人口而言，技能培训在"去体力化"的职业分化方面的影响更显著于正规教育。①

（三）城郊农民的社会资本及其特征

城郊农民社会网络规模、社会支持网络规模以及综合社会资本均处于低水平。

从家庭代际看，父代社会网络规模显著低于子代；只有劳务支持网络父代高于子代，而代际差异并不显著；经济支持网络、决策支持网络、交往支持网络和情感支持网络均为子代高于父代，除了决策支持网络外，其他网络的代际差异均显著。父代社会资本显著低于子代，代际社会资本呈现显著弱正相关，体现较弱的代际传递性。

从年代代际看，新生代社会网络规模最高，老一代最低，代际差异显著；中生代劳务支持网络最高，老一代最低，代际差异不显著；经济支持网络、决策支持网络、交往支持网络和情感支持网络均为新生代最高，老一代最低，其中中生代和新生代经济支持网络显著高于老一代；新生代决策支持网络显著高于老一代，交往支持网络和情感支持网络均为新生代显著高于老一代和中生代。综合社会资本仍为新生代最高，老一代最低，代际差异均

---

① 参见王建：《正规教育与技能培训：何种人力资本更有利于农民工正规就业？》，《中国农村观察》，2017 年第 1 期。

显著。

综上所述,城郊农民社会资本总体水平低,年轻一代社会交往圈有所扩大,社会资本显著增加,但网络规模仍然有限,社会资本水平仍较低。

社会资本数量与异质性的增加,均体现现代性与城市性的特征,从社会资本模型看,目前城郊农民社会资本仅受代际因素的影响,呈现代际越年轻,社会资本越高的特点。子代社会资本则受到父代社会资本显著的正向影响,呈现出社会资本传递性特征。

社会资本对失地农民的市民化转型具有重要的推动意义,对农业转移人口适应城市生活具有重要的促进作用。[1] 农业转移人口通过扩大社会交往网络,特别是建构起由城市居民加入的城市社会网络,可以促进城郊农民与城市居民的相互融合,城市居民的行为习惯和价值观念可以通过社会网络向城郊农民群体传递,有助于城郊农民习得城市生活方式与行为习惯,促进城郊农民的城市融入。[2] 然而由于城郊农民社会资本存量有限,其在城镇化过程中经常呈现出与城市市民的社会距离,难以真正融入城市生活。

首先,城郊农民正在经历从村落生活到城市生活的转型,其社会网络关系也将经历从血缘、地缘为基础的网络关系向以业缘、趣缘为基础的关系的转型,由封闭的亲密型网络向开放的陌生型网络的转型。这一过程中,城郊农民传统村落社会支持网络瓦解,而新型城镇化社会网络关系尚未建构,导致城郊农民社会资本的匮乏,难以在其生产生活中提供充足的社会支持。

其次,城郊农民社会交往具有较强的内卷化特点。城郊农民大多居住在集中安置的社区内,其社会交往仍局限在原来的村民或家族圈子内,导致

---

[1] 参见李贵成:《新生代农民工市民化与社会资本重构》,《内蒙古社会科学》(汉文版),2016年第5期。

[2] 参见李辉、冯蛟、于宏:《社会资本视角下失地农民异质性消费理财行为实证研究》,《消费经济》,2017年第2期。

其社会网络规模小,封闭性强,异质性差,从而造成社会资本的同质化,由于城郊农民社会网络关系的同质化,其交往对象也大多是本地的城郊农民,大家拥有相同的社会身份和文化传统、相似的生活经历和行为习惯,造成社会资本的重叠,不利于城郊农民获得城市性社会资本,难以在就业、生活方式和价值观念等方面获得城市性社会支持,阻碍其市民化转型和城镇化适应。

(四)城郊农民的文化资本及其特征

城郊农民家庭文化资本得到一成二的分数,行为文化资本得到三成七的分数,商品文化资本得到三成三的分数,综合文化资本得到二成六的分数,均处于低水平。

从家庭代际看,父代家庭文化资本、行为文化资本、商品文化资本以及综合文化资本都显著低于子代。代际文化资本呈现出显著的正相关,体现中等偏强的代际传递性。

从年代代际看,家庭文化资本和商品文化资本为新生代最高,老一代最低;行为文化资本为新生代最高,中生代最低。家庭文化资本代际差异均显著;行为文化资本和商品文化资本为新生代显著高于老一代和中生代。综合文化资本也为新生代最高,老一代最低,新生代显著高于老一代和中生代。

综上所述,城郊农民社会资本总体水平低,年轻一代文化资本有所提升,各项指标均显著高于年长群体。

文化资本也具有现代性与城市性的特征。文化资本模型呈现出非农业户籍者文化资本显著高于农业户籍者的特征,此外,党员文化资本高于非党员,年轻一代文化资本高于年长一代。子代文化资本模型中,除了呈现出年龄越小,文化资本越高的特征外,还呈现出父代文化资本对子代的正向影响,呈现出文化资本的传递性特征。

文化资本具有代际传递性,可以通过父辈传递给子代。潘峰等人对"农二代"的研究指出,乡村性、传统性文化也会通过代际传递经由父代传递给子代,导致新生代农业转移人口在城市空间重构乡村认同的秩序和路径,阻碍其对城市生活的融入。① 文化资本的代际传递常常导致阶层固化和阶层壁垒的形成。②

文化资本对于个体成就和地位获得具有显著影响。仇立平等人研究发现,文化资本存量高的个体受教育年限更长,也有更多的机会实现向上的社会流动。③

布尔迪厄指出文化资本的差异对阶层差异具有塑造作用,底层大众的文化资本体现为粗陋庸俗的本能享受,上层人士的文化资本具有高雅性和非功利性。尽管经济资本的积累为个体向上流动提供了物质基础,但是上层阶层的品位并不是经济资本积累的结果,而是文化资本积累所得。④ 布尔迪厄还指出,文化资本的实质是内化为持久性习惯的文化性情与品位,这种内化的文化习惯才是对个体成就产生直接影响的因素,而表现为学历文凭的制度化文化资本和表现为文化商品的客观化文化资本,只有内化为精神习惯之后,才会对个体成就和地位的获得产生促进作用。⑤

从农民到市民的转型,实际上也是一种身份地位的转变,这种转变并不能仅仅通过货币补偿、房屋安置和户籍改登就能够完成,即使城郊农民获得

---

① 参见潘峰:《高职"农二代"的文化资本与社会流动——来自厦门高职毕业生的案例考察》,《职教论坛》,2018 年第 5 期。

② 参见文军、李珊珊:《文化资本代际传递的阶层差异及其影响——基于上海市中产阶层和工人阶层家庭的比较研究》,《华东师范大学学报》(哲学社会科学版),2018 年第 4 期。

③ 参见仇立平、肖日葵:《文化资本与社会地位获得——基于上海市的实证研究》,《中国社会科学》,2011 年第 6 期。

④ See Pierre Bourdieu, Translated by Richard Nice, *Distinction: A Social Critique of the Judgment of Taste*, Harvard University Press, 1984, p. 260, p. 7.

⑤ 参见布尔迪厄:《文化资本和社会炼金术》,包亚明译,人民出版社,1997 年,第 192 ~ 201 页。

一笔可观的货币补偿,获得宽敞富裕的房屋安置,他们依然没有因为物质资本的增加而认同自己市民的身份,他们在行为观念、生活方式等方面无法实现从乡村向城市的文化突变。

很多研究者指出,个体文化资本的获得除了来自家庭文化资本的传递性外,还可以来自教育,教育的获得不仅可以提升个体的知识和能力,也可以提升个体的品位和格调,在一定程度上实现了对原生文化资本不足的弥补。①

城郊农民文化资本存量低,不仅影响其非农就业质量,也影响其社会身份的转型。

---

① 参见扈海鹂:《分层视野中的社会化分析——关于农村大学生生活方式转型的一种描述》,《青年研究》,2006 年第 11 期。

第五章　城郊农民的身份转型

第一节　城郊农民的职业身份转型

一、就业状况及其测量

就业是民生的基本,是生存的根基,要提高保障和改善民生水平,就要增加就业,提高就业质量。

首先,城郊农民实现从农业到非农业的就业转移,是满足其基本生存和生活保障的重要途径。土地作为最基本的生存资料,其稳定产出是农民的重要经济来源,在土地被征用的过程中,大量失地农民失去谋生手段和生活保障,面临着极其严重的生存问题。因此实现非农就业是确保城郊农民生存和发展的重要途径。

其次,从农业向非农业的转移,也是城郊农民实现职业流动的过程。在市场机制下,职业流动是个体寻求职业发展,实现个人价值的重要方式,其本质是个体在分化的社会结构中变换自身社会位置的过程及结果。[①] 对于城郊失地农民而言,职业流动是帮助其进行职业转换、提升社会地位、实现个人价值和获得更高收入的重要途径。能够实现高质量的就业,有利于城郊农民实现向上的社会流动。

最后,从农业到非农业的就业转移,也是城郊农民适应城镇化变迁、逐步融入城镇化生活和实现市民化转型的重要过程。[②] 郭正林等人指出外出务工是农民体验工业文明和现代生活方式,提高现代性程度的基本途径和动力。[③] 周晓虹认为流动经历和城市体验是农民完成从传统向现代转变的必须经历。[④] 蔡志海发现农民外出务工的经历是其接触和习得城市生活方式的过程。[⑤] 综上所述,在城市中实现非农就业是城郊农民接触城市文明的重要途径,通过非农就业提升个体能力,扩大社会网络,接触现代文明,更新价值观念,对农民向市民的转型和实现城市融合具有重要意义。

基于此,本章对城郊农民的就业状况从就业水平、就业质量和就业途径等方面进行了考察,主要分析的变量包括城郊农民的失业状况、非农就业状况、劳动形式、职位状况、职称状况、就业途径和类型以及工作单位类型等。

---

① 参见周运清、王培刚:《农民工进城方式选择及职业流动特点研究》,《青年研究》,2002 年第6 期。

② 参见杨云彦、褚清华:《外出务工人员的职业流动、能力形成和社会融合》,《中国人口·资源与环境》,2013 年第 1 期。

③ 参见郭正林、周大鸣:《外出务工与农民现代性的获得》,《中山大学学报》(社会科学版),1996 年第 5 期。

④ 参见周晓虹:《流动与城市体验对中国农民现代性的影响——北京"浙江村"与温州一个农村社区的考察》,《社会学研究》,1998 年第 5 期。

⑤ 参见蔡志海:《流动民工现代性的探讨》,《华中师范大学学报》(人文社会科学版),2004 年第 3 期。

二、就业状况的统计描述与代际比较

虽然城郊农民离农程度较高,但离农并不意味着在经济层面上已经完成向市民的转型,需要进一步考察城郊农民离农后的非农就业状况,只有很好地完成从农业向非农就业的转移,并能够进入城市就业市场,不断提升就业质量,才是城郊农民在经济层面融入城市的标志。

(一)就业状况

城郊农民就业状况的统计描述及其代际分布状况如表5-1所示:

表5-1　就业状况的统计描述及其代际分布

变量	取值	赋分	频次	频率	父代	子代	老一代	中生代	新生代
工作状况	无工作	0	123	30.8%	53.0%	8.5%	59.8%	43.1%	6.8%
	在学	1	60	15.0%	0	30.0%	0	0	34.1%
	退休	2	15	3.8%	7.5%	0	17.2%	0	0
	有工作	3	202	50.5%	39.5%	61.5%	23.0%	56.9%	59.1%
失业状况	被动失业	0	39	31.7%	31.1%	35.3%	36.5%	23.7%	50.0%
	主动失业	1	84	68.3%	68.9%	64.7%	63.5%	76.3%	50.0%
非农就业	打工	0	54	26.7%	46.8%	13.8%	30.0%	39.7%	16.3%
	个体经营	1	25	12.4%	13.9%	11.4%	35.0%	12.8%	7.7%
	正式就业	2	123	60.9%	39.2%	74.8%	35.0%	47.4%	76.0%
劳动方式	偏体力	0	57	26.3%	39.4%	16.3%	40.0%	39.7%	11.5%
	半体半脑	1	80	36.9%	36.2%	37.4%	31.4%	41.0%	35.6%
	偏脑力	2	80	36.9%	24.5%	46.3%	28.6%	19.2%	52.9%
职位状况	普通员工	0	94	43.3%	44.7%	42.3%	42.9%	42.3%	44.2%
	基层管理	1	53	24.4%	17.0%	30.1%	5.7%	30.8%	26.0%
	中层管理	2	60	27.6%	29.8%	26.0%	40.0%	21.8%	27.9%
	高层管理	3	10	4.6%	8.5%	1.6%	11.4%	5.1%	1.9%

续表

变量	取值	赋分	频次	频率	父代	子代	老一代	中生代	新生代
职称状况	无职称	0	131	60.4%	61.7%	59.3%	40.0%	70.5%	59.6%
	初级	1	29	13.4%	11.7%	14.6%	17.1%	14.1%	11.5%
	中级	2	38	17.5%	13.8%	20.3%	20.0%	10.3%	22.1%
	高级	3	19	8.8%	12.8%	5.7%	22.9%	5.1%	6.7%
就业途径	自己创业	—	25	12.4%	13.9%	11.4%	35.0%	12.8%	7.7%
	参加招聘	—	102	50.5%	29.1%	64.2%	35.0%	35.9%	64.4%
	职业中介	—	1	0.5%	0	0.8%	0	0	1.0%
	亲戚帮忙	—	21	10.4%	8.9%	11.4%	10.0%	6.4%	13.5%
	朋友帮忙	—	43	21.3%	36.7%	11.4%	20.0%	32.1%	13.5%
	学校分配	—	5	2.5%	5.1%	0.8%	0	6.4%	0
	社区安置	—	5	2.5%	6.3%	0	0	6.4%	0
就业类型	安置型	1	10	5.0%	11.4%	0.8%	0	12.8%	0
	支持型	2	64	31.7%	45.6%	22.8%	30.0%	38.5%	26.9%
	自主型	3	128	63.4%	43.0%	76.4%	70.0%	48.7%	73.1%
就业单位	政府机关	—	3	1.5%	0	2.4%	0	3.8%	0
	事业单位	—	44	21.8%	11.4%	28.5%	15.0%	10.3%	31.7%
	集体企业	—	3	1.5%	0	2.4%	0	0	2.9%
	外资企业	—	6	3.0%	0	4.9%	0	0	5.8%
	股份企业	—	6	3.0%	2.5%	3.3%	10.0%	0	3.8%
	国有企业	—	19	9.4%	10.1%	8.9%	0	12.8%	8.7%
	民营企业	—	47	23.3%	24.1%	22.8%	30.0%	24.4%	21.2%
	个体经营	—	59	29.2%	39.2%	22.8%	30.0%	39.7%	21.2%
	社区组织	—	13	6.4%	10.1%	4.1%	15.0%	6.4%	4.8%
	社会团体	—	2	1.0%	2.5%	0	0	2.6%	0
单位类型	一类单位	2.23	47	23.3%	11.4%	30.9%	15.0%	14.1%	31.7%
	二类单位	1.89	15	7.4%	2.5%	10.6%	10.0%	0	12.5%
	三类单位	1.65	125	61.9%	73.4%	54.5%	60.0%	76.9%	51.0%
	四类单位	1.32	15	7.4%	12.7%	4.1%	15.0%	9.0%	4.8%

统计结果显示,城郊农民样本就业状况集中于:有工作(50.5%)、无工作(30.8%)、在学(15.0%),工作状况平均值为1.74(标准差=1.35)。

样本中有123位城郊农民处于无工作状态,其中有68.3%因照顾家庭不工作,将其界定为主动失业;31.7%因失业而不工作,将其界定为被动失业。无工作状况平均值为0.68(标准差=0.467),倾向于主动失业。

有 202 位城郊农民处于非农就业状态,其非农就业状况为:正式就业(60.9%)、打工(26.7%)、个体经营(12.4%),非农就业状况平均值为 1.34(标准差 = 0.874)。

有 217 位城郊农民为有工作或退休人员,其非农就业劳动方式为:偏脑力(36.9%)、半体力半脑力(36.9%)、偏体力(26.3%),劳动方式平均值为 1.11(标准差 = 0.789)。

有工作和退休人员的职位状况为:普通员工(43.3%)、中层管理者(27.6%)、基层管理者(24.4%)、高层管理者(4.6%),职位状况平均值为 0.94(标准差 = 0.945)。职称状况为:无职称(60.4%)、中级职称(17.5%)、初级职称(13.4%)、高级职称(8.8%),职称状况平均值为 0.75(标准差 = 1.034)。

处于工作状态的城郊农民的就业途径为:参加招聘(50.5%)、朋友帮忙(21.3%)、自己创业(12.4%)、亲戚帮忙(10.4%)、学校分配(2.5%)、社区安置(2.5%)、职业中介(0.5%)。

根据就业途径划分三种就业类型:一是自主型就业,即依靠个体能力获取工作机会,包括自己创业、参加招聘和以职业中介为途径的就业;二是支持型就业,即依靠亲朋好友提供的资源获取工作机会,包括以亲戚帮忙、朋友帮忙为途径的就业;三是安置型就业,即通过外界安置获取工作机会,包括以学校分配和政府/村居委会安置为途径的就业。统计结果显示,自主型就业占 63.4%,支持型就业占 31.7%,安置型就业占 5.0%。就业类型平均值为 2.58(标准差 = 0.586),就业类型偏向自主型就业。

处于工作状态的城郊农民所在单位性质集中于:个体经营(29.2%)、民营企业(23.3%)、事业单位(21.8%)。城郊农民的就业具有临时性、非正式性等特征,不适合依据其工作单位的社会声望直接赋分,因此依据城郊农民的就业质量测量指标对工作单位进行赋值和聚类分析。

具体操作过程如下：首先对工作单位类型进行赋分和聚类分析。以就业状况、劳动形式、职位状况、职称状况和收入状况为指标（每个指标处理为1—3分计分），计算出各类单位在每个指标上的平均分，进行汇总后再计算出总平均分，即为该单位类型的赋分。分数越接近3分，其就业质量越好；分数越接近1分，其就业质量越差。赋分结果从高到低依次排列为：事业单位（2.3182分）、政府机关（2.1334分）、股份企业（2.0332分）、集体企业（1.9332分）、民营企业（1.7809分）、国有企业（1.7371分）、外资企业（1.7334分）、个体经营（1.4444分）、社区组织（1.4374分）和社会团体（1.2000分），如表5-2所示。

表5-2　单位类型各项指标平均分

单位类型	就业状况	劳动形式	职位状况	职称状况	收入状况	总平均分
政府机关	3	2	2	0.667	3	2.133
事业单位	2.910	2.771	1.387	1.523	3	2.318
社区组织	1.03	2.233	0.385	0.539	3	1.437
社会团体	1	2	0	0	3	1.200
集体企业	3	3	0.666	0	3	1.933
外资企业	3	2.667	0	0	3	1.733
股份企业	3	2.667	0.833	0.666	3	2.033
国有企业	2.790	1.736	0.632	0.685	2.843	1.737
民营企业	2.362	1.894	0.936	0.744	2.963	1.781
个体经营	1.710	1.791	0.915	0.289	2.517	1.444

根据就业单位各项指标平均分进行聚类分析，直到最多元素聚类中不再分裂新的聚类类型，共完成三次聚类，产生四个聚类类型，根据各聚类单位综合得分的平均值，将政府机关和事业单位类型命名为一类就业单位；将集体企业、外资企业和股份企业命名为二类就业单位；将国有企业、民营企

业和个体经营命名为三类就业单位；将社区组织和社会团体命名为四类就业单位。单位类型的聚类结果及其平均分如表 5-3 所示：

表 5-3　单位类型的聚类结果及其平均分

单位类型	两类	三类	四类	类型	平均分
政府机关	1	1	1	一类单位	2.226
事业单位	1	1	1		
集体企业	1	3	4	二类单位	1.899
外资企业	1	3	4		
股份企业	1	3	4		
国有企业	1	3	3	三类单位	1.654
民营企业	1	3	3		
个体经营	1	3	3		
社区组织	2	2	2	四类单位	1.319
社会团体	2	2	2		

根据上述分类统计出的城郊农民工作单位类型为：69.1% 在三类单位工作，23.3% 在一类单位工作，在二类和四类单位工作的各占 7.4%。

（二）就业状况的家庭代际比较

通过配对样本 T 检验呈现就业状况的家庭代际比较，结果如表 5-4 所示：

表 5-4　家庭代际就业状况的配对样本 T 检验

变量	代际	均值	均值差	t	sig
工作状况	父代	1.34	-0.810	-5.696	0.000
	子代	2.15			
失业状况	父代	1.00	0.167	1.483	0.166
	子代	0.83			

续表

变量	代际	均值	均值差	t	sig
非农就业	父代	0.69	−1.188	−7.215	0.000
	子代	1.88			
劳动方式	父代	1.07	−0.413	−3.003	0.004
	子代	1.48			
职位状况	父代	1.17	0.370	1.728	0.091
	子代	0.83			
职称状况	父代	1.15	0.587	3.809	0.000
	子代	0.57			
就业类型	父代	2.12	−.605	−6.369	0.000
	子代	2.72			
单位类型	父代	1.77	−0.1290	−1.965	0.056
	子代	1.90			

　　家庭代际比较结果显示,父代工作状况众值为无工作(53.0%),子代众值为有工作(61.5%)。父代工作状况平均分(1.34分)低于子代(2.15分),家庭代际差异显著。

　　父代失业状况众值为主动失业(68.9%),子代众值也为主动失业(64.7%)。父代与子代均为失业构成12对配对样本,父代失业状况平均分(1.00分)高于子代(0.83分),家庭代际差异不显著。

　　父代非农就业众值为打工(46.8%),子代众值为正式就业(74.8%)。父代与子代均为非农就业构成32对配对样本,父代非农就业平均分(0.69分)低于子代(1.88分),家庭代际差异显著。

　　父代非农就业劳动方式众值为偏体力(39.4%),子代众值为偏脑力(46.3%)。父代与子代构成46对配对样本,父代劳动方式平均分(1.07分)低于子代(1.48分),家庭代际差异显著。

　　父代非农就业职位众值为普通员工(44.7%),子代众值也为普通员工

(42.3%)。父代与子代构成 46 对配对样本,父代职位状况平均分(1.17分)高于子代(0.83 分),家庭代际间差异不显著。

父代非农就业职称众值为无职称(61.7%),子代众值也为无职称(59.3%)。父代与子代构成 46 对配对样本,父代职称状况平均分(1.15分)高于子代(0.57 分),家庭代际差异显著。

父代就业途径众值为支持型就业(45.6%),子代众值为自主型就业(76.4%)。父代与子代构成 43 对配对样本,父代就业类型平均分(2.12分)低于子代(2.72 分),家庭代际差异显著。

父代工作单位类型众值为三类单位(73.4%),子代众值也为三类单位(54.5%)。父代与子代构成 44 对配对样本,父代单位类型平均分(1.77分)低于子代(1.90 分),家庭代际差异不显著。

(三)就业状况的年代代际比较

通过方差分析和多重比较呈现就业状况的年代代际比较结果,如表 5 - 5 所示:

表 5-5 年代代际就业状况的多重比较

变量	代际	均值	均值差		t	sig
工作状况	老一代	1.03	老一代:中生代	-0.674	-3.557	0.000
	中生代	1.71	老一代:新生代	-1.079	-6.636	0.000
	新生代	2.11	中生代:新生代	-0.406	-2.672	0.008
失业状况	老一代	0.63	老一代:中生代	-0.128	-1.463	0.147
	中生代	0.76	老一代:新生代	0.135	0.853	0.397
	新生代	0.50	中生代:新生代	0.263	1.634	0.124
非农就业	老一代	1.05	老一代:中生代	-0.027	-0.126	0.900
	中生代	1.08	老一代:新生代	-0.546	-2.912	0.004
	新生代	1.60	中生代:新生代	-0.519	-4.011	0.000

续表

变量	代际	均值	均值差		t	sig
劳动方式	老一代	0.89	老一代:中生代	0.091	—	0.544
	中生代	0.79	老一代:新生代	−0.528	—	0.000
	新生代	1.41	中生代:新生代	−0.619	—	0.000
职位状况	老一代	1.20	老一代:中生代	0.303	1.388	0.171
	中生代	0.90	老一代:新生代	0.325	1.545	0.129
	新生代	0.88	中生代:新生代	0.022	0.165	0.869
职称状况	老一代	1.26	老一代:中生代	0.757	3.304	0.002
	中生代	0.50	老一代:新生代	0.498	2.170	0.035
	新生代	0.76	中生代:新生代	−0.260	−1.841	0.067
就业类型	老一代	2.70	老一代:中生代	0.341	2.587	0.013
	中生代	2.36	老一代:新生代	−0.031	−0.280	0.780
	新生代	2.73	中生代:新生代	−0.372	−4.099	0.000
单位类型	老一代	1.73	老一代:中生代	0.0610	0.815	0.417
	中生代	1.67	老一代:新生代	−0.1370	−1.651	0.101
	新生代	1.87	中生代:新生代	−0.1980	−4.196	0.000

　　年代代际比较显示,老一代工作状况众值为无工作(59.8%),中生代众值为有工作(56.9%),新生代众值为有工作(59.1%)。工作状况平均值从高到低为:新生代(2.11分)>中生代(1.71分)>老一代(1.03分),年代代际间均存在显著差异。

　　老一代失业状况众值为主动失业(63.5%),中生代众值也为主动失业(76.3%),新生代众值仍为主动失业(50%)。失业状况平均分从高到低为:中生代(0.76分)>老一代(0.63分)>新生代(0.50分),年代代际间不存在显著差异。

　　老一代非农就业状况众值为正式就业(35.0%)和个体经营(35.0%),中生代的众值为正式就业(47.4%),新生代的众值也为正式就业(76.0%)。非农就业状况平均分从高到低为:新生代(1.60分)>中生代(1.08分)>老一代(1.05分),新生代显著高于老一代和中生代,老一代与中生代差异不显著。

老一代非农就业劳动方式众值为偏体力(40.0%),中生代众值为半体力半脑力(41.0%),新生代众值为偏脑力(52.9%)。非农就业劳动方式平均分从高到低为:新生代(1.41分)>老一代(0.89分)>中生代(0.79分),新生代显著高于老一代和中生代,老一代与中生代差异不显著。

老一代非农就业职位状况众值为普通员工(42.9%),中生代众值也为普通员工(42.3%),新生代众值仍为普通员工(44.2%)。非农就业职位状况平均分从高到低为:老一代(1.20分)>中生代(0.90分)>新生代(0.88分),年代代际间差异不显著。

老一代非农就业职称状况众值为无职称(40.0%),中生代众值也为无职称(70.5%),新生代众值仍为无职称(59.6%)。非农就业职称状况平均分从高到低为:老一代(1.26分)>新生代(0.76分)>中生代(0.50分),老一代显著高于中生代和新生代,中生代与新生代的差异不显著。

老一代非农就业类型众值为自主型就业(70.0%),中生代也为自主型就业(48.7%),新生代仍为自主型就业(73.1%)。就业途径平均分从高到低为:新生代(2.73分)>老一代(2.70分)>中生代(2.36分),老一代和新生代自主型就业特征更明显,均显著高于中生代;老一代与新生代的差异不显著。

老一代非农就业单位类型众值为三类单位(60.0%),中生代众值也为三类单位(76.9%),新生代众值仍为三类单位(51.0%)。单位类型平均分从高到低为:新生代(1.87分)>老一代(1.73分)>中生代(1.67分),新生代显著高于中生代,老一代与中生代和新生代均不存在显著差异。

三、就业质量及其代际分析

(一)就业质量的计分方式

综合考察城郊农民就业质量采用的计分方式为:被动失业 =0 分,主动失业 =0 分,退休 =1 分,打工 =1 分,个体经营 =2 分,正式就业 =3 分。在此基础上,根据职位职称加分,职位加分规则为:普通员工 =0 分,基层管理 =1 分,中层管理 =2 分,高层管理 =3 分;职称加分规则为:无职称 =0 分,初级职称 =1 分,中级职称 =2 分,高级职称 =3 分。就业质量综合得分的取值为0—9 分。

对于在学者(60 个样本)就业质量的赋值方式上,我们考虑了影响就业质量的两个主要因素:文化程度和年龄,决定选择与在学者出生年代相同的非在学者样本,根据其文化程度进行分类,分别计算出其就业质量的平均分,以其作为相同文化程度的在学者就业质量的得分,从而解决在学者就业质量的缺失值问题。

经统计发现,在学者出生年代均为 1990 年之后,因此我们采用非在学者出生年代为 1990 年之后的样本,计算其不同文化程度就业质量的平均分,统计结果为:小学及以下 0 分,初中 1.67 分,高中/职高 2.09 分,大专/高职 2.75 分,大学本科 3.50 分。样本中 60 位在学者的文化程度分布为:高中/职高学历 8 人,其就业质量取值为 2.09 分;大专/高职学历 9 人,其就业质量取值为 2.75 分;大学本科学历 43 人,其就业质量取值为 3.50 分。

(二)就业质量及其代际分析

如表 5 - 6 所示,城郊农民(样本)就业质量为:30.8% 正式就业,21.0%

主动失业,15.0% 在学,13.5% 打工,9.8% 被动失业,6.3% 个体经营,3.8% 退休;加分情况统计结果显示:33.0% 获得就业质量加分,67.0% 没有获得就业质量的加分。

表5-6　就业质量的统计描述

变量	类别	赋分	频次	频率	父代	子代	老一代	中生代	新生代
就业质量	被动失业	0	39	9.8%	16.5%	3.0%	21.8%	10.2%	3.4%
	主动失业	0	84	21.0%	36.5%	5.5%	37.9%	32.8%	3.4%
	在学	计算	60	15.0%	0	30.0%	0	0	34.1%
	退休	1	15	3.8%	7.5%	0	17.2%	0	0
	打工	1	54	13.5%	18.5%	8.5%	6.9%	22.6%	9.7%
	个体经营	2	25	6.3%	5.5%	7.0%	8.0%	7.3%	4.5%
	正式就业	3	123	30.8%	15.5%	46.0%	8.0%	27.0%	44.9%

城郊农民(样本)就业质量综合得分:最低为 0 分,最高为 9 分。就业质量综合得分平均为 2.61 分(标准差为 2.41),就业质量水平低。

家庭代际比较显示(见表5-7),父代就业质量平均分(1.68 分)低于子代(3.54 分),家庭代际差异显著。父代与子代就业质量的相关系数为 0.108($sig = 0.130$),不具有显著相关关系。

表5-7　家庭代际就业质量的配对样本 T 检验

代际	均值	均值差	t	sig
父代	1.68	-1.865	-8.862	0.000
子代	3.54			

年代代际比较显示(见表5-8),就业质量平均分从高到低为:新生代(3.59 分)>中生代(1.98 分)>老一代(1.63 分),新生代显著高于老一代和中生代,老一代与中生代差异不显著。

表 5 - 8　年代代际就业质量的多重比较

代际	均值	均值差		t	sig
老一代	1.63	老一代:中生代	-0.346	-1.033	0.303
中生代	1.98	老一代:新生代	-1.959	-6.234	0.000
新生代	3.59	中生代:新生代	-1.613	-6.444	0.000

四、就业质量的回归分析

城郊农民就业质量的回归分析以就业质量为因变量;以性别、政治面貌、户籍类型和居住区域为控制变量;自变量包括两组:第一组为资本变量,包括物质资本、人力资本、社会资本和文化资本,第二组为代际变量,分别为家庭代际和年代代际变量,建构多元回归模型 1 - 2。

子代就业质量的多元回归模型以子代就业质量为因变量;以性别、年龄、政治面貌、户籍类型和居住区域为控制变量;自变量包括两组:第一组为资本变量,包括物质资本、人力资本、社会资本和文化资本四个变量,第二组为父代就业质量变量,建构多元回归模型 3(见表 5 -9)。

表 5 -9　就业质量的回归模型

	就业质量回归模型			子代回归模型
	模型 1	模型 2		模型 3
常量	0.158 (0.315)	0.103 (0.323)	常量	0.957 (0.629)
性别	0.625*** (0.172)	0.642*** (0.174)	性别	0.100 (0.197)
政治面貌	1.564*** (0.234)	1.545*** (0.233)	年龄	0.020 (0.015)
户籍类型	0.429* (0.210)	0.427* (0.210)	政治面貌	2.082*** (0.253)
居住区域	-0.004 (0.170)	-0.032 (0.169)	户籍类型	0.107 (0.206)

续表

	就业质量回归模型			子代回归模型
	模型 1	模型 2		模型 3
物质资本	−0.021 (0.049)	−0.030 (0.048)	居住区域	−0.839 *** (0.189)
人力资本	0.571 *** (0.073)	0.581 *** (0.072)	物质资本	−0.077 (0.052)
社会资本	−0.071 (0.064)	−0.080 (0.064)	人力资本	0.503 *** (0.078)
文化资本	0.085 (0.049)	0.091 (0.048)	社会资本	−0.069 (0.058)
家庭代际	0.424 (0.225)	—	文化资本	0.217 *** (0.053)
年代代际	—	0.239 (0.142)	父代就业质量	−0.088 (0.048)
R 方	0.546	0.545	R 方	0.614
N = 400			N = 200	

注: $^*p < 0.05$, $^{**}p < 0.01$, $^{***}p < 0.001$

模型 1 可以解释就业质量 54.6% 的变异。在控制变量中,性别、政治面貌和户籍类型呈现出显著影响,在控制其他变量的情况下,男性就业质量高于女性 0.625 分;党员高于非党员 1.564 分;非农业户籍高于农业户籍 0.429 分。资本变量中人力资本呈现显著影响,在控制其他变量的情况下,人力资本每提高 1 分,就业质量提高 0.571 分。而家庭代际变量并未产生显著影响。具有显著影响变量的标准回归系数绝对值从小到大依次为:户籍类型(0.082) < 性别(0.130) < 政治面貌(0.262) < 人力资本(0.435),其中人力资本的影响最大。

模型 2 可以解释就业质量得分 54.5% 的变异。控制变量中,性别、政治面貌和户籍类型呈现出显著影响,在控制其他变量的情况下,男性就业质量高于女性 0.642 分;党员高于非党员 1.545 分;非农业户籍高于农业户籍 0.427 分。资本变量中人力资本呈现出显著影响,在控制其他变量的情况下,人力资本每提高 1 分,就业质量提高 0.581 分。而年代代际变量并未产生显著影响。具有显著影响变量的标准回归系数绝对值从小到大依次为:户籍类型(0.082) < 性别(0.133) < 政治面貌(0.259) < 人力资本(0.443),其中人力资本的影响最大。

模型 3(子代模型)可以解释子代就业质量 61.4% 的变异。在控制变量中,政治面貌和居住区域呈现显著影响,在控制其他变量的情况下,党员就业质量得分比非党员高 2.082 分;从中心市区到近郊区再到远郊区,就业质量得分逐级提高 0.839 分。在资本变量中,人力资本和文化资本具有显著影响,在控制其他变量的情况下,人力资本每提高 1 分,就业质量提高 0.503 分;文化资本每提高 1 分,就业质量提高 0.217 分。而父代就业质量并未产生显著影响。具有显著影响变量的标准回归系数绝对值从小到大依次为:居住区域(− 0.221) < 文化资本(0.231) < 人力资本(0.357) < 政治面貌(0.427),其中政治面貌的影响最大。

五、小结

(一)城郊农民非农就业状况

对城郊农民而言,离农并不意味着经济层面市民化的完成,是否实现非农就业以及非农就业质量是考察其经济层面市民化转型的关键指标。

从失业状况看,排除在学和退休情况后,城郊农民样本有三成多处于无业状态,其中近七成无业者是在失地后主动选择不就业,三成多是因为无法找到适合的工作而被动失业,无论是主动放弃就业还是被动失业,这些城郊农民都没有顺利完成向非农职业的转移,都值得关注。

从就业状况看,城郊农民(样本)过半数处于非农就业状态,其中六成实现正式就业;其劳动方式已经向半体力半脑力和偏脑力劳动转移,仅有二成六从事偏体力劳动;从职位状况看,五成以上非农就业者进入管理岗位,中层管理者比率最高,高层管理者比率最低;从职称状况看,近四成就业者具有技术职称,中级职称者比率最高,高级职称者比率最低。从单位类型看,城郊农民就业样本主要集中于个体经营、民营企业和事业单位。根据综合指标聚类的四类单位中,在国有企业、民营企业和个体经营组成的三类单位就业占比最多,层次较低。从就业途径上看,六成多就业者是通过参加招聘或者自己创业而获得工作的自主型就业,三成就业者是通过社会网络资源获得工作的支持型就业,仅有半成的就业者是通过政府、社区和学校等提供就业渠道的安置型就业。

综合就业状况和职位、职称状况统计的就业质量,较为全面地体现了城郊农民的就业水平,城郊农民就业质量仅得到二成四的分数,总体就业水平较低。

(二)城郊农民非农就业的家庭代际分析

从失业状况看,父代五成以上无工作,子代排除在学情况后,仅有 8.5% 处于无业状态,父代失业程度显著高于子代。从失业原因看,父代近七成、子代六成五属于主动性失业,代际差异并不显著。

从就业状况上看,父代近四成实现正式就业,子代七成五正式就业,子代正式就业水平显著高于父代。从劳动方式上看,父代二成五从事偏脑力劳动,子代四成六从事偏脑力劳动,子代向脑力劳动转移程度显著高于父代。从职位状况上看,父代管理者比率略低于子代,但父代中高层管理者比率高于子代,但代际差异并不显著。从职称状况上看,子代具有技术职称比率高于父代,父代高级职称比率高于子代,子代中级职称比率高于父代,总体上父代职称水平显著高于子代。从就业途径上看,父代以支持型就业为主,子代以自主型就业为主,父代安置型就业比率高于子代,父代就业的自主性低于子代,代际差异显著。从就业单位上看,父代和子代就业均集中于三类单位,子代在一类和二类单位就业的比率均高于父代,但综合来看没有呈现出显著的代际差异。

父代综合就业质量获得一成二的得分;子代获得三成九的得分,就业质量均处于低水平,子代高于父代,代际差异明显。父代与子代就业状况未呈现相关关系,说明就业质量不具有代际传递性。

(三)城郊农民非农就业的年代代际分析

从失业状况看,老一代近六成无工作,中生代四成以上无工作,新生代排除在学情况后,失业比率不到一成。失业率老一代最高,新生代最低,代际差异均显著。从失业原因看,中生代主动失业比率高达七成六,老一代六成四,新生代五成,代际间差异不显著。

从非农就业状况上看,实现正式就业的老一代占三成五,中生代占四成七,新生代占七成六,新生代正式就业水平显著高于老一代和中生代,中生代与老一代差异不显著。从劳动方式上看,从事偏脑力劳动的老一代占二成九,中生代占一成九,新生代占五成三,新生代向脑力劳动转移程度显著高于老一代和中生代。从职位状况上看,进入管理者职位比率中生代最高,新生代最低,但老一代中、高层管理者比率高于中生代和新生代,中生代虽然进入管理岗位的比率最高,但多数仅处于基层管理岗位,综合来看职位状况并不存在代际差异。从职称状况上看,老一代拥有技术职称的比率占六成,新生代占四成,中生代不到三成,老一代高级职称比率最高;新生代中级职称比率最高。综合来看,老一代职称水平最高,中生代最低,老一代显著高于中生代和新生代。从就业途径看,自主型就业是主要的就业方式,新生代比率最高,中生代比率最低;而支持型就业和安置型就业均为中生代比率最高,新生代比率最低。中生代就业自主性显著低于老一代和新生代,而老一代和新生代的差异并不显著。从单位类型看,老一代、中生代和新生代均集中于三类单位,就业于一类单位和二类单位的比率均为新生代最高,中生代最低,新生代显著优于中生代。

综合就业质量,新生代获得四成分数,中生代获得二成二分数,老一代获得一成八分数,就业质量均低,新生代显著高于老一代和中生代,而中生代和老一代的差异并不明显。

第二节　城郊农民的户籍身份转型

一、户籍身份及其测量

1951 年,新中国颁布了户籍管理文件《城市户口管理暂行条例》,第一次对城市人口进行统一的户口登记。早期的户籍制度主要为了方便社会管理,维护社会稳定。[1] 经过一系列的调整和改革,户籍制度逐步演变为认定社会身份的依据,从而与特定社会身份的相关利益产生了复杂的联系。1958 年颁布的《中华人民共和国户口登记条例》首次区分了城市"非农业"户口和农村"农业"户口,成为中国二元户籍制度的开端,农业户口和非农户口的利益差距也由此显露。[2] 1964 年,国家为保障社会安定采取制约户口转移和人口流动的政策,剥夺了农民向城市迁移的权利,同时也固化了附着在

---

① 参见保虎、王舫:《"非转农":我国大学生户口迁移"逆城镇化"反思》,《中国青年研究》,2017 年第 3 期。
② 参见赵定东、袁丽丽:《村改居居民的社会保障可持续性困境分析》,《浙江社会科学》,2016 年第 12 期。

二元户籍身份中的利益差别,使二者之间的鸿沟变得不可逾越。

20 世纪 80 年代中期,政府开始放宽对农民的限制,允许部分自行解决口粮的农民进城落户。1984 年国务院发布《关于农民进入集镇落户问题的通知》,90 年代中后期提出农业户籍人员有偿落户的限制条件。这些政策一方面逐步赋予了农民迁移城镇的权利,另一方面也为农业户籍和非农业户籍在城镇中的权益差别提供了制度依据。非农业户籍者拥有的福利、社会保障和公共设施使用权都是农业户籍者无法企及的,户籍身份导致农民利益往往得不到保障,形成一种人人都向往获得城市户籍的社会状态。

2002 年开始,全国大部分地区相继颁布了《城乡户籍管理制度改革意见》,改变“农业”和“非农业”的户口划分,2014 年发布的《关于进一步推进户籍制度改革的意见》提出打破城乡二元户籍制度,统一居民户口,消除户籍导致的利益不公。但从户籍制度政策推进来看,仍存在人口流动受制约、公共服务和福利分配难以保障公平等问题。[①]

随着农村经济的发展和我国惠农政策的实施,尤其是城镇化进程中土地收益的增加,农业户籍附着的利益日益突出。拥有农业户籍身份的农民享有村自留地使用权、宅基地使用权及村集体提供的福利保障等利益。农业户籍成为农民拥有集体土地使用权及其收益、拥有农村宅基地和集体住房以及分享集体资产收益和集体经营分红的重要依据,此外拥有农业户籍还可以分享村集体统一的养老保险、医疗购置等保障福利。

对城郊农民而言,户籍身份从农业到非农业的改变,一方面意味着可以公平地获得城市公共福利和社会服务,但另一方面也意味着与农业户籍相关联权益的损失或丢失,城郊农民将可能失去分享土地收益和集体经济收

---

① 参见陈学法、丁浩:《走出农民市民化的困境:户籍与土地管理制度创新》,《江苏社会科学》,2015 年第 3 期。

益的权益,失去来自村镇集体的福利保障,这也使城郊农民在面临户籍身份的转型与选择的过程中充满了焦虑。[①]

本书对城郊农民户籍身份转型的考察指标是户籍身份"农转非"的情况,包括户籍身份的现状和户籍转变状况。

二、户籍身份的统计描述和代际比较

城郊农民户籍身份的统计描述及其代际分布状况如表 5 - 10 所示:

表 5 - 10　户籍身份的统计描述及其代际分布

变量	取值	赋分	频次	频率	父代	子代	老一代	中生代	新生代
户籍身份	农业	0	278	69.5%	80.5%	58.5%	80.5%	76.6%	58.5%
	非农业	1	122	30.5%	19.5%	41.5%	19.5%	23.4%	41.5%
转变户籍	非转农	-1	2	0.5%	1.0%	0	2.3%	0	0
	没有转变	0	310	77.5%	83.0%	72.0%	80.5%	81.8%	72.7%
	农转非	1	88	22.0%	16.0%	28.0%	17.2%	18.2%	27.3%

统计结果显示,城郊农民(样本)户籍身份分布为:69.5% 为农业户籍,30.5% 为非农业户籍。户籍身份平均值为 0.31(标准差 = 0.461)。

户籍转变状况为:77.5% 没有转变户籍,22.0% 为农转非,0.5% 为非转农。户籍转变平均值为 0.22(标准差 = 0.423)。

通过配对样本 T 检验呈现户籍身份的家庭代际比较,结果如表 5 - 11 所示:

---

① 参见龚晓倩、于莉:《户籍改革背景下户籍身份与农民利益关系探究》,《中国市场》,2018 年第 8 期。

表5-11　家庭代际的户籍身份配对样本 T 检验

变量	代际	均值	均值差	t	sig
户籍身份	父代	0.20	-0.220	-6.187	0.000
	子代	0.42			
户籍转变	父代	0.15	-0.130	-3.331	0.001
	子代	0.28			

家庭代际比较结果显示,父代户籍身份众值为农业户籍(80.5%),子代众值也为农业户籍(58.5%)。父代户籍身份平均分(0.20分)低于子代(0.42分),家庭代际间差异显著。父代和子代户籍身份的相关系数为0.379(sig=0.000),呈现出较弱的显著正相关关系。

父代户籍转变状况众值为没有转变户籍(83.0%),子代众值也为没有转变户籍(72.0%)。父代户籍转变平均分(0.15分)低于子代(0.28分),家庭代际差异显著。

通过方差分析和多重比较呈现户籍身份的年代代际比较,结果如表5-12所示:

表5-12　年代代际户籍身份的多重比较

变量	代际	均值	均值差		t	sig
户籍身份	老一代	0.20	老一代:中生代	-0.038	-0.671	0.503
	中生代	0.23	老一代:新生代	-0.219	-3.869	0.000
	新生代	0.41	中生代:新生代	-0.181	-3.485	0.001
户籍转变	老一代	0.15	老一代:中生代	-0.033	-0.603	0.547
	中生代	0.18	老一代:新生代	-0.123	-2.198	0.029
	新生代	0.27	中生代:新生代	-0.090	-1.911	0.057

年代代际比较结果显示,老一代户籍身份众值为农业户籍(80.5%),中生代众值也为农业户籍(76.6%),新生代众值仍为农业户籍(58.5%)。户籍身份平均分从高到低为:新生代(0.41分)>中生代(0.23分)>老一代(0.20分),新生代显著高于老一代和中生代,老一代和中生代差异不显著。

老一代户籍转变状况众值为没有转变户籍(80.5%),中生代众值也为没有转变户籍(81.1%),新生代众值仍为没有转变户籍(72.7%)。户籍转变平均分从高到低为:新生代(0.27 分)>中生代(0.18 分)>老一代(0.15分),新生代显著高于老一代,中生代与老一代和新生代均不存在显著差异。

三、"农转非"原因

城郊农民"农转非"原因的统计描述及其代际分布状况如表 5 - 13 所示:

表 5 - 13   "农转非"原因的统计描述及其代际分布

原因	类别	赋分	频次	频率	父代	子代	老一代	中生代	新生代
征地	没选	0	64	72.7%	59.4%	80.4%	66.7%	60.0%	81.3%
	选择	1	24	27.3%	40.6%	19.6%	33.3%	40.0%	18.8%
上学	没选	0	38	43.2%	62.5%	32.1%	60.0%	64.0%	27.1%
	选择	1	50	56.8%	37.5%	67.9%	40.0%	36.0%	72.9%
工作	没选	0	78	88.6%	90.6%	87.5%	93.3%	80.0%	91.7%
	选择	1	10	11.4%	9.4%	12.5%	6.7%	20.0%	8.3%
购房	没选	0	85	96.6%	90.6%	100.0%	80.0%	100.0%	100.0%
	选择	1	3	3.4%	9.4%	0	20.0%	0	0

88 位"农转非"城郊农民转变户籍原因集中于:因为上学转户籍(56.8%),因为征地转户籍(27.3%),因为工作转户籍(11.4%)。

父代户籍"农转非"原因集中于征地(40.6%)、上学(37.5%),子代集中于上学(67.9%)、征地(19.6%)和工作(12.5%)。

老一代户籍"农转非"原因集中于上学(40.0%)、征地(33.3%)和购房(20.0%);中生代集中于征地(40.0%)、上学(36.0%)和工作(20.0%);新生代集中于上学(72.9%)和征地(18.8%)。

四、户籍身份的回归分析

以户籍身份为因变量(0 = 农业户籍,1 = 非农业户籍),以性别、政治面貌和户籍类型和居住区域为控制变量,自变量包括两组,第一组为资本变量,包括物质资本、人力资本、社会资本和文化资本四个变量,第二组为代际变量,分别为家庭代际和年代代际变量,建构多元逻辑回归模型(见表 5 – 14和表 5 – 15)。

以子代户籍身份为因变量,以性别、年龄、政治面貌和居住区域为控制变量,自变量包括两组,第一组为资本变量,包括物质资本、人力资本、社会资本和文化资本四个变量,第二组为父代户籍身份变量,建构多元逻辑回归模型(见表 5 – 16)。

表 5 – 14　户籍身份的家庭代际回归模型

模型 1	B	S. E.	Exp(B)
性别	0.034	0.271	1.034
政治面貌	0.258	0.337	1.294
居住区域	− 0.852 ***	0.261	0.427
物质资本	− 0.284 ***	0.085	0.753
人力资本	0.803 ***	0.116	2.232
社会资本	− 0.054	0.096	0.948
文化资本	0.029	0.073	1.029
家庭代际	− 0.421	0.361	0.656
常量	− 1.379 **	0.490	0.252
− 2 Log likelihood = 367.903　　Cox & Snell R Square = 0.267 Naelikerke R Square = 0.377			

注:$^*p < 0.05$,$^{**}p < 0.01$,$^{***}p < 0.001$,N = 400。

户籍身份的家庭代际回归分析结果表明,控制变量中居住区域对户籍身份具有显著影响,在控制其他变量的情况下,从中心市区到近郊区再到远郊区,户籍身份为非农业户籍的可能性逐级增加 1.342 倍;资本变量中物质资本和人力资本具有显著影响,在控制其他变量的情况下,物质资本降低 1分,户籍身份为非农业户籍的可能性增加 32.8%;人力资本提高 1 分,户籍身份为非农业户籍的可能性增加 1.232 倍。而年代代际变量对户籍身份不具有显著影响。

表 5-15　户籍身份的年代代际回归模型

模型 2	B	S. E.	Exp(B)
性别	0.009	0.274	1.009
政治面貌	0.268	0.334	1.307
居住区域	-0.816***	0.256	0.442
物质资本	-0.270***	0.082	0.763
人力资本	0.797***	0.114	2.219
社会资本	-0.047	0.097	0.954
文化资本	0.023	0.071	1.023
年代代际	-0.258	0.227	0.773
常量	-1.323**	0.499	0.266
-2 Log likelihood = 367.984　Cox & Snell R Square = 0.267			
Naelikerke R Square = 0.377			

注: $*p < 0.05$, $**p < 0.01$, $***p < 0.001$, N = 400。

户籍身份的年代代际回归分析结果表明,控制变量中居住区域对户籍身份具有显著影响,在控制其他变量的情况下,从中心市区到近郊区再到远郊区,户籍身份为非农业户籍的可能性逐级增加 1.262 倍;资本变量中物质资本和人力资本具有显著影响,在控制其他变量的情况下,物质资本降低 1分,户籍身份为非农业户籍的可能性增加 31.1%;人力资本提高 1 分,户籍身份为非农业户籍的可能性增加 1.219 倍。而年代代际变量对户籍身份不具有显著影响。

表5-16 子代户籍身份的家庭代际回归模型

模型3	B	S.E.	Exp(B)
性别	-0.430	0.411	0.651
年龄	0.006	0.033	1.006
政治面貌	1.093*	0.510	2.983
居住区域	-0.853*	0.377	0.426
物质资本	-0.617***	0.156	0.540
人力资本	0.919***	0.187	2.506
社会资本	0.077	0.135	1.081
文化资本	-0.130	0.111	0.878
父代户籍身份	3.223***	0.638	25.109
常量	-1.502	1.364	0.223
-2 Log likelihood = 178.810 Cox & Snell R Square = 0.371			
Naelikerke R Square = 0.499			

注: $*p<0.05$, $**p<0.01$, $***p<0.001$, N=200。

子代户籍身份回归分析结果表明,控制变量中政治面貌和居住区域对户籍身份具有显著影响,在控制其他变量的情况下,党员为非农业户籍的可能性是非党员的2.983倍;从中心市区到近郊区再到远郊区,户籍身份为非农业户籍的可能性逐级增加1.347倍;资本变量中物质资本和人力资本具有显著影响,在控制其他变量的情况下,物质资本降低1分,户籍身份为非农业户籍的可能性增加85.2%;人力资本提高1分,户籍身份为非农业户籍的可能性增加1.506倍。此外,父代户籍身份也具有显著影响,父代为非农业户籍其子代也为非农业户籍的可能性是父代为农业户籍其子代是非农业户籍的25.109倍。

五、小结

城郊农民社会身份从农民到市民的转型,主要体现在户籍身份从农业户籍到非农业户籍的转变。调查样本中七成为农业户籍,三成为非农业户籍,仅有两成城郊农民失地后经历了农业户籍到非农业户籍的转变,可见大部分失地农民还没有完成从农业到非农业的户籍身份的转变。从"农转非"的原因看,半数以上是因为上学,近三成是因为征地,一成是因为工作。

从家庭代际看,非农业户籍比率和农转非比率均为子代高于父代,且代际间存在显著差异,但无论是父代还是子代,均为农业户籍者占多数。父代与子代户籍身份显著的弱正相关关系,呈现出户籍身份的代际传递性特征。

父代"农转非"的原因主要是征地和上学,子代主要是上学、征地和工作,父代因征地"农转非"的比率显著高于子代,子代因上学"农转非"的比率显著高于父代。

从年代代际看,非农业户籍比率和农转非比率均为新生代最高,老一代最低,新生代非农业户籍比率显著高于老一代和中生代,新生代农转非比率显著高于老一代。

对于"农转非"的原因,老一代主要是上学、征地和购房;中生代主要是征地、上学和工作;新生代主要是上学和征地。其中新生代因为上学而"农转非"的比率显著高于中生代和老一代,其他原因并没有显著代际差异。

户籍身份农转非是社会身份市民化的外在标志,从户籍身份的影响因素看,越远离市区,户籍身份为非农业户籍的可能性越高;物质资本越少,户籍身份为非农业户籍的可能性越高;人力资本越高,户籍身份为非农业户籍的可能性越高。子代模型中除了居住区域、物质资本和人力资本具有相同影响外,还呈现出党员是非农业户籍的可能性更高;父代户籍身份是非农业户籍,子代为非农户籍的可能性越高的特点。

第三节　城郊农民的市民待遇获得

一、市民待遇获得及其测量

城郊农民市民待遇获得的一个重要标志就是是否获得与城市市民同样的社会保障。土地对农民而言具有重要的生产生活保障功能，是农民就业、生活和养老保障的依托。[①]　农民由于征地而失去土地的同时也失去了土地的保障，因此在失地过程中，农民失去的并不仅仅是土地的经济收益，还失去了获得就业与保障的权益。由于仅仅关注土地与农民的经济利益关联，许多地方的征地政策只强调货币补偿与住房安置，并没有充分考虑到失地农民的保障问题，因此城郊农民失地后对获得社会保障以替代土地保障的需求极为迫切，这不仅关系城郊农民的长远生计与发展，也是城郊农民应获得的基本生存权益。[②]

一直以来我国城乡实行二元社会保障制度，城市社会保障包括养老、医疗、工伤、失业、生育和最低生活保障等内容，能够为城市居民提供较为全面的保障；农村社会保障大多为集体性质，只涉及养老、医疗、救助等基本保障和困难保障，保障覆盖面窄，保障水平低。

农村社会福利保障的不健全造成农民与市民在社会福利保障方面的不

---

① 参见聂鑫、汪晗、张安录：《基于公平思想的失地农民福利补偿——以江汉平原4城市为例》，《中国土地科学》，2010年第6期。

② 参见甘晓成、孙慧：《失地农民社会保障问题的分析——综述与思考》，《农业经济》，2015年第2期。

平等待遇,也强化了农民与市民的社会身份差异性。[①] 社会保障制度的二元性导致农业转移人口进入城市后无法获得城市社会保障权益,成为被排斥的边缘人。

城郊农民在实现非农就业之前,应该获得失业保险,并获得城镇居民最低保障,实现非农就业后,应按照法律规定缴纳社会保障金,享受城镇社会保障。社会保障对城郊农民规避失地进城后可能面临的生存风险具有重要意义,同时,纳入城市社会保障体系也是城郊农民获得市民权益和待遇的基本依据,是评价城郊农民是否真正获得市民身份的一项重要的制度指标。

基于上述分析,我们将城郊农民社会保障状况作为其市民待遇获得的测量指标,考察了城郊农民拥有养老保险、医疗保险、失业保险、工伤保险和生育保险的状况,以及所拥有的社会保障的来源。

二、社会保障状况及其代际分析

城郊农民社会保障的统计描述及其代际分布状况如表5-17所示:

表5-17 社会保障状况的统计描述及其代际分布

变量	取值	赋值	频次	频率	均值（标准差）	父代	子代	老一代	中生代	新生代
养老保险	没选	0	138	34.5%	0.66 (0.476)	26.5%	42.5%	27.6%	27.7%	43.2%
	选择	1	262	65.5%		73.5%	57.5%	72.4%	72.3%	56.8%
医疗保险	没选	0	79	19.8%	0.80 (0.399)	25.5%	14.0%	26.4%	20.4%	15.9%
	选择	1	321	80.3%		74.5%	86.0%	73.6%	79.6%	84.1%
失业保险	没选	0	323	80.8%	0.19 (0.395)	90.5%	71.0%	95.4%	82.5%	72.2%
	选择	1	77	19.3%		9.5%	29.0%	4.6%	17.5%	27.8%

---

① 参见陈治:《论我国农村社会福利保障体系之构建:观念、原则与框架》,《农村经济》,2012年第11期。

变量	取值	赋值	频次	频率	均值 （标准差）	父代	子代	老一代	中生代	新生代
工伤 保险	没选	0	315	78.8%	0.21	87.0%	70.5%	90.8%	83.2%	69.3%
	选择	1	85	21.3%	（0.410）	13.0%	29.5%	9.2%	16.8%	30.7%
生育 保险	没选	0	326	81.5%	0.19	88.5%	74.5%	95.4%	82.5%	73.9%
	选择	1	74	18.5%	（0.389）	11.5%	25.5%	4.6%	17.5%	26.1%

统计结果显示，城郊农民样本拥有社会保险的情况为：80.3% 拥有医疗保险，65.5% 拥有养老保险，21.3% 拥有工伤保险，19.3% 拥有失业保险，18.5% 拥有生育保险。

以拥有社会保险的数量作为城郊农民样本社会保障状况的综合得分，统计结果显示，城郊农民社会保障得分最低为 0 分，最高为 5 分，社会保障平均为 2.05 分，标准差为 1.532 分。

通过配对样本 T 检验呈现社会保障的家庭代际比较，结果如表 5 - 18 所示：

表 5 - 18　家庭代际社会保障的配对样本 T 检验

变量	代际	均值	均值差	t	sig
养老保险	父代	0.74	0.161	3.904	0.000
	子代	0.58			
医疗保险	父代	0.75	- 0.115	- 3.171	0.002
	子代	0.86			
失业保险	父代	0.10	- 0.196	- 4.887	0.000
	子代	0.29			
工伤保险	父代	0.13	- 0.166	- 4.266	0.000
	子代	0.30			
生育保险	父代	0.12	- 0.141	- 3.665	0.000
	子代	0.26			
社会保障	父代	1.82	- 0.455	- 3.133	0.002
	子代	2.28			

　　家庭代际比较显示,父代养老保险拥有率为73.5%,子代为57.5%;父代养老保险平均分(0.74分)高于子代(0.58分),家庭代际间差异显著。医疗保险拥有率父代为74.5%,子代为86.0%;父代医疗保险平均分(0.75分)低于子代(0.86分),家庭代际间差异显著。父代失业保险拥有率为9.5%,子代为29.0%;父代失业保险平均分(0.10分)低于子代(0.29分),家庭代际间差异显著。父代工伤保险拥有率为13.0%,子代为29.5%;父代工伤保险平均分(0.13分)低于子代(0.30分),家庭代际间差异显著。生育保险拥有率父代为11.5%,子代为25.5%;父代生育保险平均分(0.12分)低于子代(0.26分),家庭代际间差异显著。

　　综合来看,父代社会保障平均分(1.82分)低于子代(2.28分),家庭代际间差异显著。父代和子代社会保障得分的相关系数为0.087(sig = 0.219),代际间不具有显著相关性。

　　通过方差分析和多重比较呈现社会保障的年代代际比较,结果如表5-19所示:

表5-19　年代代际社会保障的多重比较

变量	代际	均值	均值差		t	sig
养老保险	老一代	0.72	老一代:中生代	0.002	0.025	0.980
	中生代	0.72	老一代:新生代	0.156	2.555	0.011
	新生代	0.57	中生代:新生代	0.154	2.880	0.004
医疗保险	老一代	0.74	老一代:中生代	-0.060	-1.020	0.309
	中生代	0.80	老一代:新生代	-0.105	-1.914	0.058
	新生代	0.84	中生代:新生代	-0.045	-1.023	0.307
失业保险	老一代	0.05	老一代:中生代	-0.129	-3.258	0.001
	中生代	0.18	老一代:新生代	-0.232	-5.708	0.000
	新生代	0.28	中生代:新生代	-0.103	-2.196	0.029
工伤保险	老一代	0.09	老一代:中生代	-0.076	-1.699	0.091
	中生代	0.17	老一代:新生代	-0.215	-4.595	0.000
	新生代	0.31	中生代:新生代	-0.139	-2.934	0.004

续表

变量	代际	均值	均值差		t	sig
生育保险	老一代	0.05	老一代:中生代	−0.129	−3.258	0.001
	中生代	0.18	老一代:新生代	−0.215	−5.363	0.000
	新生代	0.26	中生代:新生代	−0.086	−1.852	0.065
社会保障	老一代	1.64	老一代:中生代	−0.393	−2.235	0.026
	中生代	2.04	老一代:新生代	−0.612	−3.393	0.001
	新生代	2.26	中生代:新生代	−0.219	−1.235	0.218

年代代际比较显示,老一代养老保险拥有率为72.4%,中生代为72.3%,新生代为56.8%;拥有养老保险平均分从高到低为:老一代(0.72分) > 中生代(0.72分) > 新生代(0.57分),老一代和中生代均显著高于新生代,老一代与中生代差异不显著。老一代医疗保险拥有率为73.6%,中生代为79.6%,新生代为84.1%;拥有医疗保险平均分从高到低为:新生代(0.84分) > 中生代(0.80分) > 老一代(0.74分),代际差异不显著。老一代失业保险拥有率为4.6%,中生代为17.5%,新生代为27.8%;拥有失业保险平均分从高到低为:新生代(0.28分) > 中生代(0.18分) > 老一代(0.05分),代际间均存在显著差异。老一代工伤保险拥有率为9.2%,中生代为16.8%,新生代为30.7%;拥有工伤保险平均分从高到低为:新生代(0.31分) > 中生代(0.17分) > 老一代(0.09分),新生代显著高于老一代和中生代,老一代和中生代差异不显著。老一代生育保险拥有率为4.6%,中生代为17.5%,新生代为26.1%;拥有生育保险平均分从高到低为:新生代(0.26分) > 中生代(0.18分) > 老一代(0.05分),中生代和新生代显著高于老一代,中生代和新生代差异不显著。

综合来看,社会保障平均分从高到低为:新生代(2.26分) > 中生代(2.04分) > 老一代(1.64分),新生代显著高于老一代和中生代,中生代与新生代差异不显著。

三、社会保障获取方式及其代际分析

城郊农民社会保障获取方式的统计描述及其代际分布状况如表 5 – 20 所示：

表 5 – 20   社会保险获取方式的统计描述及其代际分布

养老保险	频次	频率	父代	子代	老一代	中生代	新生代
村镇集体	81	30.9%	40.1%	19.1%	25.4%	45.5%	20.0%
单位	106	40.5%	22.4%	63.5%	20.6%	28.3%	65.0%
个人街道	23	8.8%	12.9%	3.5%	23.8%	4.0%	4.0%
个人商业	64	24.4%	36.1%	9.6%	42.9%	31.3%	6.0%
医疗保险	频次	频率	父代	子代	老一代	中生代	新生代
村镇集体	99	30.8%	42.3%	20.9%	26.6%	46.8%	20.9%
单位	118	36.8%	27.5%	44.8%	28.1%	30.3%	45.3%
个人街道	37	11.5%	17.4%	6.4%	29.7%	9.2%	5.4%
个人商业	84	26.2%	24.2%	27.9%	28.1%	25.7%	25.7%

拥有养老保险的样本中，养老保险获取方式为：40.5% 为在单位上养老保险，30.9% 为村镇集体购置养老保险，24.4% 为个人购买商业保险，8.8% 为个人在街道上养老保险；拥有医疗保险的样本中，医疗保险获取方式为：36.8% 为在单位上医疗保险，30.8% 为村镇集体购置医疗保险，26.2% 为个人购买商业保险，11.5% 为个人在街道上医疗保险。

家庭代际比较显示，村镇集体购买养老保险父代为 40.1%，子代为 19.1%；单位上养老保险父代为 22.4%，子代为 63.5%；个人在街道上养老保险父代为 12.9%，子代为 3.5%；个人购买商业保险父代为 36.1%，子代为 9.6%。

村镇集体购买的医疗保险，父代为 42.3%，子代为 20.9%；单位购买医

疗保险父代为（27.5%），子代为44.8%；个人在街道上医疗保险父代为17.4%，子代为6.4%；个人购买商业保险父代为24.2%，子代为27.9%。

年代代际比较显示，村镇集体购买养老保险老一代为25.4%，中生代为45.5%，新生代为20.0%；单位上养老保险老一代为20.6%，中生代为28.3%，新生代为65.0%；个人在街道上养老保险老一代为23.8%，中生代为4.0%，新生代为4.0%；个人购买商业养老保险老一代为42.9%，中生代为31.3%，新生代为6.0%。

村镇集体购买医疗保险老一代为26.6%，中生代为46.8%，新生代为20.9%；单位上医疗保险老一代为28.1%，中生代为30.3%，新生代为45.3%；个人在街道上医疗保险老一代为29.7%，中生代为9.2%，新生代为5.4%；个人购买商业医疗保险老一代为28.1%，中生代为25.7%，新生代为25.7%。

四、社会保障的代际回归分析

以社会保障得分为因变量；以性别、政治面貌、户籍类型和居住区域为控制变量；自变量包括两组，第一组为资本变量，包括物质资本、人力资本、社会资本和文化资本，第二组为代际变量，分别为家庭代际和年代代际变量，建构多元回归模型1-2。

选取子代的200个样本，建构子代社会保障的多元回归模型。模型以子代社会保障为因变量；以性别、年龄、政治面貌、户籍类型和居住区域为控制变量，自变量包括两组：第一组为资本变量，包括物质资本、人力资本、社会资本和文化资本四个变量，第二组为父代社会保障变量，建构多元回归模型3（见表5-21）。

表5-21 社会保障的回归模型

	社会保障回归模型		子代回归模型
	模型1	模型2	模型3
常量	1.349 *** (0.270)	1.278 *** (0.276)	常量	-1.163 (0.739)
性别	0.383 ** (0.148)	0.410 ** (0.149)	性别	0.079 (0.220)
政治面貌	0.640 ** (0.201)	0.678 *** (0.200)	年龄	0.082 *** (0.018)
户籍类型	0.449 * (0.180)	0.458 * (0.180)	政治面貌	0.337 (0.297)
居住区域	-0.175 (0.145)	-0.179 (0.144)	户籍类型	0.836 *** (0.244)
物质资本	-0.031 (0.042)	-0.031 (0.041)	居住区域	-0.425 (0.210)
人力资本	0.168 ** (0.062)	0.148 * (0.062)	物质资本	0.029 (0.061)
社会资本	0.071 (0.054)	0.062 (0.055)	人力资本	0.316 *** (0.092)
文化资本	-0.052 (0.042)	-0.059 (0.041)	社会资本	0.029 (0.069)
家庭代际	0.097 (0.193)		文化资本	-0.128 (0.057)
年代代际		0.154 (0.122)	父代社会保障	0.166 (0.090)
R方	0.173	0.176	R方	0.316
	N =400		N =200	

注: * $p < 0.05$, ** $p < 0.01$, *** $p < 0.001$

模型1可以解释社会保障17.3%的变异。在控制变量中,性别、政治面貌和户籍类型呈现出显著影响,在控制其他变量的情况下,男性社会保障比女性高0.383分;党员比非党员高0.640分;非农业户籍比农业户籍高0.449分。资本变量中人力资本呈现出显著影响,在控制其他变量的情况下,人力资本每提高1分,社会保障提高0.168分。而家庭代际变量并未产生显著影响。具有显著影响变量的标准回归系数绝对值从小到大依次为:性别

(0.125)＜户籍类型(0.135)＜政治面貌(0.169)＜人力资本(0.201)，其中人力资本的影响最大。

　　模型2可以解释社会保障17.6%的变异。在控制变量中，性别、政治面貌和户籍类型呈现出显著影响，在控制其他变量的情况下，男性社会保障比女性高0.410分；党员比非党员高0.678分；非农业户籍比农业户籍高0.458分。资本变量中人力资本呈现出显著影响，在控制其他变量的情况下，人力资本每提高1分，社会保障提高0.148分。而年代代际变量并未产生显著影响。具有显著影响变量的标准回归系数绝对值从小到大依次为：性别(0.134)＜户籍类型(0.138)＜人力资本(0.177)＜政治面貌(0.179)，其中政治面貌的影响最大。

　　模型3(子代模型)可以解释子代社会保障31.6%的变异。在控制变量中，年龄和户籍类型呈现出显著影响，在控制其他变量的情况下，年龄每提高1岁，社会保障提高0.082分；非农业户籍比农业户籍高0.836分。在资本变量中，人力资本具有显著影响，在控制其他变量的情况下，人力资本每提高1分，社会保障提高0.316分。而父代社会保障并未产生显著影响。具有显著影响变量的标准回归系数绝对值从小到大依次为：户籍类型(0.237)＜人力资本(0.254)＜年龄(0.320)，其中年龄的影响最大。

五、小结

　　从城郊农民的社会保障状况看，多数城郊农民拥有医疗保险(80.3%)和养老保险(65.5%)，而工伤保险(21.3%)、失业保险(19.3%)和生育保险(18.5%)的拥有率较低。综合来看，城郊农民社会保障拥有率得分处于较低水平。

　　从养老保险和医疗保险的获取方式上看，大约四成是在单位上保险

（40.5%、36.8%），三成是村镇集体购置保险，两成多是个人购买保险。

从家庭代际看，父代养老保险拥有率高于子代，子代医疗保险、工伤保险、生育保险和失业保险拥有率高于父代，代际间的差异均显著。综合来看，子代社会保障状况显著高于父代，父代和子代社会保障状况不具有显著相关性，说明城郊农民社会保障状况不具有代际传递性。

从养老保险和医疗保险的获取方式上看，父代由村镇集体购买养老保险和医疗保险比率高于子代；父代个人购买商业养老保险比率高于子代，父代个人购买商业医疗保险比率低于子代；父代在单位上养老保险和医疗保险比率低于子代；父代在街道上养老保险和医疗保险比率高于子代。除了个人购买商业医疗保险不具有显著代际差异外，其余都存在显著的代际差异。可见，村镇集体购置保险是父代获得社会保障的最主要途径；子代则主要通过在单位上保险的方式获取社会保障。

从年代代际上看，老一代养老保险拥有率最高，新生代最低，新生代显著低于老一代和中生代；医疗保险、工伤保险、失业保险和生育保险的拥有率均为新生代最高，老一代最低，医疗保险不存在显著差异，失业保险和生育保险都是老一代显著低于中生代和新生代；工伤保险是老一代和中生代显著低于新生代。综合来看，新生代社会保障水平最高，老一代最低，老一代显著低于中生代和新生代。

从养老保险和医疗保险的获取方式上看，老一代个人购买商业养老保险和医疗保险比率最高，新生代最低，其中养老保险新生代分别与老一代和中生代存在显著差异，医疗保险代际间不存在显著差异；老一代个人在街道上养老保险和医疗保险比率最高，新生代最低，老一代显著高于中生代和新生代；中生代在村镇购买养老保险和医疗保险比率最高，新生代最低，中生代显著高于老一代和新生代；新生代在单位上的比率最高，老一代最低，新生代显著高于老一代和中生代。可见，老一代获得社会保障的最主要方式是购买商业保险和个人在街道上保险,中生代最主要方式是村镇购买保险,新生代最主要方式是在单位上保险。

　　拥有全面的社会保障是获得市民权益的体现,城郊农民社会保障总体水平较低,只有养老保险和医疗保险拥有率超过半数,其他保险拥有率不到两成,老一代群体社会保障水平最低。从社会保障的影响因素看,男性的社会保障水平高于女性;党员高于非党员;人力资本越高,社会保障水平越高。在子代模型中,人力资本具有相同影响,此外还呈现出年龄越大,社会保障水平越高和非农业户籍者的社会保障水平高于农业户籍者的特点。

第六章　城郊农民的身份认同

城郊农民市民化转型的完成以获得市民身份并形成市民身份认同为标志,本章将从城郊农民市民化的满意度、市民化意愿和市民化认同三个维度考察城郊农民对城镇化变迁和市民身份转型的接纳和认可程度。

第一节　城郊农民的市民化满意度

一、市民化满意度及其测量

市民化满意度主要考察两个层面:一是市民化安置满意度,二是市民化生活满意度。

(一)市民化安置满意度

城郊农民市民化源自政府的征地拆迁。土地征收是国家出于社会公共利益需求的考虑,依照法律规定的程序和权限的批准,并依法给予农村集体经济组织和农民土地补偿后,将集体土地变为国有土地的行为。① 在我国城镇化迅速发展的过程中,围绕征地,涌现出许多突出的问题,表现为征地程序不规范,使用不合理,滥用土地征用权;征地补偿水平低,补偿标准不规范;征地过程不透明,失地农民缺乏知情权和参与权;土地增值归属不清楚,失地农民利益受损;失地农民安置问题解决不彻底,就业安置和保障机制不健全等。②

　　我国农民传统的居住方式是以村为单位的集中居住,农户拥有的土地分布在居住区周围,因此在农村土地转变为建设用地的过程中,农民村落社区也必然包括在其中,从而产生了农民居住村落的拆迁问题。虽然拆迁改善了农民的居住环境和居住条件,但这也意味着农民要永远地告别村落生活。

　　有研究者认为征地拆迁给农民带来巨大的利益损失,失去土地意味着失去了依靠土地的谋生方式以及使用土地所获取的收益,失去了土地上的建筑物、构筑物和青苗,失去了土地集体经营、规模经营的经济发展形式,也失去了土地巨大的潜在收益。与此同时,征地拆迁还带给农民巨大的心理压力,失去了土地意味着农民失去了生存的保障,失地农民对未来生存的忧虑伴随而生;失去土地意味着失地农民需要寻找新的谋生方式,面对新的技能要求、新的就业压力和新的工作环境,失地农民更多时候感受到的是焦虑和无奈;失去土地意味着农民告别了原有的村落生活方式,承受着失去原有人际关系网络的失落感;此外,土地被征用后,农用土地成为交通、工业和建设用地,乡村自然景观被破坏,废水、废物、废气和噪声污染的加重,使农民

---

　　① 参见刘胜华:《我国土地生态安全问题及其立法》,《国土资源科技管理》,2004 年第 2 期。
　　② 参见王慧博:《城镇化进程中失地农民市民化调查状况比较分析》,《宁夏社会科学》,2010年第 4 期。

生存环境遭受威胁,曾经的田园生活被水泥建筑和受到污染的环境替代,失地农民的乡土情怀和田园美感被破坏。①

对于农民而言,土地是生活的保障,村落是祖脉的根基,征地意味着重寻谋生的手段,拆迁意味着重建网络秩序。对于世代相传的村落生产生活和社会文化而言,征地和拆迁可能带来的是村落社会生活的根本性变迁,不仅关系城郊农民当前的生存利益,也关系他们未来的发展前景。因此,征地拆迁成为城郊地区最敏感的社会问题,必须关注城郊农民是以怎样的心态面对村落的终结,以怎样的态度评价征地和拆迁,帮助城郊农民应对村落社区变迁带来的生存状态的转型。

本章对市民化安置满意度的考察主要关注城郊农民对征地补偿款、拆迁补偿款、补偿款及时发放、征地补助、拆迁补助、安置住房面积、安置小区环境、社会保障安置和就业安置的满意度。

(二)市民化生活满意度

基于对失地农民权益维护的关注,很多研究者探讨了征地拆迁给失地农民带来的权益损失,但这并不能否认,征地和拆迁也同时带给失地农民实际的和潜在的收益。

首先,对失地农民而言,征地带来的现实的和潜在的益处表现为以下三个方面:

第一,虽然征地使农民失去了土地,但失去土地意味着身份的转变,失地农民从此告别农民身份,转而从事非农职业。也许第一代失地农民还不能适应新的生产生活方式,但他们的后代将会以市民身份成长,学习新的技

---

① 参见云梅、骆云中:《失地农民补偿中情感资本补偿的缺失》,《中国农学通报》,2010 年第 2 期。

能,适应新的竞争,从而成为具有现代性的城市市民。与此同时,职业的转变可能给失地农民带来更高的收入,更好的教育,更丰富的生活,更多向上流动的机会。

第二,征地意味着土地使用方式的转变,从农业用地到工业和建设用地的转变,意味着地方经济的转型和巨大的经济发展空间。这种由农业向工业、制造业、商业和服务业的转型,必将带动区域的发展,也将带来更多工作岗位和更大的创业空间。失地农民就生存在这个空间中,他们将可能成为地区经济发展的受益者,同时村镇集体资产和集体经济也将在这个空间中获得发展机遇,集体资产的增值和收益将使失地农民共享现代经济发展的成果。

第三,征地意味着城市要素的侵入和城镇化的深入发展,在带动当地经济转型和经济发展的同时,吸引更多外来人口入驻,这必然为当地的房地产经济和出租经济带来发展机遇,而拥有土地收益和可租用住房的村民将成为直接的受益者。集体土地的房地产和物业经营带来巨额的红利,房屋出租带来可观的收入,使失地农民前所未有地向食租者和食利者变身。此外,征地补偿和土地收益也使失地农民获得较为充足的资本,为其创业和发展提供可能。

其次,对失地农民而言,拆迁带来的现实的和潜在的益处表现为:

第一,村落拆迁使农民在告别祖祖辈辈居住的庭院家园的同时,也告别了低矮昏暗的陋屋,告别了狭窄泥泞的小路,告别了设施不完备、生活不便利和垃圾遍地的居住环境。搬入现代小区后,村民的居住条件、居住环境和生活设施都有了明显的改善。

第二,城镇社区环境使失地农民拥有了城镇化的社会生活和文化氛围;便利的交通设施缩短了与中心城区的通行时间,也使失地农民与中心城区有了更多的往来;中心城区的物质、文化要素以更快的速度向周边辐射和扩散,失地农民将逐渐适应城镇化的居住方式和生活方式,逐渐转变原有的习惯和观念,这将有利于失地农民更快地完成从农民到市民的转型,更好地适应和融入新的生活环境。

第三,拆迁改建后,城郊地区拥有了现代城镇化的居住环境和物业管理,加上其毗邻城市中心区域的地理优势,可以吸引更多的城市居民到本地购房居住,带动了房地产经济和商业、服务业的发展,繁荣了本地经济、社会和文化。此外,随着城乡接合部工业园区和开发区建设的推进,城镇化居住区的建设会吸引更多外来打工人口的租住,从而带动村镇租房市场和村集体物业经营的发展,增加村民收入,提高生活质量。

本章对市民化生活满意度,即对城郊农民是否感知和认同征地拆迁所带来的收益进行测量,测量指标包括家庭收入、家庭消费、家庭负担、居住面积、周边交通、居住环境、物业服务、生活保障、村民福利、生活丰富、生活水平和幸福感共 12 个指标。

二、市民化安置满意度的统计描述和代际分析

城郊农民市民化安置满意度的统计描述及其代际分布状况如表 6 - 1 所示:

表 6 - 1　市民化安置满意度的统计描述及其代际分布

变量	取值	赋分	频次	频率	父代	子代	老一代	中生代	新生代
征地补偿款	很不满意	0	75	18.8%	23.5%	14.0%	25.3%	21.2%	13.6%
	不太满意	1	76	19.0%	21.5%	16.5%	14.9%	24.1%	17.0%
	不好说	2	189	47.3%	37.5%	57.0%	52.9%	30.7%	57.4%
	比较满意	3	54	13.5%	15.5%	11.5%	6.9%	21.2%	10.8%
	非常满意	4	6	1.5%	2.0%	1.0%	0	2.9%	1.1%

续表

变量	取值	赋分	频次	频率	父代	子代	老一代	中生代	新生代
拆迁补偿款	很不满意	0	66	16.5%	18.0%	15.0%	13.8%	19.0%	15.9%
	不太满意	1	68	17.0%	23.0%	11.0%	17.2%	23.4%	11.9%
	不好说	2	175	43.8%	37.5%	50.0%	50.6%	35.0%	47.2%
	比较满意	3	75	18.8%	18.0%	19.5%	12.6%	21.2%	19.9%
	非常满意	4	16	4.0%	3.5%	4.5%	5.7%	1.5%	5.1%
补偿款及时发放	很不满意	0	54	13.5%	14.0%	13.0%	18.4%	13.1%	11.4%
	不太满意	1	51	12.8%	14.5%	11.0%	9.2%	16.8%	11.4%
	不好说	2	200	50.0%	43.0%	57.0%	58.6%	35.8%	56.8%
	比较满意	3	80	20.0%	22.0%	18.0%	13.8%	24.8%	19.3%
	非常满意	4	15	3.8%	6.5%	1.0%	0	9.5%	1.1%
征地补助	很不满意	0	61	15.3%	18.5%	12.0%	26.4%	13.1%	11.4%
	不太满意	1	68	17.0%	17.5%	16.5%	13.8%	18.2%	17.6%
	不好说	2	201	50.3%	43.5%	57.0%	52.9%	41.6%	55.7%
	比较满意	3	64	16.0%	18.5%	13.5%	6.9%	24.1%	14.2%
	非常满意	4	6	1.5%	2.0%	1.0%	0	2.9%	1.1%
拆迁补助	很不满意	0	40	10.0%	10.0%	10.0%	13.8%	8.8%	13.8%
	不太满意	1	45	11.3%	11.0%	11.5%	12.6%	8.0%	12.6%
	不好说	2	178	44.5%	39.5%	49.5%	50.6%	38.0%	50.6%
	比较满意	3	126	31.5%	37.0%	26.0%	19.5%	43.8%	19.5%
	非常满意	4	11	2.8%	2.5%	3.0%	3.4%	1.5%	3.4%
安置住房面积	很不满意	0	61	15.3%	17.5%	13.0%	12.6%	17.5%	14.8%
	不太满意	1	44	11.0%	10.5%	11.5%	6.9%	11.7%	12.5%
	不好说	2	173	43.3%	39.0%	47.5%	56.3%	36.5%	42.0%
	比较满意	3	112	28.0%	30.5%	25.5%	20.7%	32.8%	27.8%
	非常满意	4	10	2.5%	2.5%	2.5%	3.4%	1.5%	2.8%
安置小区环境	很不满意	0	46	11.5%	7.5%	15.5%	10.3%	4.4%	17.6%
	不太满意	1	32	8.0%	8.5%	7.5%	5.7%	10.2%	7.4%
	不好说	2	163	40.8%	38.0%	43.5%	54.0%	35.0%	38.6%
	比较满意	3	142	35.5%	42.0%	29.0%	26.4%	46.7%	31.3%
	非常满意	4	17	4.3%	4.0%	4.5%	3.4%	3.6%	5.1%
社会保障安置	很不满意	0	68	17.0%	18.5%	15.5%	25.3%	15.3%	14.2%
	不太满意	1	70	17.5%	20.0%	15.0%	20.7%	16.8%	16.5%
	不好说	2	194	48.5%	41.0%	56.0%	51.7%	38.0%	55.1%
	比较满意	3	62	15.5%	18.5%	12.5%	2.3%	27.0%	13.1%
	非常满意	4	6	1.5%	2.0%	1.0%	0	2.9%	1.1%

续表

变量	取值	赋分	频次	频率	父代	子代	老一代	中生代	新生代
就业安置	很不满意	0	87	21.8%	26.5%	17.0%	26.4%	26.3%	15.9%
	不太满意	1	86	21.5%	23.0%	20.0%	18.4%	23.4%	21.6%
	不好说	2	182	45.5%	38.0%	53.0%	54.0%	32.1%	51.7%
	比较满意	3	39	9.8%	10.5%	9.0%	1.1%	15.3%	9.7%
	非常满意	4	6	1.5%	2.0%	1.0%	0	2.9%	1.1%

(一)市民化安置满意度的基本状况

统计结果显示,城郊农民(样本)对征地补偿款满意率为15.0%;对拆迁补偿款满意率为22.8%;对补偿款及时发放满意率为23.8%;对征地补助满意率为17.5%;对拆迁补助满意率为34.3%;对安置住房面积满意率为30.5%;对安置小区环境满意率为39.8%;对社会保障安置满意率为17.0%;对就业安置满意率为11.3%。

市民化安置满意度平均分从高到低为:安置小区环境满意度平均为2.13分(标准差=1.025分),拆迁补助满意度平均为2.06分(标准差=0.968分),安置住房面积满意度平均为1.92分(标准差=1.047分),补偿款及时发放满意度平均为1.88分(标准差=1.003分),拆迁补偿款满意度平均为1.77分(标准差=1.061分),社会保障安置满意度平均为1.67分(标准差=0.982分),征地补助满意度平均为1.72分(标准差=0.960分),征地补偿款满意度平均为1.60分(标准差=0.989分),就业安置满意度平均为1.48分(标准差=0.986分)。

将市民化安置满意度的九个指标划分为四个维度:维度一为货币安置满意度,包括征地补偿款满意度、拆迁补偿款满意度、补偿款及时发放满意度、征地补助满意度和拆迁补助满意度五个指标,计算五个指标的平均值,作为货币安置满意度的得分;维度二为住房安置满意度,包括安置住房面积满意度和居住环境满意度两个指标，计算两个指标的平均值，作为住房安置满意度的得分；维度三为社保安置满意度，包括社会保障安置满意度一个指标；维度四为就业安置满意度，包括就业安置满意度一个指标。计算四个维度的平均值，得到市民化安置满意度综合得分。

统计结果显示，城郊农民样本货币安置满意度平均为 1.80 分（标准差为 0.795 分），住房安置满意度平均为 2.02 分（标准差为 0.929 分），社保安置满意度平均为 1.67 分（标准差为 0.982 分），就业安置满意度平均为 1.48 分（标准差为 0.986 分），市民化安置满意度综合得分为 1.74 分（标准差为 0.795 分），均处于较低水平。

（二）市民化安置满意度的家庭代际比较

通过配对样本 T 检验呈现市民化安置满意度的家庭代际比较，结果如表 6-2 所示：

表 6-2　家庭代际市民化安置满意度得分的配对样本 T 检验

变量	代际	均值	均值差	t	sig
货币安置	父代	1.78	-0.053	-1.405	0.161
	子代	1.83			
住房安置	父代	2.08	0.120	2.140	0.034
	子代	1.96			
社保安置	父代	1.66	-0.030	-0.678	0.498
	子代	1.69			
就业安置	父代	1.39	-0.185	-3.186	0.002
	子代	1.57			
市民化安置	父代	1.72	-0.037	-1.139	0.256
	子代	1.76			

家庭代际比较显示，父代征地补偿款满意率为 17.5%，子代为 12.5%；父代拆迁补偿款满意率为 21.5%，子代为 24.0%；父代补偿款及时发放满意

率为 28.5% , 子代为 19.0% ; 父代征地补助满意率为 20.5% , 子代为 14.5% ; 父代拆迁补助满意率为 39.5% , 子代为 29.0% ; 父代安置住房面积满意率为 33.0% , 子代为 28.0% ; 父代安置小区环境满意率为 46.0% , 子代为 33.5% ; 父代社会保障安置满意率为 20.5% , 子代为 13.5% ; 父代就业安置满意率为 12.5% , 子代为 10.0% 。

父代货币安置满意度平均分(1.78 分)低于子代(1.83 分) , 家庭代际差异不显著 ; 父代住房安置满意度平均分(2.08 分)高于子代(1.96 分) , 家庭代际差异显著 ; 父代社保安置满意度平均分(1.66 分)低于子代(1.69 分) , 家庭代际差异不显著 ; 父代就业安置满意度平均分(1.39 分)低于子代(1.57 分) , 家庭代际差异显著。综合来看 , 父代市民化安置满意度平均分(1.72 分)低于子代(1.76 分) , 家庭代际间差异不显著 , 父代和子代市民化安置满意度的相关系数为 0.834($sig = 0.000$) , 呈显著正相关关系 , 相关性强。

(三)市民化安置满意度的年代代际比较

通过方差分析和多重比较呈现市民化安置满意度的年代代际比较 , 结果如表 6 - 3 所示 :

表 6 - 3　年代代际市民化安置满意度得分的多重比较

变量	代际	均值	方差齐次性检验	均值差		t	sig
货币安置	老一代	1.63	Levene 统计量	老一代:中生代	-0.231	—	0.034
	中生代	1.86	= 0.495	老一代:新生代	-0.214	—	0.039
	新生代	1.84	sig = 0.610	中生代:新生代	0.017	—	0.851
住房安置	老一代	2.01	Levene 统计量	老一代:中生代	-0.109	-0.961	0.338
	中生代	2.12	= 5.231	老一代:新生代	0.060	0.493	0.623
	新生代	1.95	sig = 0.006	中生代:新生代	0.169	1.617	0.107
社保安置	老一代	1.31	Levene 统计量	老一代:中生代	-0.544	—	0.000
	中生代	1.85	= 2.406	老一代:新生代	-0.394	—	0.002
	新生代	1.70	sig = 0.091	中生代:新生代	0.149	—	0.174

续表

变量	代际	均值	方差齐次性检验	均值差		t	sig
就业安置	老一代	1.30	Levene 统计量	老一代:中生代	−0.154	−1.143	0.254
	中生代	1.45	= 7.935	老一代:新生代	−0.286	−2.431	0.016
	新生代	1.59	sig = 0.000	中生代:新生代	−0.133	−1.124	0.262
市民化安置	老一代	1.56	Levene 统计量	老一代:中生代	−0.259	—	0.017
	中生代	1.82	= 0.020	老一代:新生代	−0.209	—	0.045
	新生代	1.77	sig = 0.980	中生代:新生代	0.051	—	0.575

对市民化安置满意度的年代代际比较显示,老一代征地补偿款满意率为 6.9%,中生代为 24.1%,新生代为 11.9%;老一代拆迁补偿款满意率为 18.3%,中生代为 22.7%,新生代为 25.0%;老一代补偿款及时发放满意率为 13.8%,中生代为 34.3%,新生代为 20.4%;老一代征地补助满意率为 6.9%,中生代为 27%,新生代为 15.3%;老一代拆迁补助满意率为 22.9%,中生代为 45.3%,新生代为 22.9%;老一代安置住房面积满意率为 24.1%,中生代为 34.3%,新生代为 30.6%;老一代安置小区环境满意率为 29.8%,中生代为 50.3%,新生代为 36.4%;老一代社会保障安置满意率为 2.3%,中生代为 29.9%,新生代为 14.2%;老一代就业安置满意率为 1.1%,中生代为 18.2%,新生代为 10.8%。

货币安置满意度平均分从高到低为中生代(1.86 分) > 新生代(1.84 分) > 老一代(1.63 分),中生代和新生代均显著高于老一代,中生代与新生代差异不显著。住房安置满意度平均分从高到低为中生代(2.12 分) > 老一代(2.01 分) > 新生代(1.95 分),代际差异均不显著。社会保障安置满意度平均分从高到低为中生代(1.85 分) > 新生代(1.70 分) > 老一代(1.31 分),中生代和新生代均显著高于老一代,中生代与新生代差异不显著。就业安置满意度平均分从高到低为新生代(1.59 分) > 中生代(1.45 分) > 老一代(1.30 分),新生代显著高于老一代,中生代与老一代和新生代差异均不显著。

三、市民化生活满意度的统计描述和代际分析

城郊农民市民化生活满意度的统计描述及其代际分布状况如表6－4
所示：

表6－4　市民化生活满意度的统计描述及其代际分布

变量	取值	赋分	频次	频率	父代	子代	老一代	中生代	新生代
家庭收入	减少	0	89	22.3%	21.0%	23.5%	28.7%	15.3%	24.4%
	不变	1	171	42.8%	46.5%	39.0%	35.6%	54.0%	37.5%
	增加	2	140	35.0%	32.5%	37.5%	35.6%	30.7%	38.1%
家庭消费	减少	0	16	4.0%	3.5%	4.5%	2.3%	3.6%	5.1%
	不变	1	119	29.8%	28.0%	31.5%	27.6%	25.5%	34.1%
	增加	2	265	66.3%	68.5%	64.0%	70.1%	70.8%	60.8%
家庭负担	增加	0	187	46.8%	43.0%	50.5%	47.1%	45.3%	47.7%
	不变	1	150	37.5%	39.0%	36.0%	34.5%	39.4%	37.5%
	减少	2	63	15.8%	18.0%	13.5%	18.4%	15.3%	14.8%
居住面积	减少	0	80	20.0%	24.0%	16.0%	24.1%	21.2%	17.0%
	不变	1	95	23.8%	20.5%	27.0%	19.5%	24.8%	25.0%
	增加	2	225	56.3%	55.5%	57.0%	56.3%	54.0%	58.0%
周边交通	变差	0	38	9.5%	9.0%	10.0%	10.3%	8.0%	10.2%
	不变	1	75	18.8%	16.5%	21.0%	10.3%	20.4%	21.6%
	变好	2	287	71.8%	74.5%	69.0%	79.3%	71.5%	68.2%
居住环境	变差	0	45	11.3%	8.0%	14.5%	11.5%	8.8%	13.1%
	不变	1	61	15.3%	13.0%	17.5%	11.5%	13.9%	18.2%
	变好	2	294	73.5%	79.0%	68.0%	77.0%	77.4%	68.8%
物业服务	变差	0	64	16.0%	14.0%	18.0%	9.2%	16.1%	19.3%
	不变	1	105	26.3%	22.0%	30.5%	17.2%	31.4%	26.7%
	变好	2	231	57.8%	64.0%	51.5%	73.6%	52.6%	54.0%
生活保障	减少	0	79	19.8%	19.5%	20.0%	27.6%	16.8%	18.2%
	不变	1	179	44.8%	40.5%	49.0%	27.6%	49.6%	49.4%
	增加	2	142	35.5%	40.0%	31.0%	44.8%	33.6%	32.4%

续表

变量	取值	赋分	频次	频率	父代	子代	老一代	中生代	新生代
村民福利	减少	0	104	26.0%	24.5%	27.5%	31.0%	19.0%	29.0%
	不变	1	179	44.8%	43.5%	46.0%	39.1%	48.2%	44.9%
	增加	2	117	29.3%	32.0%	26.5%	29.9%	32.8%	26.1%
生活丰富	减少	0	56	14.0%	15.0%	13.0%	16.1%	14.6%	12.5%
	不变	1	148	37.0%	37.0%	37.0%	28.7%	43.8%	35.8%
	增加	2	196	49.0%	48.0%	50.0%	55.2%	41.6%	51.7%
生活水平	降低	0	65	16.3%	16.5%	16.0%	12.6%	17.5%	17.0%
	不变	1	138	34.5%	34.0%	35.0%	23.0%	40.9%	35.2%
	提高	2	195	48.8%	49.5%	49.0%	64.4%	41.6%	47.7%
幸福感	减少	0	73	18.3%	23.5%	13.0%	25.3%	20.4%	13.1%
	不变	1	180	45.0%	34.5%	55.5%	29.9%	40.9%	55.7%
	增加	2	147	36.8%	42.0%	31.5%	44.8%	38.7%	31.3%

（一）市民化生活满意度的基本状况

城郊农民（样本）对市民化生活的满意度评价为：家庭收入增加（35.0%），家庭消费增加（66.3%），家庭负担减少（15.8%），居住面积增加（56.3%），周边交通便利（71.8%），居住环境变好（73.5%），物业服务变好（57.8%），生活保障增加（35.5%），村民福利增加（29.3%），生活丰富增加（49.0%），生活水平提高（48.8%），幸福感增加（36.8%）。

市民化生活满意度平均分从高到低依次为：家庭消费评价平均为1.62分（标准差＝0.562分），周边交通评价平均为1.62分（标准差＝0.653分），居住环境评价平均为1.62分（标准差＝0.679分），生活水平评价平均为1.43分（标准差＝1.636分），物业服务评价平均为1.42分（标准差＝0.751分），居住面积评价平均为1.36分（标准差＝0.795分），生活丰富评价平均为1.35分（标准差＝0.713分），幸福感评价平均为1.19分（标准差＝0.719分），生活保障评价平均为1.16分（标准差＝0.727分），家庭收入评价平均为1.13分（标准差＝0.747分），村民福利评价平均为1.03分（标准差＝

0.744 分),家庭负担评价平均为 0.69 分(标准差 = 0.728 分)。

将市民化生活满意度的 12 个指标划分为四个维度:维度一为经济满意度,包括家庭收入、家庭消费和家庭负担三个指标,计算其平均值作为经济满意度的得分;维度二为居住满意度,包括居住面积、周边交通、居住环境和物业服务四个指标,计算其平均值作为居住满意度的得分;维度三为福利满意度,包括生活保障、村民福利两个指标,计算其平均值作为福利满意度的得分;维度四为生活满意度,包括生活丰富、生活水平和幸福感三个指标,计算其平均值作为生活满意度的得分。计算四个维度的平均值,得到市民化生活满意度的综合得分。

统计结果显示,城郊农民(样本)经济满意度平均为 1.15 分(标准差为 0.405 分),居住满意度平均为 1.51 分(标准差为 0.453 分),福利满意度平均为 1.10 分(标准差为 0.624 分),生活满意度平均为 0.554 分(标准差为 1.29 分),市民化生活满意度综合得分为 1.26 分(标准差为 0.385 分),均处于中等偏上水平。

(二)市民化生活满意度的家庭代际比较

通过配对样本 T 检验呈现市民化生活满意度的家庭代际比较,结果如表 6-5 所示:

表 6-5　家庭代际市民化生活满意度得分的配对样本 T 检验

变量	代际	均值	均值差	t	sig
经济满意度	父代	1.17	0.050	1.310	0.192
	子代	1.12			
居住满意度	父代	1.55	0.078	2.679	0.008
	子代	1.47			

续表

变量	代际	均值	均值差	t	sig
福利满意度	父代	1.14	0.090	1.990	0.048
	子代	1.05			
生活满意度	父代	1.28	−0.013	−0.353	0.724
	子代	1.30			
市民化生活满意度	父代	1.28	0.051	2.129	0.034
	子代	1.23			

对市民化生活满意度的家庭代际比较显示,父代评价家庭收入增加(32.5%),子代评价家庭收入增加(37.5%);父代评价家庭消费增加(68.5%),子代评价家庭消费增加(64.0%);父代评价家庭负担减少(18.0%),子代评价家庭负担减少(13.5%);父代评价居住面积增加(55.5%),子代评价居住面积增加(57.0%);父代评价周边交通变好(74.5%),子代评价周边交通变好(69.0%);父代评价居住环境变好(79.0%),子代评价居住环境变好(68.0%);父代评价物业服务变好(64.0%),子代评价物业服务变好(51.5%);父代评价生活保障增加(40.0%),子代评价生活保障增加(31.0%);父代评价村民福利增加(32.0%),子代评价村民福利增加(26.5%);父代评价生活丰富增加(48.0%),子代评价生活丰富增加(50.0%);父代评价生活水平提高(49.5%),子代评价生活水平提高(49.0%);父代评价幸福感增加(42.0%),子代评价幸福感增加(31.5%)。

父代经济满意度平均分(1.17分)高于子代(1.12分),家庭代际差异间不显著;父代居住满意度平均分(1.55分)高于子代(1.47分),家庭代际差异显著;父代福利满意度平均分(1.14分)高于子代(1.05分),家庭代际差异显著;父代生活满意度平均分(1.28分)低于子代(1.30分),家庭代际间差异不显著。综合来看,父代市民化生活综合满意度平均分(1.28分)高于子代(1.23分),家庭代际差异显著。父代和子代市民化生活满意度的相关系数为 0.540(sig = 0.000)，呈现出中等正相关关系。

(三)市民化生活满意度的年代代际比较

通过方差分析和多重比较呈现出市民化安置满意度的年代代际比较，结果如表6-6所示：

表6-6　年代代际市民化生活满意度得分的多重比较

变量	代际	均值	方差齐次性检验	均值差		sig
经济满意度	老一代	1.15	Levene 统计量	老一代:中生代	−0.022	0.693
	中生代	1.18	= 2.306	老一代:新生代	0.032	0.547
	新生代	1.12	sig = 0.101	中生代:新生代	0.054	0.243
居住满意度	老一代	1.58	Levene 统计量	老一代:中生代	0.074	0.233
	中生代	1.50	= 1.262	老一代:新生代	0.105	0.078
	新生代	1.47	sig = 0.284	中生代:新生代	0.031	0.552
福利满意度	老一代	1.08	Levene 统计量	老一代:中生代	−0.073	0.395
	中生代	1.15	= 0.816	老一代:新生代	0.024	0.773
	新生代	1.06	sig = 0.443	中生代:新生代	0.096	0.176
生活满意度	老一代	1.37	Levene 统计量	老一代:中生代	0.137	0.072
	中生代	1.23	= 0.533	老一代:新生代	0.074	0.306
	新生代	1.29	sig = 0.587	中生代:新生代	−0.062	0.322
市民化生活	老一代	1.29	Levene 统计量	老一代:中生代	0.029	0.583
	中生代	1.27	= 2.517	老一代:新生代	0.059	0.246
	新生代	1.24	sig = 0.082	中生代:新生代	0.030	0.499

对市民化生活满意度评价的年代代际比较显示(见表6-4)，老一代评价家庭收入增加(35.6%)，中生代评价家庭收入增加(30.7%)，新生代评价家庭收入增加(38.1%)；老一代评价家庭消费增加(70.1%)，中生代评价家庭消费增加(70.8%)，新生代评价家庭消费增加(60.8%)；老一代评价家庭负担减少(18.4%)，中生代评价家庭负担减少(15.3%)，新生代评价家庭负担减少(14.8%)；老一代评价居住面积增加(56.3%)，中生代评价居住面积增加(54.0%)，新生代评价居住面积增加(58.0%)；老一代评价周边交通变

好(79.3%),中生代评价周边交通变好(71.5%);新生代评价周边交通变好(68.2%);老一代评价居住环境变好(77.0%),中生代评价居住环境变好(77.4%),新生代评价居住环境变好(68.8%);老一代评价物业服务变好(73.6%),中生代评价物业服务变好(52.6%),新生代评价物业服务变好(54.0%);老一代评价生活保障增加(44.8%),中生代评价生活保障增加(33.6%),新生代评价生活保障增加(32.4%);老一代评价村民福利增加(29.9%),中生代评价村民福利增加(32.8%),新生代评价村民福利增加(26.1%);老一代评价生活丰富度增加(55.2%),中生代评价生活丰富度增加(41.6%),新生代评价生活丰富度增加(51.7%);老一代评价生活水平提高(64.4%),中生代评价生活水平提高(41.6%);新生代评价生活水平提高(47.7%);老一代评价幸福感增加(44.8%),中生代评价幸福感增加(38.7%);新生代评价幸福感增加(31.3%)。

经济满意度平均分从高到低依次为(见表6-6):中生代(1.18分)>老一代(1.15分)>新生代(1.12分),年代代际间不存在显著差异。居住满意度平均分从高到低依次为:老一代(1.58分)>中生代(1.50分)>新生代(1.47分),年代代际间不存在显著差异。福利满意度平均分从高到低依次为:中生代(1.15分)>老一代(1.08分)>新生代(1.06分),年代代际间不存在显著差异。生活满意度平均分从高到低依次为:老一代(1.37分)>新生代(1.29分)>中生代(1.23分),年代代际间不存在显著差异。综合来看,市民化生活满意度综合平均分从高到低为:老一代(1.29分)>中生代(1.27分)>新生代(1.24分),年代代际间不存在显著差异。

四、市民化满意度的综合得分及其回归分析

(一)市民化满意度的综合得分

由于市民化安置满意度(0—4 分)和市民化生活满意度(0—2 分)的取值范围不同,我们将市民化生活满意度得分乘以 2,使其与市民化安置满意度取值范围一致,然后计算二者的平均值,得到市民化满意度的综合得分。统计结果显示,市民化满意度综合得分的平均值为 2.13 分(标准差为 0.681 分)。

家庭代际比较结果显示,父代市民化满意度平均分(2.15 分)高于子代(2.11 分),家庭代际差异不显著(见表 6 - 7)。父代市民化满意度和子代市民化满意度的相关系数为 0.777(sig = 0.000),呈现较强的显著正相关关系。

表 6 - 7　家庭代际市民化满意度的配对样本 T 检验

代际	均值	均值差	t	sig
父代	2.15	0.033	1.011	0.313
子代	2.11			

年代代际比较结果显示,市民化满意度平均分从高到低为:中生代(2.18 分) > 新生代(2.12 分) > 老一代(2.08 分),中生代和新生代均与老一代存在显著差异,中生代和新生代不存在显著差异(见表 6 - 8)。

表 6 - 8　年代代际市民化满意度的多重比较

代际	均值	均值差		sig
老一代	2.08	老一代:中生代	- 0.101	0.282
中生代	2.18	老一代:新生代	- 0.046	0.609
新生代	2.12	中生代:新生代	0.055	0.479

（二）市民化满意度的回归分析

以市民化满意度得分为因变量；以性别、政治面貌、户籍类型和居住区域为控制变量；自变量包括两组：第一组为资本变量，包括物质资本、人力资本、社会资本和文化资本四个变量，第二组为代际变量，分别为家庭代际和年代代际变量，建构多元回归模型1－2。

选取子代的200个样本，建构子代市民化满意度的多元回归模型。模型以子代市民化满意度为因变量；以性别、年龄、政治面貌、户籍类型和居住区域为控制变量；自变量包括两组：第一组为资本变量，包括物质资本、人力资本、社会资本和文化资本四个变量，第二组为父代市民化满意度变量，建构多元回归模型3（见表6－9）。

表6－9　市民化满意度的回归模型

	市民化满意度回归模型			子代回归模型
	模型1	模型2		模型3
常量	1.796*** (0.118)	1.817*** (0.122)	常量	0.464* (0.207)
性别	-0.014 (0.065)	-0.019 (0.066)	性别	-0.103 (0.059)
政治面貌	-0.130 (0.088)	-0.097 (0.088)	年龄	0.006 (0.005)
户籍类型	-0.298*** (0.079)	-0.293*** (0.080)	政治面貌	-0.224** (0.080)
居住区域	0.062 (0.064)	0.087 (0.064)	户籍类型	-0.181** (0.066)
物质资本	0.069*** (0.018)	0.077*** (0.018)	居住区域	0.002 (0.057)
人力资本	0.118*** (0.027)	0.100*** (0.027)	物质资本	0.003 (0.017)
社会资本	-0.095*** (0.024)	-0.090*** (0.024)	人力资本	0.043 (0.026)

续表

	市民化满意度回归模型			子代回归模型
	模型 1	模型 2		模型 3
文化资本	0.080 *** (0.018)	0.072 *** (0.018)	社会资本	−0.068 *** (0.019)
家庭代际	−0.345 *** (0.084)	—	文化资本	0.031 * (0.015)
年代代际	—	−0.153 ** (0.054)	父代市民化满意度	0.718 *** (0.048)
R 方	0.199	0.181	R 方	0.669
	$N = 400$			$N = 200$

注: $^*p < 0.05$, $^{**}p < 0.01$, $^{***}p < 0.001$

模型 1 可以解释市民化满意度 19.9% 的变异。在控制变量中,户籍类型呈现出显著影响,在控制其他变量的情况下,农业户籍者市民化满意度高出非农业户籍者 0.298 分。在资本变量中,物质资本、人力资本、社会资本和文化资本均呈现显著影响,在控制其他变量的情况下,物质资本每增加 1 分,市民化满意度增加 0.069 分;人力资本每增加 1 分,市民化满意度增加 0.118 分;社会资本每降低 1 分,市民化满意度增加 0.095 分;文化资本每增加 1 分,市民化满意度增加 0.080 分。此外家庭代际变量也具有显著影响,父代市民化满意度高出子代 0.345 分。具有显著影响变量的标准回归系数绝对值从小到大依次为:物质资本(0.180) < 社会资本(0.187) < 户籍类型(0.202) < 家庭代际(0.254) < 文化资本(0.257) < 人力资本(0.318),其中人力资本的影响最大。

模型 2 可以解释市民化满意度 18.1% 的变异。在控制变量中,户籍类型呈现出显著影响,在控制其他变量的情况下,农业户籍者市民化满意度高出非农业户籍者 0.293 分。在资本变量中,物质资本、人力资本、社会资本和文化资本均呈现显著影响,在控制其他变量的情况下,物质资本每增加 1 分,市民化满意度增加 0.077 分；人力资本每增加 1 分，市民化满意度增加 0.100 分；社会资本每降低 1 分，市民化满意度增加 0.090 分；文化资本每增加 1 分，市民化满意度增加 0.072 分。此外年代代际变量也具有显著影响，从新生代到中生代再到老一代，市民化满意度逐级提高 0.153 分。具有显著影响变量的标准回归系数绝对值从小到大依次为：年代代际(0.175) < 社会资本(0.178) < 户籍类型(0.198) < 物质资本(0.202) < 文化资本(0.231) < 人力资本(0.270)，其中人力资本的影响最大。

模型 3(子代模型)可以解释子代市民化满意度 66.9% 的变异。在控制变量中，政治面貌和户籍类型呈现出显著影响，在控制其他变量的情况下，非党员市民化满意度高出党员 0.224 分；农业户籍者高出非农业户籍者 0.181 分。在资本变量中，社会资本和文化资本呈现出显著影响，在控制其他变量的情况下，社会资本每减少 1 分，市民化满意度增加 0.068 分；文化资本每增加 1 分，市民化满意度增加 0.031 分。此外父代市民化满意度也具有显著影响，父代市民化满意度每增加 1 分，子代市民化满意度增加 0.718 分。具有显著影响变量的标准回归系数绝对值从小到大依次为：文化资本(0.097) < 户籍类型(0.132) < 政治面貌(0.134) < 社会资本(0.160) < 父代市民化满意度(0.730)，其中父代市民化满意度的影响最大。

五、小结

从市民化安置满意度看，城郊农民对住房安置满意度获得五成分数，处于中等水平，除此之外货币安置满意度、社保安置满意度和就业安置满意度均处于较低水平，综合来看，市民化安置满意度获得四成分数，处于偏低水平。

从市民化生活满意度看，经济满意度、居住满意度和福利满意度均处于中等偏上的水平,只有生活满意度处于中等较低水平。综合来看,市民化生活满意度获得六成得分,处于中等偏上水平。

从市民化满意度综合得分看,城郊农民(样本)获得五成分数,处于中等水平。

从家庭代际角度看,市民化安置满意度的代际比较为父代住房安置满意度显著高于子代,子代就业安置满意度显著高于父代,货币安置满意度和社保安置满意度虽然子代高于父代,但代际差异不显著。综合来看,父代市民化安置满意度低于子代,但代际差异不显著。父代和子代市民化安置满意度呈现较强显著正相关,说明市民化安置满意度具有较强的代际传递性。

市民化生活满意度的代际比较为父代经济满意度、居住满意度和福利满意度均高于子代,其中居住满意度和福利满意度代际差异显著;子代生活满意度高于父代,但代际差异不显著。综合来看,父代市民化生活满意度显著高于子代,父代和子代市民化生活满意度呈显著中等正相关,具有代际传递性。

从市民化满意度综合得分看,父代高于子代,但代际差异不显著,父代和子代市民化满意度呈现出较强的显著正相关,具有代际传递性。

从年代代际角度看,市民化安置满意度的代际比较为货币安置满意度和社保安置满意度为中生代最高,老一代最低,老一代显著低于中生代和新生代;住房安置满意度为中生代最高,新生代最低,代际差异不显著;就业安置满意度为新生代最高,老一代最低,新生代显著高于老一代。综合来看,市民化安置满意度为中生代最高,老一代最低,老一代显著低于中生代和新生代。

市民化生活满意度的代际比较为经济满意度中生代最高,新生代最低;居住满意度老一代最高,新生代最低;福利满意度中生代最高,新生代最低;生活满意度老一代最高,中生代最低。各项指标的代际差异均不显著。综合来看,市民化生活满意度老一代最高,新生代最低,代际差异不显著。

从市民化满意度综合得分看,中生代得分最高,老一代得分最低,老一代显著低于中生代和新生代。

从市民化满意度的影响因素看,农业户籍的市民化满意度更高;物质资本越多,人力资本越多,社会资本越少,文化资本越多,市民化满意度越高;父代市民化满意度高于子代;年代代际越年长,市民化满意度越高。子代模型中,户籍类型、社会资本和文化资本具有相同影响,此外还呈现出非党员市民化满意度更高;父代市民化满意度越高,子代市民化满意度越高的特点。

第二节　城郊农民的市民化身份认同

一、身份认同及其建构

建构市民身份认同是城郊农民城市融入的关键,也是其市民化的重要标志。① 然而在经历强制性城镇化转型之后,大量城郊农民在农民与市民身份之间取舍不定,产生身份的"二元模糊"认同危机②,这种状态导致城郊农民的双重边缘性③,不利于其转型适应和发展。

---

① 参见魏玉君、叶中华:《项目制服务下的身份认同与社会融合——公益组织促进失地农民市民化研究》,《中国行政管理》,2019 年第 10 期;徐臻:《社会分层与农业转移人口的身份认同》,《四川师范大学学报(社会科学版)》,2018 年第 1 期。

② 参见李向军:《论失地农民的身份认同危机》,《西北农林科技大学学报》(社会科学版),2007 年第 3 期;郁晓晖、张海波:《失地农民的社会认同与社会建构》,《中国农村观察》,2006 年第 1 期。

③ 参见李蓉蓉、段萌琦:《城镇化进程中中国新市民的身份迷失——身份认同危机的类型学研究》,《经济社会体制比较》,2019 年第 3 期。

然而面对认同危机,城郊农民并非仅仅处于被动状态,在自我调适与应对过程中,城郊农民通过对环境和自我的判断与反思,基于地域空间特征建构身份认同,形成身份认同的分化,这种分化既包括乡村农民和城市市民的身份取舍,也包括在二者之外建构起第三种身份认同。身份认同的分化体现了城镇化转型背景下城郊农民生活状态的分异,也体现出城郊农民市民化选择和期望的群体差异和代际区别。通过差别分析,有针对性地提供政策支持,能更加有效地促进城郊农民的城镇化适应和市民化发展。

(一)身份认同的界定

身份认同是主体对自身所处的社会位置和地位的认知和接纳[1],在很大程度上取决于主体的生存状态[2]和心理需求[3]。生存状态客观上建构了主体的外部身份,而这种身份只有符合自我认知和心理期望,才会获得主体认同。[4]

从外部因素看,制度对身份认同的建构具有决定作用[5],我国二元分化的户籍体制建构了"农民"与"市民"两种不同的户籍身份及其附着的权益差别。[6] 同时,空间、文化、社会交往等因素对身份建构具有进一步的强化作

---

① 参见张淑华、李海莹、刘芳:《身份认同研究综述》,《心理研究》,2012 年第 1 期。

② 参见叶继红:《集中居住区移民身份认同偏差:生成机理与调整策略》,《思想战线》,2013 年第 4 期。

③ See Vignoles, V. L., Identity: Personal and Social, In K. Deaux & M. Snyder (ed.), *Oxford Handbook of Personality and Social Psychology*, Oxford University Press, 2017, pp. 1 - 17.

④ 参见王亮:《制度建构与个体的身份认同问题——我国二元的户籍制度对失地农民身份认同的影响》,《前沿》,2010 年第 8 期。

⑤ See Howard, A. Judith, Social Psychology of Identities, *Annual Review Social*, 2003(1).

⑥ 参见陆益龙:《户口还起作用吗——户籍制度与社会分层和流动》,《中国社会科学》,2008 年第 1 期。

用。① 但身份认同并非仅仅是客观性的社会建构,还包括主观性的自我建构。② 从内部因素看,主体的个体特征、情感需求和自我期望,也会对身份认同产生重要影响。③

身份认同并非一成不变,在经历迁移、变迁等生活环境的重大改变时,主体会产生否定旧身份、选择新身份的身份转换与认同重构,④但身份认同的重构除了表现为新旧身份的二元取舍之外,还可能通过选择性吸收或适应性调适⑤,在新旧身份之外建构起第三种身份实现。

基于上述分析,本书认为在经历征地拆迁的城镇化转型之后,城郊农民产生了身份认同的分化,重构身份认同的过程中同时受到外部与内部因素的双重作用。其中,外部体现为空间、制度等因素的影响;内部体现为心理、能力等因素的影响;此外,还会呈现出代际因素的作用。

(二)身份认同的外部建构

身份认同的"客观主义取向"认为,制度、文化、空间、社会网络等外在因素是不同主体身份认同的形成根源,其中社会制度性安排对身份认同具有决定性意义。

我国城乡二元化的社会体制建构了"农民"身份的职业性与户籍性双重内涵。从职业身份看,土地和农耕是"农民"的典型象征,失去土地、脱离农

---

① See Sheldon Stryker & Peter J. Burke,The Past, Present, and Future of an Identity Theory, *Social Psychology Quarterly*, 2000(4).

② 参见赵晔琴:《身份建构逻辑与群体性差异的表征——基于巴黎东北新移民的实证调查》,《社会学研究》,2013 年第 6 期。

③ 参见[美]曼纽尔·卡斯特:《认同的力量》,曹荣湘译,社会科学文献出版社,2006 年,第 2～3 页。

④ 参见张淑华、李海莹、刘芳:《身份认同研究综述》,《心理研究》,2012 年第 1 期。

⑤ See Breakwell, G. M., *Coping with Threatened Identities*, Methuen, 1986,p. 126.

耕就意味着农民身份的瓦解。① 然而二元户籍及其衍生的住房、医疗、教育等公共服务和社会保障的差异性制度安排，建构起"农民"的户籍身份维度②，由此，大量农业转移人口虽然失去职业上的农民身份，却因为拥有农业户籍和缺失市民待遇，而难以建构起市民的身份认同。

此外，空间因素也会影响身份认同。社会空间理论认为，空间与个体在社会中的身份、阶层、种族等因素密切相关。隔离的空间所具有的符号意义形塑了个体的身份类别，个体可以利用空间的表征意义来表达自己的身份。③

从空间建构视角看，身份认同包含主体对自身地域身份的认知和描述，当主体发生地域迁移时，会产生迁出地和迁入地两种不同的地域身份认同，如果迁移主体在迁入地被视为"外来者"，那他们就无法获得迁入地的归属感，导致他们对环境变迁适应困难。④ 空间建构的另一视角关注的是居住的空间隔离与地位群体的分化。"居住隔离"经常表现为不同地位群体在地理空间上的分异。⑤ 隔离导致不同地位群体形成生存空间和居住条件的差异；还导致群体间沟通交往的隔断，阻碍认同与融合的形成；同时居住隔离还强化了群体成员社会交往的内卷，导致原有身份认同的固化。⑥ 我国进城农民的聚居模式和失地农民的集中安置，都在一定程度上造成了农业转移人口

① 参见汪小红、朱力：《失地农民身份认同及其分异——基于生命历程范式的解释》，《中州学刊》，2014 年第 4 期。
② 参见陆益龙：《户口还起作用吗——户籍制度与社会分层和流动》，《中国社会科学》，2008 年第 1 期。
③ 参见司敏：《"社会空间视角"：当代城市社会学研究的新视角》，《社会》，2004 年第 5 期。
④ 参见张勇：《三线建设移民的内迁、去留与身份认同——以重庆地区移民为重点》，《贵州社会科学》，2019 年第 12 期。
⑤ See M. J. White, A. H. Kim and J. E Glick. ,Mapping Social Distance Ethnic Residential Segregation in a Multiethnic Metro,*Sociological Methods & Research*, 2005(1).
⑥ 参见王亮：《城中村社会空间对失地转制居民身份认同的影响》，《甘肃社会科学》，2010 年第 1 期。

与城市市民的群体隔离。在集中居住社区中,村落习俗易于传承,这固化了乡村的"集体记忆",强化了"农民"身份的认同纽带。①

(三)身份认同的主观建构

吉登斯指出,所有的认同都是被建构的。② 群体的身份建构既包括客观的社会建构和主观的自我建构,也包括宏观的制度建构和日常的微观建构。

从主观建构层面看,身份认同是个体对自己隶属于某个群体的认知,这种认知通过自我心理的确认得以形成,并具有情感和价值意义。③ 个体对身份的认同受诸多心理需要的支配,并以满足这些需要为目标,这种心理需要构成了个体身份认同的动机,并引导个体使身份认同趋向满意状态,因此人们所认同的理想身份具有满足其心理需要的核心属性。④

有研究发现,在我国户籍政策逐渐宽松的背景下,农业转移人口的市民化意愿并不强烈,在制度因素的背后,乡土记忆、生活方式、进城期望、城市体验等非制度因素对身份认同的影响逐渐显现。⑤ 与此同时,农业户籍所附带的诸如征地补贴、村庄福利、粮食直补等社会权益的增加,以及农民身份与集体福利保障和集体经营收益的直接关联,强化了农业转移人口的"户籍依恋"。⑥ 农业转移人口的身份认同越来越受到个体情感、需求、期望、意愿

---

① 参见[法]莫里斯·哈布瓦赫:《论集体记忆》,毕然、郭金华译,上海人民出版社,2002 年,第290 页。

② 参见[英]安东尼·吉登斯:《现代性与自我认同》,夏璐译,生活·读书·新知三联书店,1998 年,第84 页。

③ 参见[美]曼纽尔·卡斯特:《认同的力量》,曹荣湘译,社会科学文献出版社,2006 年,第2 ~ 3 页。

④ See Vignoles, V. L. , Identity Motives, In S. J. Schwartz, K. Luyckx, and V. L. Vignoles (ed.), *Handbook of Identity Theory and Research*, Springer, 2011, pp. 403 – 432.

⑤ 参见吴凌燕、秦波、张延吉:《城市中农业户籍人口的身份认同及其影响因素》,《城市问题》,2016 年第4 期。

⑥ 参见于莉:《从土地依恋到户籍依恋——天津城郊农民生活安全脆弱性与市民化意愿代际分析》,《北京社会科学》,2018 年第6 期。

等主观因素的影响,呈现出身份认同的主观建构过程。

二、城郊农民身份认同的影响因素

(一)城郊地区的城镇化转型对身份认同的影响

1. 城乡间的第三空间

生活空间所具有的符号意义具有区分群体身份的功能。[1] 城郊农民的生活空间地处城市与乡村之间的过渡地带,城镇化背景下的城郊地区既是中心市区的外际空间,也是城市经济扩散的承接载体。工业园、开发区聚集落户,农业园、生态园规模经营,受益于城市现代化发展的辐射,城郊地区呈现出交通便利化、居住社区化、设施现代化的物理空间转型趋势。城郊地区一方面形成不同于中心市区的经济形态和物理环境,另一方面也与传统乡村存在显著差别,日益具有非城非乡的"第三空间"特征[2],这种空间特征导致城郊农民在"农村人"与"城市人"的地域身份上面临两难选择。

2. 不彻底的制度建构

城乡二元户籍一直被认为是阻碍农民身份转型的制度藩篱[3],它导致了城乡居民的身份差异、文化隔阂和制度排斥,成为农业转移人口身份认同困境的根源。[4] 然而对于城郊农民来说,户口并非身份转型的阻碍因素,经历征地拆迁之后,城郊农民具有保留农业户籍或转为非农业户籍的选择自由,

---

[1] 参见王亮:《城中村社会空间对失地转制居民身份认同的影响》,《甘肃社会科学》,2010 年第 1 期。

[2] 参见于莉、曹丽莉:《城乡结合部:我国城乡体系的第三空间》,《理论导刊》,2015 年第 5 期。

[3] 参见李培林、田丰:《中国农民工社会融入的代际比较》,《社会》,2012 年第 5 期。

[4] 参见崔岩:《流动人口心理层面的社会融入和身份认同问题研究》,《社会学研究》,2012 年第 5 期。

但城郊农民并未因此而建构起市民身份。一方面,户籍转变并不必然带来市民待遇,城郊农民依然被排斥在城市保障体系之外;①另一方面,征地后,集体资产和集体组织仍是城郊农民的保障来源,这强化了"村籍身份"的利益关联;此外,集体产权住房不仅保障了城郊农民的居住权益,也为城郊农民带来了租房收益。对于城郊农民而言,能拥有农业户籍的保障功能、村籍身份的集体红利,又能分享城镇化变迁带来的现代化成果,这种身份收益甚至优越于普通市民。

3. 强功能的集体组织

征地拆迁之后,大部分城郊农民接受了回迁安置,但安置社区实现了居住设施的城镇化,却并未实现组织形式与治理方式的城镇化。从治理结构上看,安置社区并行存在城乡两套基层组织,村委会由于控制着集体资产的分配,所以与村民的实际利益紧密关联。集体补助、保障、福利、分红等利益分配具有清晰的村落边界,强化了城郊农民对村集体组织的边界识别和归属感知。② 在城市体系无法为城郊农民提供市民待遇的情况下,村集体的保障功能为城郊农民的城镇化转型提供了重要的外部支持,但村集体组织在公共事务中的职能作用越大,城郊农民对村集体组织的依附性就越强。安置社区的组织与治理既不同于传统乡村,也不同于中心城区,这导致了城郊农民组织身份归属的认同困境。③

4. 封闭性的安置社区

由于大部分城郊农民被集中安置,安置社区多为城郊农民为主的封闭型社区,少有城市居民入住,由此形成城郊农民与城市市民的居住隔离与社

---

① 参见杜洪梅:《城镇化进程中城郊农民融入城市社会问题研究》,《社会科学》,2004 年第 7 期。

② 参见于莉、崔金海、袁小波:《城乡结合部"村改社区"基层管理体制的转制研究》,《云南行政学院学报》,2015 年第 6 期。

③ 参见吴莹、叶健民:《"村里人"还是"城里人"——上楼农民的社会认同与基层治理》,《江海学刊》,2017 年第 3 期。

会距离。社会融合理论指出,社会交往与文化交流是心理融入和身份认同的基础①,城郊农民与城市市民的居住隔离阻断了群体间的交往与交流,不利于城市文明的传播和城镇化行为观念的习得与养成;另一方面,集中安置增强了城郊农民邻里网络的同质性,造成社会交往的内卷,强化了乡土习俗和村落记忆,不利于城郊农民形成市民身份的认同。②

(二)城郊农民的个体因素对身份认同的影响

从心理因素看,乡土记忆、户籍依恋、城市体验、个人情感等会影响城郊农民的身份认同建构。③ 首先,城郊农民在农耕生活过程中形成的乡土记忆沉淀于他们的行为观念中,农耕劳动与技能的积累和村落生活方式的形塑,导致城郊农民对农民身份的留恋。④ 其次,农民失地后面临生活安全的脆弱性,村籍身份是城郊农民获得集体福利保障的前提,出于安全伦理需求,城郊农民失地后仍然保留农业户籍,不愿转为市民身份。⑤ 再次,城郊农民对征地政策的满意度是认同城市新身份的基础,尤其是保障政策的提高,可以增强失地农民对未来的信心,促进心理城镇化的形成。⑥ 此外,城郊农民对征地拆迁后的生活满意度也会影响其市民身份认同,较低的经济收入和较高的

---

① 参见张文宏、雷开春:《城市新移民社会融合的结构、现状与影响因素分析》,《社会学研究》,2008 年第 5 期。

② 参见叶继红:《农民集中居住、身份认同及其影响因素》,《内蒙古社会科学》(汉文版),2011年第 4 期。

③ 参见吴凌燕、秦波、张延吉:《城市中农业户籍人口的身份认同及其影响因素》,《城市问题》,2016 年第 4 期。

④ 参见汪小红、朱力:《失地农民身份认同及其分异——基于生命历程范式的解释》,《中州学刊》,2014 年第 4 期。

⑤ 参见于军:《从土地依恋到户籍依恋——天津城郊农民生活安全脆弱性与市民化意愿代际分析》,《北京社会科学》,2018 年第 6 期。

⑥ 参见杨海龙、楚燕洁:《失地农民社会认同问题比较研究——以长春三类失地农民调查为例》,《经济与管理研究》,2009 年第 9 期。

生活成本会增加城郊农民的剥夺感和对未来的焦虑感,导致身份认同的危机。[1]

从能力因素看,城郊农民的个体能力会影响身份认同。秦晓娟等人指出个体的受教育程度和就业状况是影响农业转移人口身份认同的重要因素。[2] 彭远春认为,个体认知能力越强,适应和接受城市文化观念的能力越强,城市文化体验越丰富,也越容易产生城市认同。[3] 佐赫等人指出受教育年限、劳动技能等素质因素决定了农业转移人口的职业变更能力和谋生能力,是影响农业转移人口市民化决策的重要内在因素,农业转移人口素质越高,市民化意愿和市民化能力也越强。[4]

(三)代际因素对身份认同的影响

代际比较可以呈现年代效应和年龄效应对农业转移人口的影响[5],代际之间的宏观环境、成长经历、教育背景、家庭条件等因素的差异,导致行为与观念的区别,不同代际的需求和面临的问题也有所不同。大量研究从同期群角度对农业转移人口进行代际划分,将 1980 年前出生的群体划分为老一代,1980 后出生的群体划分为新生代。王丽丽等人指出新生代农业转移人口的市民身份认同显著高于老一代。[6] 卢小君等人认为不同代际的农业转

---

① 参见韩丹:《失地农民身份认同研究——以南京市 A 区村改居社区为例》,《福建论坛》(人文社会科学版),2012 年第 8 期。

② 参见秦晓娟、孔祥利:《农村转移劳动力市民身份认同及其影响因素——基于全国 2226 份调查问卷数据》,《湖南农业大学学报》(社会科学版),2014 年第 4 期。

③ 参见彭远春:《论农民工身份认同及其影响因素——对武汉市杨园社区餐饮服务员的调查分析》,《人口研究》,2007 年第 2 期。

④ 参见佐赫、孙正林:《外部环境、个人能力与农民工市民化意愿》,《商业研究》,2017 年第 9 期。

⑤ 参见杨菊华、张莹、陈志光:《北京市流动人口身份认同研究——基于不同代际、户籍及地区的比较》,《人口与经济》,2013 年第 3 期。

⑥ 参见王丽丽、梁丹妮:《两代农业转移人口市民身份认同影响因素的异同》,《城市问题》,2017 年第 2 期。

移人口存在身份认同的显著差异,新生代群体身份认同的模糊性和边缘化特征更强。[1] 钟涛提出城市对青年群体的吸引力更大,青年农业转移人口更渴望融入城市,在城市里落户安家。[2]

三、城郊农民身份认同的描述与分析

(一)变量与测量指标

本节通过城郊农民对身份的选择,考察城郊农民的身份认同。由于二元身份选择出现认同模糊,故本节通过访谈获得第三种身份信息[3],采用三元身份选择后,请城郊农民在"农村人""城郊人"和"城市人"中做出身份认同选择,并以此作为本节的因变量。

根据研究假设设定三组自变量。第一组自变量为代际变量,测量指标为出生年代,将1980年以后出生者(即"80后")划分为新生代。以往研究通常将其他群体划分为老一代,但本研究认为,城郊农民失地后面临职业非农化的转型,对于60岁以上群体来说,他们已经到了退休年龄,非农职业转移对他们具有的实际意义有限;而与老一代相比,在青年时代经历改革开放大潮的"60后"与"70后"群体受城镇化与现代化影响更大,在2000年以来

---

① 参见卢小君、孟娜:《代际差异视角下的农民工社会融入研究——基于大连市的调查》,《西北农林科技大学学报》(社会科学版),2014年第1期。

② 参见钟涛:《社群隔离、身份认同与流动青年城市定居意愿》,《当代青年研究》,2019年第1期。

③ 在初期的试调查中,调查员请接受访谈的城郊农民在"农村人"和"城市人"两种身份中选择最符合受访者的当前身份时,相当数量的城郊农民明确提出自己既不是"农村人",也不是"城市人"。当调查员进一步询问受访对象如何界定自己的身份时,受访者大多提出"属于郊区人"的说法。基于此,本书在大量问卷调查中,提出了"城郊人"的第三种身份选择,并在对调查结果进行统计时发现,有三分之一以上的受访者接收并选择了"城郊人"的身份,从而为本书提出三种社会身份选择提供了实证依据。

城郊地区的大规模城镇化转型中,他们正值中年,由于家庭负担较大,就业需求较高,所以他们具有非农职业转移的迫切需要,而与新生代相比,他们面临的职业转移和身份转型的困难更大。因此,本研究将1980年以前出生的群体划分为两个代际:1960年以前出生者为老一代,1960年以后出生者(即"60后"和"70后")为中生代。

第二组自变量为外部因素变量,包括空间因素和制度因素,其中空间因素考察迁居地域和社区类型。迁居地域即城郊农民征地拆迁后的定居地,根据天津市的区域分类划分为中心市区、近郊区、远郊区三个类型;社区类型通过考察城郊农民居住社区是否有城市居民入住进行类型划分,没有或很少有城市居民入住的为封闭型社区,有一些城市居民入住的为混居型社区,有很多城市居民入住的为开放型社区。制度因素考察的是户籍类型和社会保障情况。各项指标得分越高,城镇化水平越高。

第三组自变量为内部因素变量,包括心理因素和能力因素,其中心理因素包括市民化意愿和城镇化满意度。市民化意愿考察了离农意愿和进城意愿,得分越高,意愿越强;城镇化满意度考察了城镇化安置满意度和城镇化生活满意度,得分越高,满意度越高。能力因素包括文化程度和职业技能两个指标,得分越高,能力越强。

控制变量为性别和政治面貌。各变量的赋值方式和取值水平如表6-10所示:

表6-10 变量的赋值和取值

变量类型	变量名称	测量指标	赋值方式和取值水平
因变量	身份认同	三元身份认同	农村人(=0):42.6%;城郊人(=1):36.6%;城市人(=2):20.8%

变量类型	变量名称			测量指标	赋值方式和取值水平
自变量	代际变量			出生年代	老一代(=0):20.8%;中生代(=1):36.3%;新生代(=2):42.9%
	外部因素	空间因素		迁居地域	远郊区(=0):36.0%;近郊区(=1):57.7%;中心市区(=2):6.3%
				社区类型	封闭型(=0):74.1%;混居型(=1):17.3%;开放型(=2):8.6%
		制度因素		户籍类型	农业户籍(=0):68.5%;非农业户籍(=2):31.5%
				社会保障	无(=0):12.8%;农村社保(=1):71.7%;城市社保(=2):15.5%
	内部因素	心理因素	市民化意愿		
			离农意愿	脱离土地意愿	不愿意(=0):51.8%;无所谓(=1):17.3%;愿意(=2):31.0%
				农转非意愿	不愿意(=0):46.7%;无所谓(=1):33.6%;愿意(=2):19.6%
				脱离村集体意愿	不愿意(=0):43.5%;无所谓(=1):40.5%;愿意(=2):16.1%
			进城意愿	进城工作意愿	不愿意(=0):20.2%;无所谓(=1):16.4%;愿意(=2):63.4%
				进城定居意愿	不愿意(=0):47.0%;无所谓(=1):30.1%;愿意(=2):22.9%
			城镇化满意度	城镇化安置满意度	货币安置满意度	不满意(=0):43.2%;不好说(=1):50.3%;满意(=2):6.5%
				住房安置满意度	不满意(=0):26.2%;不好说(=1):43.5%;满意(=2):30.4%
				社保安置满意度	不满意(=0):36.0%;不好说(=1):46.1%;满意(=2):17.9%
				就业安置满意度	不满意(=0):44.0%;不好说(=1):43.5%;满意(=2):12.5%
			城镇化生活满意度	经济满意度	不满意(=0):5.4%;不好说(=1):76.2%;满意(=2):18.5%
				居住满意度	不满意(=0):0.9%;不好说(=1):36.6%;满意(=2):62.5%
				福利满意度	不满意(=0):11.6%;不好说(=1):51.5%;满意(=2):36.9%
				生活满意度	不满意(=0):9.2%;不好说(=1):49.7%;满意(=2):41.1%

续表

变量类型	变量名称	测量指标	赋值方式和取值水平
	能力因素	文化程度	小学及以下（=0）:20.2%；初中（=1）:23.8%；高中/技校/职高（=2）:20.2%；大专/高职（=3）:9.8%；大本（=4）:24.7%；研究生（=5）:1.2%
		职业技能	无（=0）:73.8%；有（=1）:26.2%
控制变量	性别	性别	女（=0）；男（=1）
	政治面貌	政治面貌	非党员（=0）；党员（=1）

（二）身份认同分化的统计描述与代际比较

在农村人与城市人的二元选择中,22.3%的城郊农民处于模糊状态,选择"不知道"。增加了城郊人的三元身份选择后,模糊性选择消失。在三元身份选择中,42.6%选择农村人身份认同,其占比最高;36.6%选择城郊人身份认同,其占比第二;20.8%选择城市人身份认同,其占比最低。城郊农民身份认同平均为0.78分,市民身份认同水平较低。

家庭代际中,父代48.0%、子代36.0%选择"农村人";父代34.5%、子代38.0%选择"城郊人";父代17.5%、子代26.0%选择"城市人"。子代身份认同平均0.90分,父代平均0.70分,市民身份认同水平均较低。代际间存在显著相关性(相关性=0.426,$sig=0.000$),同时子代市民身份认同显著高于父代,如表6-11所示。

表6-11　社会身份的配对样本 T 检验

变量	父代均值	子代均值	均值差（子-父）	t	sig
身份认同	0.70	0.90	0.205	3.525	0.001

年代代际中,老一代中64.3%选择农村人,27.1%选择城郊人,8.6%选择城市人;中生代中41.8%选择农村人,39.3%选择城郊人,18.9%选择城市人;新生代中32.6%选择农村人,38.9%选择城郊人,28.5%选择城市人。三代人市民身份认同水平从高到低依次为:新生代 > 中生代 > 老一代,且代际间均存在显著差异。

表6-12　身份认同的方差分析

变量	代际	均值	方差	均值差		*sig*
身份认同	老一代	0.44	0.424	老一代 - 中生代	-0.328*	0.004
	中生代	0.77	0.558	老一代 - 新生代	-0.515*	0.000
	新生代	0.96	0.614	中生代 - 新生代	-0.188*	0.041

四、身份认同的解释模型

(一)代际解释模型

以三元身份认同为因变量,以性别、政治面貌为控制变量,以代际为自变量,建构多元 Logistic 回归模型。

表 6 – 13　身份认同的代际解释模型

变量		模型 1 城郊人身份认同（参考:农村人）		模型 2 城市人身份认同（参考:农村人）		模型 3 城市人身份认同（参考:城郊人）	
		B	Exp(B)	B	Exp(B)	B	Exp(B)
控制变量	性别　　男	−0.424 (0.257)	0.654	0.372 (0.310)	1.451	0.796* (0.313)	2.218
	（女）	0	—	0	—	0	—
	政治面貌　党员	−0.609 (0.342)	0.544	0.051 (0.359)	1.052	0.660 (0.396)	1.935
	（非党员）	0	—	0	—	0	—
自变量	代际　新生代	0.939** (0.344)	2.558	1.947*** (0.489)	7.011	1.008* (0.520)	2.740
	中生代	0.737* (0.345)	2.090	1.270* (0.505)	3.559	0.532 (0.539)	1.703
	老一代	0	—	0	—	0	—
截距		−0.489 (0.318)	—	−2.290*** (0.494)	—	−1.801*** (0.522)	—
Cox & Snell R²		0.101		Nagelkerke R²		0.115	

$N = 336$，$^* p < 0.05$，$^{**} p < 0.01$，$^{***} p < 0.001$

代际解释模型显示,在控制其他变量的情况下,以农村人为参照,新生代选择城郊人身份认同的比率是老一代的 2.558 倍,中生代是老一代的 2.090 倍;新生代选择城市人身份认同的比率是老一代的 7.011 倍,中生代是老一代的 3.559 倍;以城郊人为参照,新生代选择城市人身份认同的比率是老一代的 2.740 倍。以上影响皆具有显著性。

(二)外部因素解释模型

以代际和外部因素的四个变量为自变量,建构多元 Logistic 回归模型。

表6-14 身份认同的外部因素解释模型

变量			模型1 城郊人身份认同（参考:农村人）		模型2 城市人身份认同（参考:农村人）		模型3 城市人身份认同（参考:城郊人）	
			B	Exp(B)	B	Exp(B)	B	Exp(B)
控制变量	性别	男	-0.500 (0.274)	0.606	0.290 (0.370)	1.336	0.790* (0.362)	2.204
		（女）	0	—	0	—	0	—
	政治面貌	党员	-0.791* (0.392)	0.454	-0.924 (0.490)	0.397	-0.133 (0.505)	0.875
		（非党员）	0	—	0	—	0	—
自变量	空间因素 代际	新生代	0.867* (0.367)	2.380	1.474** (0.571)	4.366	0.607 (0.591)	1.834
		中生代	0.831* (0.369)	2.296	1.067 (0.601)	2.906	0.236 (0.623)	1.266
		老一代	0	—	0	—	0	—
	迁居地域	市区	-0.521 (0.927)	0.594	2.586** (0.759)	13.277	3.107*** (0.885)	22.347
		近郊	0.004 (0.283)	1.004	0.717 (0.413)	2.049	0.713 (0.407)	2.040
		远郊	0	—	0	—	0	—
	社区类型	开放	1.217* (0.523)	3.377	1.293 (0.672)	3.642	0.076 (0.586)	1.079
		混居	0.040 (0.363)	1.040	0.490 (0.454)	1.632	0.450 (0.451)	1.569
		封闭	0	—	0	—	0	—
	制度因素 户籍	非农	0.450 (0.356)	1.569	2.567*** (0.413)	13.026	2.117*** (0.398)	8.303
		农业	0	—	0	—	0	—
	社会保障	城市	-0.400 (0.582)	0.671	-0.422 (0.734)	0.656	-0.022 (0.694)	0.978
		农村	-0.728 (0.423)	0.483	-0.761 (0.590)	0.467	-0.033 (0.561)	0.968
		无	0	—	0	—	0	—
截距			-0.020 (0.485)	—	-3.107*** (0.805)	—	-3.088*** (0.799)	—
Cox & Snell R²			0.316		Nagelkerke R²		0.360	

$N=336$，$^*p<0.05$，$^{**}p<0.01$，$^{***}p<0.001$

外部因素解释模型显示,以农村人为参照,在控制其他变量的情况下,开放型社区居住者选择城郊人身份认同的比率是封闭型社区居住者的3.377倍,且具有显著性。此时,代际变量仍具有显著影响,选择城郊人身份认同的新生代和中生代均显著多于老一代。

以农村人为参照,在控制其他变量的情况下,迁居地域为中心市区者选择城市人身份认同的比率是远郊者的13.277倍;非农业户籍者选择城市人身份认同的比率是农业户籍者的13.026倍,且具有显著性。此时,代际变量仍具有显著影响,选择城市人身份认同的新生代显著多于老一代。

以城郊人为参照,在控制其他变量的情况下,迁居地域为中心市区者选择城市人身份认同的比率是远郊者的22.347倍;非农业户籍者选择城市人身份认同的比率是农业户籍者的8.303倍,且具有显著性。此时,代际变量不再具有显著影响。

(三)市民化意愿因素解释模型

以代际和市民化意愿因素的五个变量为自变量,建构多元 Logistic 回归模型。

表6-15　身份认同的市民化意愿因素解释模型

变量		模型1 城郊人身份认同 (参考:农村人)		模型2 城市人身份认同 (参考:农村人)		模型3 城市人身份认同 (参考:城郊人)	
		B	Exp(B)	B	Exp(B)	B	Exp(B)
控制变量	性别 男	-0.419 (0.263)	0.658	0.605 (0.349)	1.831	1.024*** (0.347)	2.784
	（女）	0	—	0	—	0	—
	政治面貌 党员	-0.617* (0.352)	0.540	-0.163 (0.414)	0.850	0.454 (0.443)	1.575
	（非党员）	0	—	0	—	0	—

续表

变量			模型 1 城郊人身份认同 (参考:农村人)		模型 2 城市人身份认同 (参考:农村人)		模型 3 城市人身份认同 (参考:城郊人)	
			B	Exp(B)	B	Exp(B)	B	Exp(B)
自变量	代际	新生代	0.852* (0.362)	2.344	1.207* (0.541)	3.342	0.355 (0.568)	1.426
		中生代	0.630* (0.355)	1.878	0.775 (0.551)	2.171	0.145 (0.580)	1.156
		老一代	0	—	0	—	0	—
	离农意愿	脱离土地意愿	−0.245 (0.153)	0.783	−0.296 (0.196)	0.744	−0.052 (0.196)	0.950
		农转非意愿	0.061 (0.196)	1.063	0.450* (0.233)	1.568	0.389* (0.235)	1.475
		脱离村集体意愿	0.193 (0.195)	1.213	0.416* (0.240)	1.515	0.222 (0.242)	1.249
	进城意愿	进城工作意愿	0.003 (0.167)	1.003	0.239 (0.250)	1.270	0.236 (0.253)	1.266
		进城定居意愿	0.133 (0.193)	1.142	1.009*** (0.236)	2.742	0.876*** (0.236)	2.402
截距			−0.480 (0.383)	—	−3.642*** (0.671)	—	−3.162*** (0.688)	—
Cox & Snell R²			0.230		Nagelkerke R²		0.261	

$N = 336$, $^*p < 0.05$, $^{**}p < 0.01$, $^{***}p < 0.001$

市民化意愿因素解释模型显示,以农村人为参照,在控制其他变量的情况下,市民化意愿对选择城郊人身份认同不具有显著影响。此时,代际变量仍具有显著影响,选择城郊人身份认同的新生代和中生代均显著多于老一代。

以农村人为参照,在控制其他变量的情况下,户籍农转非意愿每增加 1 分,选择城市人身份认同的比率增加 56.8%;脱离村集体意愿每增加 1 分,选择城市人身份认同的比率增加 51.5%;进城定居意愿每增加 1 分,选择城市人身份认同的比率增加 1.742 倍。以上影响皆具有显著性。此时,代际变量仍具有显著影响,选择城市人身份认同的新生代显著多于老一代。

以城郊人为参照,在控制其他变量的情况下,户籍农转非意愿每增加1分,选择城市人身份认同的比率增加47.5%;进城定居意愿每增加1分,选择城市人身份认同的比率增加1.402倍,且具有显著性。此时,代际变量不再具有显著影响。

(四)城镇化安置满意度因素解释模型

以代际和城镇化安置满意度因素的四个变量为自变量,建构多元 Logistic 回归模型。

表6-16　身份认同的城镇化安置满意度因素解释模型

变量		模型1 城郊人身份认同 (参考:农村人)		模型2 城市人身份认同 (参考:农村人)		模型3 城市人身份认同 (参考:城郊人)	
		B	Exp(B)	B	Exp(B)	B	Exp(B)
控制变量	性别　男	−0.405 (0.260)	0.667	0.378 (0.324)	1.459	0.783* (0.324)	2.189
	（女）	0	—	0	—	0	—
	政治面貌　党员	0.603 (0.344)	0.547	−0.007 (0.374)	0.993	0.596 (0.408)	1.815
	（非党员）	0	—	0	—	0	—
自变量	代际　新生代	0.896** (0.349)	2.449	1.864*** (0.499)	6.451	0.969 (0.530)	2.635
	中生代	0.662 (0.356)	1.939	1.176* (0.522)	3.242	0.514 (0.555)	1.672
	老一代	0	—	0	—	0	—
	城镇化安置满意度　货币安置满意度	−0.335 (0.307)	0.715	0.281 (0.397)	1.324	0.616 (0.393)	1.851
	住房安置满意度	−0.056 (0.204)	0.945	−0.452 (0.256)	0.636	−0.396 (0.260)	0.673
	社保安置满意度	0.173 (0.260)	1.189	−0.339 (0.411)	0.712	−0.512 (0.403)	0.599
	就业安置满意度	0.315 (0.287)	1.370	1.163** (0.406)	3.200	0.848* (0.392)	2.335

续表

变量	模型 1 城郊人身份认同 （参考：农村人）		模型 2 城市人身份认同 （参考：农村人）		模型 3 城市人身份认同 （参考：城郊人）	
	B	Exp(B)	B	Exp(B)	B	Exp(B)
截距	−0.528 (0.371)	—	−2.533*** (0.558)	—	−2.005*** (0.583)	—
Cox & Snell R^2	0.155		Nagelkerke R^2		0.176	

$N = 336$，$^*p < 0.05$，$^{**}p < 0.01$，$^{***}p < 0.001$

城镇化安置满意度因素解释模型显示，以农村人为参照，在控制其他变量的情况下，城镇化安置满意度对选择城郊人身份认同不具有显著影响。此时，代际变量仍具有显著影响，选择城郊人身份认同的新生代显著多于老一代。

以农村人为参照，在控制其他变量的情况下，就业安置满意度每增加1分，选择城市人身份认同的比率增加2.200倍，且具有显著性。此时，代际变量仍具有显著影响，选择城市人身份认同的新生代和中生代均显著多于老一代。

以城郊人为参照，在控制其他变量的情况下，就业安置满意度每增加1分，选择城市人身份认同的比率增加1.335倍，且具有显著性。此时，代际变量不再具有显著影响。

（五）城镇化生活满意度因素解释模型

以代际和城镇化生活满意度因素的四个变量为自变量，建构多元Logistic回归模型。

表6-17　身份认同的城镇化生活满意度因素解释模型

变量		模型1 城郊人身份认同 (参考:农村人)		模型2 城市人身份认同 (参考:农村人)		模型3 城市人身份认同 (参考:城郊人)	
		B	Exp(B)	B	Exp(B)	B	Exp(B)
控制变量	性别　　男	-0.444* (0.261)	0.641	0.419 (0.315)	1.520	0.863** (0.321)	2.369
	（女）	0	—	0	—	0	—
	政治面貌　党员	-0.700* (0.350)	0.497	0.039 (0.372)	1.040	0.739 (0.411)	2.093
	（非党员）	0	—	0	—	0	—
自变量	代际　新生代	0.834* (0.349)	2.302	1.988*** (0.494)	7.303	1.154* (0.528)	3.172
	中生代	0.615 (0.351)	1.850	1.326*** (0.512)	3.767	0.711 (0.548)	2.036
	老一代	0	—	0	—	0	—
	城镇化生活满意度　经济满意度	-0.070 (0.285)	0.933	0.113 (0.337)	1.119	0.183 (0.345)	1.200
	居住满意度	-0.319 (0.282)	0.727	-0.081 (0.355)	0.922	0.238 (0.355)	1.269
	福利满意度	0.386* (0.223)	1.470	0.069 (0.265)	1.071	-0.317 (0.272)	0.728
	生活满意度	-0.280 (0.230)	0.756	0.420 (0.295)	1.522	0.700* (0.301)	2.013
截距		0.095 (0.617)	—	-3.019*** (0.826)		-3.114*** (0.847)	—
Cox & Snell R²		0.131		Nagelkerke R²		0.148	

$N=328$, $^*p<0.1$, $^{**}p<0.01$, $^{***}p<0.001$

城镇化生活满意度因素解释模型显示,以农村人为参照,在控制其他变量的情况下,福利满意度每增加1分,选择城郊人身份认同的比率增加47.0%,且具有显著性。此时,代际变量仍具有显著影响,选择城郊人身份认同的新生代显著多于老一代。

以农村人为参照,在控制其他变量的情况下,城镇化生活满意度对选择城市人身份认同不具有显著影响。此时,代际变量仍具有显著影响,选择城市人身份认同的新生代和中生代均显著多于老一代。

以城郊人为参照,在控制其他变量的情况下,生活满意度每增加1分,选择城市人身份认同的比率增加1.013倍,且具有显著性。此时,代际变量仍具有显著影响,选择城郊人身份认同的新生代显著多于老一代。

(六)能力因素解释模型

以代际和能力因素的两个变量为自变量,建构多元 Logistic 回归模型。

表6-18 身份认同的能力因素解释模型

	变量		模型1 城郊人身份认同 (参考:农村人)		模型2 城市人身份认同 (参考:农村人)		模型3 城市人身份认同 (参考:城郊人)	
			B	Exp(B)	B	Exp(B)	B	Exp(B)
控制变量	性别	男	-0.463* (0.275)	0.630	0.381 (0.337)	1.463	0.843* (0.334)	2.324
		(女)	0	—	0	—	0	—
	政治面貌	党员	-1.065** (0.396)	0.345	-0.743* (0.422)	0.476	0.322 (0.449)	1.380
		(非党员)	0	—	0	—	0	—
自变量	代际	新生代	0.303 (0.465)	1.354	0.817 (0.601)	2.265	0.514 (0.636)	1.672
		中生代	0.560 (0.355)	1.750	1.005* (0.523)	2.732	0.446 (0.556)	1.561
		老一代	0		0		0	
	能力因素	文化程度	0.276* (0.136)	1.318	0.535*** (0.161)	1.707	0.259 (0.160)	1.296
		职业技能	0.391 (0.326)	1.479	0.648* (0.357)	1.911	0.256 (0.353)	1.292
	截距		-0.661* (0.328)	—	-2.828*** (0.547)	—	-2.167*** (0.570)	—
	Cox & Snell R²		0.144		Nagelkerke R²		0.164	

$N=336$, $^*p<0.1$, $^{**}p<0.01$, $^{***}p<0.001$

能力因素解释模型显示,以农村人为参照,在控制其他变量的情况下,文化程度每增加1分,选择城郊人身份认同的比率增加31.8%,且具有显著性。此时,代际变量不再具有显著影响。

以农村人为参照,在控制其他变量的情况下,文化程度每增加1分,选择城市人身份认同的比率增加70.7%;职业技能每增加1分,选择城市人身份认同的比率增加91.1%。以上影响皆具有显著性。此时,代际变量仍具有显著影响,选择城市人身份认同的中生代显著多于老一代。

以城郊人为参照,在控制其他变量的情况下,能力因素对选择城市人身份认同不具有显著影响;此时,代际变量也不具有显著影响。

(七)综合解释模型

以代际,外部因素的空间因素和制度因素,内部因素的离农意愿、进城意愿、城镇化安置满意度、城镇化生活满意度和个体能力八个变量为自变量,建构多元 Logistic 回归模型。

表6-19　身份认同的综合解释模型

变量		模型1城郊人身份认同(参考:农村人)		模型2城市人身份认同(参考:农村人)		模型3城市人身份认同(参考:城郊人)	
		B	Exp(B)	B	Exp(B)	B	Exp(B)
控制变量	性别　　　　男	-0.557**(0.273)	0.573	0.336(0.385)	1.400	0.893*(0.371)	2.443
	(女)	0	—	0	—	0	—
	政治面貌　　党员	-1.158**(0.412)	0.314	-1.413**(0.537)	0.243	-0.256(0.550)	0.774
	(非党员)	0	—	0	—	0	—

续表

变量			模型 1 城郊人身份认同 （参考：农村人）		模型 2 城市人身份认同 （参考：农村人）		模型 3 城市人身份认同 （参考：城郊人）	
			B	Exp(B)	B	Exp(B)	B	Exp(B)
自变量	代际	新生代	0.078 (0.478)	1.082	0.196 (0.654)	1.216	0.117 (0.673)	1.124
		中生代	0.404 (0.365)	1.498	0.095 (0.602)	1.100	-0.309 (0.624)	0.734
		老一代	0	—	0	—	0	—
	外部因素	空间因素	0.414 (0.361)	1.513	1.338** (0.456)	3.810	0.923* (0.437)	2.518
		制度因素	0.411 (0.280)	1.509	2.124*** (0.389)	8.362	1.713*** (0.372)	5.543
	内部因素	意愿 离农意愿	-0.219 (0.292)	0.803	0.213 (0.392)	1.237	0.432 (0.385)	1.540
		进城意愿	0.171 (0.247)	1.187	1.334*** (0.354)	3.798	1.163*** (0.354)	3.199
		满意度 安置满意度	0.220 (0.267)	1.247	0.539 (0.357)	1.714	0.319 (0.345)	1.375
		生活满意度	-0.410 (0.396)	0.663	0.309 (0.542)	1.361	0.719 (0.532)	2.052
		个体能力	0.258* (0.138)	1.296	0.092 (0.172)	1.096	-0.167 (0.168)	0.846
截距			-0.486 (0.597)	—	-6.266*** (1.062)	—	-5.780*** (1.060)	—
Cox & Snell R²			0.326		Nagelkerke R²		0.371	

$N = 336$，$^*p < 0.1$，$^{**}p < 0.01$，$^{***}p < 0.001$

综合解释模型显示，以农村人为参照，在控制其他变量的情况下，个体能力每增加 1 分，选择城郊人身份认同的比率增加 29.6%，且具有显著性。此时，代际变量不再具有显著影响。

以农村人为参照，在控制其他变量的情况下，空间城镇化每增加 1 分，选择城市人身份认同的比率增加 2.810 倍；制度城镇化每增加 1 分，选择城市人身份认同的比率增加 7.362 倍；进城意愿每增加 1 分，选择城市人身份认同的比率增加 2.798 倍。上述影响均具有显著性。此时,代际变量不再具有显著影响。

以城郊人为参照,空间城镇化每增加 1 分,选择城市人身份认同的比率增加 1.518 倍;制度城镇化每增加 1 分,选择城市人身份认同的比率增加 4.543 倍;进城意愿每增加 1 分,选择城市人身份认同的比率增加 2.199 倍。上述影响均具有显著性。此时,代际变量不再具有显著影响。

五、小结

(一)城镇化背景下城郊农民的身份认同危机与分化

研究显示,在经历征地拆迁、离开土地和乡村生活之后,城郊农民面临社会身份的转型,在农民与城市市民的二元身份选择中,部分城郊农民产生了身份认同的模糊性,这种身份认同危机在新生代群体中尤为明显。

通过深入访谈,本研究发现除了"城市人"和"农村人"的身份选择之外,有相当一部分城郊农民更愿意将自己归属于第三种社会身份——"城郊人"。在增加了"城郊人"的三元身份选择后,所有城郊农民都选择了自己认同的社会身份,身份认同的模糊性消失。

总体来看,城郊农民对"农村人"的认同比率最高,对"城市人"的认同比率最低,对"城郊人"的身份认同超过三成,比率居中,呈现出身份认同的三元分化。

(二)城郊农民身份认同的影响因素

年代代际比较显示,"农村人"身份认同比率最高的为老一代,最低的为新生代;"城郊人"身份认同比率最高的为中生代,最低的为老一代;"城市人"身份认同比率最高的为新生代,最低的为老一代。代际越年轻,身份认同的市民化水平越高,且代际间存在身份认同的显著差异。年代代际解释模型显示,代际因素对城郊农民身份认同具有显著影响,此外,除了综合解释模型外,其他解释模型也呈现了代际因素的显著影响。

从外部空间因素看,城郊农民迁居地域的城镇化和居住社区的开放性均处于较低水平;从制度因素看,城郊农民的户籍类型和社会保障的城镇化水平较低。外部因素解释模型显示,迁居地域类型、安置社区类型和户籍类型对城郊农民身份认同具有显著影响,外部因素的影响消除了中生代与老一代在农村人与城市人身份选择中的显著差异,也消除了新生代和老一代在城郊人与城市人身份选择中的显著差异。此外,综合模型也呈现了空间因素和制度因素的显著影响。

心理因素对城郊农民的身份认同产生影响,具体表现为:第一,城郊农民市民化意愿较低。市民化意愿因素解释模型显示,户籍农转非意愿、脱离村集体意愿和进城定居意愿对城郊农民身份认同具有显著影响。市民化意愿因素的影响消除了中生代与老一代在农村人与城市人身份选择中的显著差异,也消除了新生代和老一代在城郊人与城市人身份选择中的显著差异。此外,综合模型也呈现了进城工作意愿的显著影响。第二,城郊农民城镇化安置满意度水平较低。城镇化安置满意度因素解释模型显示,就业安置满意度对城郊农民身份认同具有显著影响。城镇化安置满意度的影响消除了中生代和老一代在农村人与城郊人身份选择中的显著差异,也消除了新生代和老一代在城郊人与城市人身份选择中的显著差异。第三,城郊农民城镇化生活满意度中等偏高。城镇化生活满意度因素解释模型显示,福利满意度和生活满意度对城郊农民身份认同具有显著影响。城镇化生活满意度的影响消除了中生代和老一代在农村人与城郊人身份选择中的显著差异。

从能力因素看,城郊农民市民化能力中等偏低,其中文化程度水平偏低,职业技能水平偏低。能力因素解释模型显示,文化程度和职业技能对城郊农民的身份认同具有显著影响。能力因素的影响消除了中生代和老一代在农村人与城郊人身份选择中的显著差异，也消除了新生代和老一代在各类身份选择中的显著差异。此外，综合模型也呈现了个体能力的显著影响。

(三)空间身份的建构与身份认同的三元分化

研究发现,在农民向市民的转型中,城郊农民建构起不同于乡村农民和城市市民的第三种身份。农民身份是建立在职业身份和户籍身份基础上的身份类型,随着城郊农民脱离土地,他们已经在事实上失去了农民的职业身份;随着城郊农民从村落迁入城镇,他们的户籍身份也面临着由农业向非农业的转型。全国范围户籍改革的深入推进,预示着农业户籍即将被居民户籍取代,基于农业户籍的村民身份也将面临合法性的缺失。然而由于内外部因素的共同影响,城郊农民并没有彻底形成市民身份认同。一方面,城郊农民与市民的身份差异客观存在于日常生活感知中;另一方面,保持与市民的身份差异也是城郊农民期望维护集体保障和村籍利益的需求。出于生存安全的需要,他们更愿意选择现存的社会身份,维持现存的利益保障。因此,城郊农民基于城郊在地域空间上的独特性,建构起"城郊人"的空间身份认同,并形成"城市人""城郊人"和"农村人"三种空间身份认同的分化。调查显示,"城郊人"身份认同在三个代际群体中均占有相当比率,中生代认同"城郊人"身份的比率高于老一代和新生代;新生代中认同"城郊人"身份的比率比其他两种身份高。可见,在城郊农民群体中,尤其在代际较为年轻的群体中,城郊居民身份已经获得了相当程度的接纳和认同。

从外部因素看,被调查的城郊农民全部失去土地,并从村落迁入集中安置社区,在谋生方式和居住方式上,他们已经不再具有传统的农民特征。然而被调查的城郊农民中九成以上居住在郊区区域,七成以上生活在封闭型安置社区,六成以上仍为农业户籍,八成以上无城市社保,无论是空间因素还是制度因素都不能为城郊农民提供建构城市市民身份认同的客观依据。

从主观意愿看,四到五成的城郊农民不愿意脱离土地,不愿意转变户籍,不愿意脱离村集体,也不愿意进城定居,总体来看,城市市民身份与城郊农民的身份期望不具有一致性。从城镇化满意度来看,一方面,城郊农民对城镇化安置满意度较低,除了住房安置外,城郊农民对货币安置、社保安置、就业安置的满意度都不高,这必然带来城郊农民对城镇化转型的抵制和忧虑;另一方面,城郊农民对城镇化生活的满意度较高,在经济水平、居住水平、福利水平和生活丰富性方面,城郊农民均具有较高的满意度,体现了城镇化和现代化为城郊农民带来的环境改善和生活提升,这对城郊农民接受身份转型具有积极的推动意义。

在无法保留农民身份的情况下,允许保留农业户籍和村籍归属的城郊居民身份满足了城郊农民的身份期望和心理需求,也满足了其地域归属需求,保障了其拥有集体住房的权益,符合城郊农民定居城郊的意愿。同时城郊居民身份也体现了城郊农民的城镇化转型,他们在事实上实现了对城镇化和现代化成果的分享,正因为如此,"城郊人"身份获得近四成城郊农民的认同,并消除了城郊农民身份认同的模糊性,促进了城郊农民对城镇化转型的接纳和适应。

(四)城郊农民身份认同的代际效应

调研结果显示,城郊农民样本中,父代身份认同的市民化水平较低,子代身份认同的市民化水平中等偏低,呈现出显著的代际差异,体现为子代市民化水平显著高于父代。在城镇化转型的背景下,子代的市民化水平显著高于父代,说明身份认同在父代和子代之间产生了断裂,呈现出从农民向市民的转移趋势。然而调研结果还显示出城郊农民身份认同在家庭代际间的传递性。身份认同在代际间存在显著的正相关关系,即父代身份认同的市民化水平越高,子代也越高,反之亦然。

从年代代际看,本次调查中,老一代近九成有务农经历,中生代六成以上有务农经历,新生代有务农经历的不到一成,三代群体不仅存在年龄差异,也由于成长的时代背景不同,在农耕经历、村落生活、乡土观念等方面存在鲜明的代际差异,这种差异导致他们在身份认同上的分化,表现为代际越年轻,越倾向于选择城郊居民或城市市民而非农村农民的身份认同。

然而城郊农民的身份认同并非随着代际更替而由农民认同自然过渡到市民认同。虽然可以认为老一代和中生代的农耕经历使他们在身份上存在认同惯性,从而阻碍了身份的市民化转型,然而数据显示,即使在新生代中,仍有三成以上认同"农村人"身份,而对"城市人"身份的认同不到三成。本次调查中,近九成新生代从未有过务农经历,从职业身份上看,他们从未获得过农民身份,但这并没有导致新生代对城市市民身份的普遍接纳和认同。

可见,在我国二元结构体制下,城郊农民的失地离农并非必然导致身份认同从农民到市民的转变,同时身份认同的分化和转型也并非通过代际效应就能实现,并非随着年轻一代远离土地和农耕生活,就必然产生从"农村人"到"城市人"的认同转变。在身份认同的综合解释模型中,代际效应全部消失,对身份认同产生更加显著影响的是外部的空间因素、制度因素与内部的心理因素、能力因素。

(五)基于身份认同的建构因素推进城郊农民的身份转型

对市民身份的接纳和认同是城郊农民市民化的重要标志,然而基于市区与郊区在物质空间、制度建构、社会组织、人际网络、文化观念等方面的客观差异,城郊农民的市民化转型并不必然体现为对城市市民的身份认同,城郊农民可以选择从农民向城市市民的身份转型,也可以选择从农民向城郊居民的身份转型。在市民化转型过程中要注重以下几个方面的推动和促进:

从外部因素看：第一，要缩小市区与郊区的物质差异性，提升郊区环境设施的城镇化与现代化水平，迁居区域城镇化水平的提升会显著提高城郊农民对城市市民身份的认同概率；第二，尽量避免城郊农民的集中封闭性安置，要提升城郊社区治理的城镇化水平，吸引更多城市居民入住城郊社区，提升安置社区的开放性会显著提高城郊农民对城市市民身份的认同概率；第三，从制度因素看，有必要进一步推进户籍改革，消除二元户籍制度及其带来的身份差异和待遇差别，户籍从农业到非农业的转变会显著提高城郊农民对城市市民身份的认同概率。

从内部因素看：第一，户籍农转非意愿、脱离村集体意愿的形成会显著提高城郊农民对城郊居民和城市市民身份的认同概率。对农业户籍的依恋和对村集体组织的依附，都源自城郊农民规避城镇化风险、获取生存安全的需要，因此有必要推进城郊地区集体组织和集体经济的现代化转型，促进集体经济和集体资产的健康经营，保障城郊农民分享集体收益、获得集体保障的权益，同时要解除这种权益与户籍身份的关联性，通过集体组织集团化、集体资产股份化等方式，促进城郊农民完成从村民身份向股民身份的现代化转型，促进城郊农民转型身份的建构。第二，就业安置满意度的提升会显著提高城郊农民对城郊居民和城市市民身份的认同概率。实现非农就业对城郊农民城镇化转型和城市融入具有关键性意义，因此有必要加强城郊农民的就业转移与就业安置工作，向城郊农民开放城市就业市场，为城郊农民提供就业信息、职业培训、岗位推荐等就业服务，促进城郊农民的就业转移。第三，福利满意度和生活满意度有助于提升城郊农民对城郊居民和城市市民身份的认同概率，因此有必要消除城郊农民与城市市民在福利待遇、社会保障、公共服务等方面的差异性。同时，要丰富城郊农民的文化生活，规划建设城镇化的文化娱乐设施和文化科技场馆，促进城郊农民生活方式、行为观念的现代化转型。第四，文化程度和职业技能的提高有助于提升城郊农民对城郊居民和城市市民身份的认同概率。因此有必要提升城郊地区的基础教育和职业教育水平,鼓励城郊农民参与职业教育,提高学历水平,全面提升文化素养和专业技能,为城郊农民的非农化就业、城镇化转型和城镇化融入起到积极的促进作用。

第三节　城郊农民的户籍依恋①

一、城郊农民户籍依恋的研究设计

(一)城镇化背景下的"被动"市民化

在城镇化背景下,大量城郊农民经历征地拆迁而离开土地,告别村落生活。尽管从生产生活方式上已不再具有农民属性,但大多数城郊农民还保留着农业户籍。随着新型城镇化的深入发展,城郊农民的市民化成为必然趋势,市民化转型的一个重要标志就是户籍身份由农业转为非农业。然而城郊农民的"农转非"意愿较弱,表现出对农业户籍的强烈依恋。

城郊农民是由于征地拆迁而"被动"市民化的群体,在户籍身份的"农转非"上,也体现出较强的被动性。如果不关注其市民化意愿选择背后的原因而强制"农转非",将既不利于城郊农民真正接受并完成市民化的转型,还可能会导致不稳定因素的出现。因此,有必要探讨为什么城郊农民不愿意市

---

① 参见于莉:《从土地依恋到户籍依恋——天津城郊农民生活安全脆弱性与市民化意愿代际分析》,《北京社会科学》,2018 年第 6 期。

民化,以及是什么因素导致了城郊农民的户籍依恋。只有了解城郊农民户籍依恋背后的真实原因,才能有针对性地做出政策调整,切实有效地推进城郊农民的市民化进程,促使其顺利完成由农民到新市民的转型。

(二)研究思路与研究假设

1.土地依恋与安全伦理

雷德弗尔德(Redfield)指出,农民对土地怀有一种特别的情感并赋予土地特殊的价值[①],这种情感凝结了农民对土地的依恋和热爱[②],并深刻影响着农民的生活方式和价值观念[③]。在我国市场经济条件下,几亿农民离开土地从事各种非农劳动。离土创业带来的收入改善使农民对土地的传统信仰逐渐淡化。[④] 虽然土地已不是农民赖以谋生的唯一出路,但多数农民并不愿意脱离土地。[⑤]

以普波金(Popkin)为代表的"理性小农"观点认为农民的行为逻辑是追求经济效益的最大化。[⑥] 以斯科特(Scott)为代表的"道义经济"理论认为农民的行为选择遵循"生存伦理"和"安全第一"的准则。[⑦] 大多数研究者认为

---

① See Redfield, R.,*Peasant Society and Culture*,Chicago University Press, 1956,p. 112.
② 参见陈胜祥:《农民土地情结变迁的经济意义——基于1149份问卷的调查分析》,《青海社会科学》,2012年第6期。
③ 参见米华:《中国共产党与当代农民土地情感迁变——以湖南省溆浦县桐木坨村农民为例》,《北京行政学院学报》,2007年第2期。
④ 参见周晓虹:《传统与变迁——江浙农民的社会心理及其近代以来的嬗变》,生活·读书·新知三联书店,1998年,第43页。
⑤ 参见钱文荣:《浙北传统粮区农户土地流转意愿与行为的实证研究》,《中国农村经济》,2002年第7期;周娴:《"放弃"还是"保留":免税之后农民工的土地选择——对青岛市农民工的调查分析》,《湖北行政学院学报》,2006年第2期。
⑥ See Popkin, Samuel L.,*The Rational Peasant*:*The Political Economy of Rural Society in Vietnam*,University of California Press,1979,p. 31.
⑦ 参见[美]詹姆斯·C.斯科特:《农民的道义经济学:东南亚的反叛与生存》,程立显等译,译林出版社,2001年,第3~4页。

我国农民不肯放弃地权主要源自安全感的缺失。① 尽管市场经济条件下农民也会计算经济利益的得失,但这是建立在与安全需求相平衡的前提下,农民只有满足了安全需求,才会追求更大的经济收益,在经济收益不断提升的情况下,农民并不选择利益最大化的行动策略,而是追求更高水平的安全性。②

2. 农民生活安全的脆弱性

在我国城乡二元体制下,农民不能享受市民待遇,土地成为农民自我保障的重要基础③,所以农民宁可荒置土地,也不愿意放弃地权④。如果农民在失去土地的同时无法获得与市民同等的社会保障和就业机会,其生存安全将面临重大威胁。⑤

基于此,有研究者提出农民生活安全的脆弱性问题。所谓脆弱性是指个人或家庭由于受到外部因素的冲击而面临经济损失或生活贫困的风险。导致生活安全脆弱性的原因:一是外部风险因素的冲击;二是内部抗风险能力和外部社会系统支持能力的低下。⑥ 从脆弱性理论视角分析,农民的生活安全取决于是否面临外部风险,是否具备较强的内部风险支撑能力和良好的外部风险保障措施。⑦ 农民的内部风险支撑主要来自家庭自我保障和土

---

① 参见王岩、马贤磊、石晓平、饶芳萍:《农民土地流转行为决策:一个道义经济的分析视角——基于和田地区 K 村的考察》,《干旱区资源与环境》,2017 年第 8 期。

② 参见彭晓宽:《经济理性抑或安全需求:城中村改造中农民行动考察》,《求实》,2016 年第 3 期。

③ 参见赵光、李放:《非农就业、社会保障与农户土地转出——基于 30 镇 49 村 476 个农民的实证分析》,《中国人口·资源与环境》,2012 年第 10 期。

④ 参见王克强:《农村土地基本生活保障向社会保险过渡存在的困难——兼论农民对土地决策基础从生存伦理向经济理性的转移》,《社会科学战线》,2005 年第 2 期。

⑤ 参见毛丹、王燕锋:《J 市农民为什么不愿做市民——城郊农民的安全经济学》,《社会学研究》,2006 年第 6 期。

⑥ 参见李小云、董强、饶小龙、赵丽霞:《农户脆弱性分析方法及其本土化应用》,《中国农村经济》,2007 年第 4 期。

⑦ 参见于长永:《保障与风险:农民生活安全的脆弱性分析》,《农村经济》,2011 年第 1 期。

地保障;外部风险保障主要来自村镇集体保障和社会保障。当农民没有受到外部风险因素的干扰并具有满足需求的内部支持和外部保障时,就会有较强的生活安全感。

3. 城郊农民的安全风险与户籍依恋

征地拆迁改变了城郊农民的生产生活方式,使其永久性地失去土地和务农职业,这本身就是巨大的外部冲击。[①] 不稳定的非农就业不能取代土地的保障功能。[②] 在竞争激烈的非农就业市场中,由于原有知识和技能的失效,城郊农民成为没有技术专长的弱势群体,无法在城市经济环境中获得安全的职业地位。同时,大量城郊农民无法进入社会保障体系,不能获得市民的福利待遇。因为缺少完善的外部风险保障,城郊农民的生活安全脆弱性凸显出来。

征地后,许多村集体利用留用地发展集体经济,这被视为解决失地农民保障问题的良方。[③] 由集体经济承担社会福利保障的供给责任,使城郊农民享受到村级层面涉及住房、养老、教育、就业等多方面的社会福利和保障支持,得到生存和心理上的安全保证。[④] 而获得集体保障的前提是拥有村籍身份,因此城郊农民不敢轻易放弃农业户籍[⑤],在无法保留土地使用权的情况下,保留农业户籍成为城郊农民安全伦理的最后需求。

---

① 参见王琦:《在集体土地征收补偿制度中应设定失地农民就业保障权》,《税务与经济》,2013年第3期。

② 参见贺书霞:《土地保障与农民社会保障:冲突与协调》,《中州学刊》,2013年第2期。

③ 参见赵晓菊:《被征地村集体经济发展不可忽视——山东平度城郊农村失地农民和集体经济出路调查》,《农村经营管理》,2012年第10期。

④ 参见朱逸、纪晓岚、李文静:《失地农民社会保障体系构建的路径分析——"政府+集体经济"双重供给主体模式初探》,《河南社会科学》,2010年第5期;钱存阳、易荣华、刘家鹏、张华:《城镇化改造中集体经济对失地农民保障作用研究——基于浙江9个地区的调查数据》,《农业经济问题》,2015年第1期。

⑤ 参见陈志、丁士军、吴海涛:《当农民还是做市民:城中村居民市民化意愿研究》,《财政研究》,2016年第11期。

4. 农民市民化的影响因素

城市扩张与新型城镇化发展影响城郊农民的市民化转型。在市民化影响因素分析中,研究者提出的首要因素是就业问题。职业技能水平低、工作选择空间小以及就业不稳定阻碍了农民的市民化进程。[①] 其次,无法享有城市社会保障而只能参加农村社保也在一定程度上影响了农民的市民化意愿。[②] 此外,农民市民化还存在代际差异,新生代农民更愿意成为市民,留在就业机会多、公共服务好的大中城市。[③]

农民市民化的影响因素具有多维度特征,既受宏观政策因素,也受中观集体因素和微观个体因素的影响;既要关注变迁的风险因素,又要关注抵御风险的外部支持和内部能力。在农民市民化的代际分析中,大多数研究关注进城农民市民化的代际差异,对就地转移的城郊农民关注不足;而且代际分析多基于同期群的划分,很少对家庭代际间的差异做出对比。城郊农民的市民化也存在代际差异,并会在父代和子代之间呈现出来。对这种差异的分析有助于探讨城郊农民市民化的未来趋势,也有助于对农民市民化意愿的影响因素做出更精细的考察,从而有针对性地做出政策调整,推进城郊农民市民化的发展。

(三)指标设计与变量测量

考察土地依恋及其影响因素时,因变量为土地依恋,测量指标为询问城郊农民"是否愿意失去土地",越不愿意失去土地,土地依恋程度越高。

考察户籍依恋及其影响因素时,因变量为户籍依恋;考察市民化意愿及

---

① 参见刘兆征:《农业转移人口市民化的意愿、障碍及对策——基于山西的调查分析》,《国家行政学院学报》,2016 年第 3 期;杨天荣、杨国玉:《农村转移人口市民化意愿与行为选择研究》,《经济问题》,2015 年第 10 期。

② 参见佐赫、孙正林:《外部环境、个人能力与农民工市民化意愿》,《商业研究》,2017 年第 9 期。

③ 参见解永庆、缪杨兵、曹广忠:《农民工就业空间选择及留城意愿代际差异分析》,《城市发展研究》,2014 年第 4 期;卓玛草、孔祥利:《农民工留城意愿再研究——基于代际差异和职业流动的比较分析》,《人口学刊》,2016 年第 3 期。

其影响因素时,因变量为市民化意愿。两个变量的测量指标都是询问城郊农民"是否愿意将农业户口转为非农业户口"。户籍依恋为反向计分,越不愿意"农转非"得分越高,体现户籍依恋程度越高;市民化意愿为正向计分,越愿意"农转非"得分越高,体现市民化意愿越高。

根据研究假定四组自变量:

第一组自变量为代际变量,测量指标为父代和子代在家庭代际关系中的地位。

第二组自变量为生活安全风险变量,测量指标有三个,分别询问城郊农民失地后是否担心以下事项:①生活保障问题;②就业压力问题;③生活负担问题。指标得分越高,生活安全风险越高。

第三组自变量为外部抵御风险支持变量,分为两个维度:一是社会保障支持,二是集体保障支持。前者的测量指标是考察城郊农民获得社会保险和就业服务的状况;后者的测量指标包括获得集体购置保险、集体发放补助和集体分房出租收入三项。指标得分越高,外部抵御风险支持越强。

第四组自变量为内部抵御风险能力变量,其测量指标包括文化程度、职业技能、就业状况和收入状况四项。指标得分越高,内部抵御风险能力越强。

研究的控制变量为性别和年龄。各变量的赋值方式和取值水平如表6 – 20 所示。

表6 – 20 各变量的赋值方式和取值水平

变量类型	变量名称	测量指标	赋值方式和取值水平
因变量	土地依恋	愿意失去土地	是(=0):32.6%,无所谓(=1):19.5%,不是(=2):47.9%
	户籍依恋	"农转非"意愿	愿意(=0):20.1%,无所谓(=1):32.6%,不愿意(=2):47.3%
	市民化意愿		不愿意(=0):47.3%,无所谓(=1):32.6%,愿意(=2):20.1%

续表

变量类型	变量名称			测量指标	赋值方式和取值水平
自变量		代际变量		代际地位	父代(＝0):50%,子代(＝1):50%
	抵御风险水平	生活安全风险		保障风险	不担心(＝0):30.2%,没想过(＝1):27.4%,担心(＝2):42.4%
				就业风险	不担心(＝0):8.5%,没想过(＝1):5.8%,担心(＝2):85.7%
				负担风险	不担心(＝0):16.5%,没想过(＝1):36.3%,担心(＝2):47.3%
		外部抵御风险支持	社会保障支持	社保状况	没有(＝0):11.6%,养老保险或医疗保险(＝1):31.1%,养老保险和医疗保险(＝2):32.3%,还有其他一种保险(＝3):5.8%,还有其他两种保险(＝4)2.4%,还有其他三种保险(＝5):16.8%
				就业服务	没有(＝0):91.5%,有(＝1):8.5%
			集体保障支持	集体购置保险	没有(＝0):75%,有(＝1):25%
				集体补助	没有(＝0):74.1%,有(＝1):25.9%
				租房收入	没有(＝0):44.5%,有(＝1):55.5%
		内部抵御风险能力		文化程度	小学及以下(＝0):19.8%,初中(＝1):23.5%,高中/技校/职高(＝2):19.8%,大专/高职(＝3):9.1%,大本(＝4):26.5%,研究生(＝5):1.2%
				职业技能	没有(＝0):72.9%,有(＝1):27.1%
				就业状况	失业/无业(＝0):45.4%,非正式就业(＝1):19.8%,正式就业(＝2):34.8%
				收入状况	无收入(＝0):31.1%,有不固定收入(＝1):11.3%,有固定收入(＝2):57.6%
控制变量	性别			性别	女(＝0),男(＝1)
	年龄			年龄	根据实际年龄赋值

二、城郊农民户籍依恋的描述与分析

(一)统计描述与代际比较

通过配对样本 T 检验对各变量的代际差异进行比较,结果如表 6-21 所示。

表 6-21 变量的代际配对样本 T 检验

变量	均值	均值差(父-子)	t	sig
土地依恋	1.15	0.256	3.548	0.001
户籍依恋	1.27	0.384	5.081	0.000
市民化意愿	0.73	-0.384	-5.081	0.000
保障风险	1.12	-0.024	-0.285	0.776
就业风险	1.77	0.201	3.423	0.001
负担风险	1.31	-0.079	-1.095	0.275
生活安全风险	1.40	0.033	0.814	0.417
社保状况	0.83	-0.13	-1.91	0.058
就业服务	0.17	0.05	0.89	0.373
社会保障支持	0.50	-0.04	-0.88	0.383
集体购置保险	0.50	0.27	3.42	0.001
集体补助	0.52	0.13	1.93	0.055
租房收入	1.11	0.10	1.52	0.131
集体保障支持	0.71	0.17	4.44	0.000
外部抵御风险支持	0.60	0.06	2.13	0.035
文化程度	0.81	-0.73	-17.79	0.000
职业技能	0.54	-0.11	-1.29	0.199
就业状况	0.89	-0.24	-2.20	0.029
收入状况	1.27	0.15	1.53	0.129
内部抵御风险能力	0.88	-0.23	-3.94	0.000
抵御风险水平	0.74	-0.08	-2.28	0.024
生活安全脆弱性	0.66	0.12	2.16	0.032

1.因变量的统计描述

城郊农民的土地依恋和户籍依恋均处于中等偏高水平,且父代显著高于子代。城郊农民的市民化意愿水平较低,且父代显著低于子代。

2.自变量的统计描述

(1)生活安全风险。城郊农民的生活保障风险中等偏高,代际差异不显著;就业风险很高,父代显著高于子代;负担风险较高,代际差异不显著。综合三个指标显示城郊农民的生活安全风险较高,而代际差异不显著。

(2)抵御风险水平。城郊农民的社会保险水平较低,就业服务水平极低,综合两个指标显示社会保障支持水平很低,代际差异均不显著。城郊农民的集体购置保险水平很低,父代显著高于子代;集体补助水平很低,代际差异不显著;租房收入水平中等偏高,代际差异不显著。综合三个指标显示集体保障水平低,父代显著高于子代。将社会保障支持和集体保障支持的平均值作为外部抵御风险支持的综合得分,结果显示城郊农民的外部抵御风险支持水平低,父代显著高于子代。城郊农民的文化程度较低,父代显著低于子代;职业技能水平很低,代际差异不显著;就业水平较低,父代显著低于子代;收入水平中等偏高,代际差异不显著。综合四个指标显示城郊农民的内部抵御风险能力较低,父代显著低于子代。

将外部抵御风险支持和内部抵御风险能力的平均值作为抵御风险水平的综合得分,结果显示城郊农民的抵御风险水平低,父代显著低于子代。

(3)生活安全脆弱性。运用以下公式计算生活安全脆弱性程度:生活安全脆弱性＝生活安全风险－抵御风险水平。如果得分为正,说明存在生活安全脆弱性;如果得分为0,说明不存在生活安全脆弱性;如果得分为负,说明生活安全不脆弱。统计结果为正,说明城郊农民具有一定程度的生活安全脆弱性,父代显著高于子代。

三、解释模型

(一)土地依恋和户籍依恋的解释模型

以性别、年龄为控制变量,以生活安全风险和抵御风险水平为自变量,建构多元 Logistic 回归模型(见表 6-22)。

模型 1 以土地依恋为因变量,将其处理为多分定类变量,认为不愿意失去土地体现土地依恋态度,无所谓体现土地无依恋态度,愿意失去土地体现离地意愿。结果显示,以土地依恋为参照,控制其他变量的情况下,年龄每增加 1 岁,选择土地无依恋的概率减少 2.1%,选择离地意愿的概率减少 1.6%;生活安全风险每增加 1 分,选择土地无依恋的概率减少 64.7%。

模型 2 以户籍依恋为因变量,将其处理为多分定类变量,认为不愿意"农转非"体现户籍依恋态度,无所谓体现户籍无依恋态度,愿意"农转非"体现离农意愿。结果显示,以户籍依恋为参照,控制其他变量的情况下,年龄每增加 1 岁,选择户籍无依恋的概率减少 3.7%,选择离农意愿的概率减少 2.4%;抵御风险水平每增加 1 分,选择离农意愿的概率增加 2.882 倍。

表 6-22 土地态度对比模型和户籍态度对比模型

模型 1		B	Exp(B)	模型 2		B	Exp(B)
土地无依恋	性别　　女（男）	-0.376 (0.313)	0.687	户籍无依恋	性别　　女（男）	-0.323 (0.268)	0.724
		0				0	
	年龄	-0.021 (0.010)	0.979 *		年龄	-0.037 (0.008)	0.964 ***
	生活安全风险	-1.040 (0.355)	0.353 **		生活安全风险	-0.404 (0.305)	0.668

续表

	模型1	B	Exp(B)		模型2	B	Exp(B)
	抵御风险水平	-0.133 (0.443)	0.876		抵御风险水平	0.213 (0.386)	1.238
	截距	1.687 (0.786)			截距	截距	1.791 (0.690)
离地意愿	性别 女 （男）	-0.189 (0.259)	0.828	离农意愿	性别 女 （男）	-0.290 (0.311)	0.748
		0				0	
	年龄	-0.016 (0.008)	0.984*		年龄	-0.024 (0.010)	0.976*
	生活安全风险	-0.029 (0.302)	0.972		生活安全风险	-0.101 (0.353)	0.904
	抵御风险水平	-0.118 (0.370)	0.889		抵御风险水平	1.356 (0.454)	3.882**
	截距	0.554 (0.697)			截距	-0.558 (0.846)	
Cox & Snell R²		0.055		Cox & Snell R²		0.106	
Nagelkerke R²		0.063		Nagelkerke R²		0.121	

注:(1)模型1的参考类别为"土地依恋";模型2的参考类别为"户籍依恋"。

(2) $^*p < 0.05$, $^{**}p < 0.01$, $^{***}p < 0.001$, $N = 328$。

（二）市民化意愿的解释模型

将市民化意愿处理为多分定类变量,认为愿意"农转非"体现支持市民化态度,无所谓体现中立态度,不愿意"农转非"体现反对态度。以性别、年龄为控制变量,以代际变量、生活安全风险的三个变量、外部抵御风险支持中社会保障支持的两个变量和集体保障支持的三个变量、内部抵御风险能力的四个变量为自变量,建构解释市民化意愿的多元 Logistic 回归模型3,见表6-23。结果显示,以反对态度为参照,控制其他变量的情况下,集体购置保险每增加1分,选择中立态度的概率增加62.6%;职业技能每增加1分,选择支持态度的概率增加58.0%;就业状况每增加1分,选择支持态度增加

1.714倍;子代选择支持态度的概率是父代的3.831倍。

为了探讨父代和子代市民化意愿各受哪些因素的影响,分别提取父代数据和子代数据,建构多元Logistic回归模型4和模型5,两个模型去除了代际变量,其余变量均与模型3相同,见表6-23。

以反对态度为参照,在父代解释模型中控制其他变量的情况下,负担风险每增加1分,选择中立态度的概率减少59.6%;集体购置保险每增加1分,选择中立态度的概率增加1.158倍;就业状况每增加1分,选择中立态度的概率增加2.693倍;职业技能每增加1分,选择支持态度的概率增加1.630倍。

在子代解释模型中控制其他变量的情况下,就业风险每增加1分,选择中立态度的概率减少63.9%;社会保险每增加1分,选择中立态度的概率增加4.354倍;就业状况每增加1分,选择支持态度的概率增加1.903倍。

表6-23 市民化意愿的对比模型

			模型3		模型4		模型5	
			B	Exp(B)	B	Exp(B)	B	Exp(B)
中立态度	性别	女（男）	-0.330 (0.298)	0.719	-1.188 (0.565)	0.305	0.402 (0.460)	1.494
			0		0		0	
	年龄		-0.016 (0.020)	0.985	-0.005 (0.028)	0.995	-0.050 (0.045)	0.952
	代际	父代（子代）	-0.336 (0.562)	0.714				
			0					
	生活安全风险	保障风险	0.017 (0.167)	1.017	-0.104 (0.305)	0.901	-0.078 (0.249)	0.925
		就业风险	-0.119 (0.225)	0.888	1.630 (0.915)	5.105	-1.020 (0.337)	0.361**
		负担风险	-0.308 (0.199)	0.735	-0.907 (0.340)	0.404*	0.653 (0.335)	1.921

续表

			模型3		模型4		模型5	
			B	Exp(B)	B	Exp(B)	B	Exp(B)
外部抵御风险支持		社会保险	-0.099 (0.277)	0.905	-1.105 (0.480)	0.331	1.678 (0.527)	5.354***
		就业服务	0.006 (0.243)	1.006	0.371 (0.397)	1.450	-0.571 (0.418)	0.565
		集体购置保险	0.486 (0.171)	1.626**	0.769 (0.291)	2.158*	0.471 (0.278)	1.602
		集体补助	-0.319 (0.169)	0.727	-0.423 (0.288)	0.655	-0.408 (0.272)	0.665
		租房收入	-0.023 (0.142)	0.978	-0.273 (0.241)	0.761	0.357 (0.228)	1.428
内部抵御风险能力		文化程度	0.494 (0.330)	1.640	1.644 (0.645)	5.176	-0.877 (0.543)	0.416
		职业技能	-0.214 (0.182)	0.807	-0.845 (0.355)	0.430	0.082 (0.269)	1.085
		就业状况	0.430 (0.257)	1.538	1.306 (0.396)	3.693**	-0.259 (0.466)	0.772
		收入状况	-0.280 (0.221)	0.755	-0.306 (0.352)	0.737	-0.888 (0.502)	0.412
	截距		0.917 (1.010)		-2.321 (2.681)		2.716 (1.660)	
支持态度	性别	女（男）	-0.070 (0.359)	0.932	-0.449 (0.651)	0.638	0.233 (0.496)	1.263
			0		0		0	
	年龄		0.024 (0.021)	1.024	-0.008 (0.032)	0.992	0.066 (0.043)	1.068
	代际	父代（子代）	-1.342 (0.647)	0.261*	——	——	——	——
			0		——		——	
	生活安全风险	保障风险	-0.385 (0.199)	0.680	-0.636 (0.380)	0.529	-0.357 (0.274)	0.700
		就业风险	0.610 (0.364)	1.841	0.436 (0.674)	1.546	0.425 (0.525)	1.529
		负担风险	-0.034 (0.240)	0.967	-0.382 (0.369)	0.683	0.277 (0.368)	1.320

续表

		模型3		模型4		模型5	
		B	Exp(B)	B	Exp(B)	B	Exp(B)
外部抵御风险支持	社会保险	-0.532 (0.321)	0.587	-0.537 (0.539)	0.585	-0.648 (0.528)	0.523
	就业服务	-0.317 (0.334)	0.728	-0.687 (0.531)	0.503	-0.521 (0.525)	0.594
	集体购置保险	0.121 (0.221)	1.129	0.269 (0.360)	1.308	-0.213 (0.345)	0.808
	集体补助	0.021 (0.193)	1.021	-0.244 (0.359)	0.784	0.008 (0.265)	1.008
	租房收入	0.236 (0.175)	1.266	0.699 (0.339)	2.011	0.175 (0.237)	1.192
内部抵御风险能力	文化程度	0.711 (0.383)	2.035	1.749 (0.724)	5.746	0.496 (0.633)	1.642
	职业技能	0.458 (0.191)	1.580*	0.967 (0.356)	2.630*	0.103 (0.266)	1.109
	就业状况	0.999 (0.324)	2.714**	0.650 (0.529)	1.916	1.066 (0.540)	2.903*
	收入状况	-0.486 (0.309)	0.615	-1.190 (0.502)	0.304	-0.491 (0.583)	0.612
截距		-2.995 (1.304)		-1.396 (2.751)		-3.943 (2.210)	
Cox & Snell R^2		0.246		0.381		0.315	
Nagelkerke R^2		0.281		0.451		0.355	
注:参考类别为"反对态度"		$N=328$, $p<0.05$, $p<0.01$, $p<0.001$		$N=164$, $p<0.01$, $p<0.001$		$N=164$, $p<0.05$, $p<0.01$, $p<0.001$	

四、小结

关于城郊农民户籍依恋与市民化意愿的研究结果显示:

第一,城郊农民具有较强的土地依恋,父代显著高于子代。根据模型1,

在土地无依恋和土地依恋的对比中,生活安全风险的提高增加了土地依恋的概率;但在离地意愿和土地依恋的对比中,这一因素并不发挥显著影响。由此,可以认为土地依恋是与生活安全需求相关联的。

第二,城郊农民的户籍依恋程度高于土地依恋,在父代和子代中都是如此。城郊农民具有一定程度的生活安全脆弱性,父代脆弱性显著高于子代。根据模型2,在离农意愿和户籍依恋的对比中,抵御风险水平的提高降低了户籍依恋的概率。

第三,城郊农民的市民化意愿低,父代显著低于子代。根据模型3,代际因素在中立态度和反对态度的对比中没有显著影响,在支持态度和反对态度的对比中产生显著影响,子代选择支持态度的概率显著高于父代。

第四,以反对态度为参照,模型3中外部抵御风险支持的集体购置保险对选择中立态度产生显著正向影响;内部抵御风险能力的职业技能和就业状况对选择支持态度产生显著正向影响。父代模型中生活安全风险的负担风险对选择中立态度产生显著负向影响;外部抵御风险支持的集体购置保险和内部抵御风险能力的就业状况对选择中立态度产生显著正向影响;内部抵御风险能力的职业技能对选择支持态度产生显著正向影响。子代模型中生活安全风险的就业风险对选择中立态度产生显著负向影响;外部抵御风险支持的社会保险对选择中立态度产生显著正向影响;内部抵御风险能力的就业状况对选择支持态度产生显著正向影响。

在我国新型城镇化建设中,越来越多的城郊农民正在经历非农化的变迁,从农民到市民的转型是必然的发展趋势。要促进城郊农民积极适应和完成市民化转型,必须注重城郊农民土地依恋和户籍依恋的转变,提升其市民化意愿。

依据研究结果,城郊农民年龄越小,土地依恋和户籍依恋程度越低,相对父代而言,子代市民化意愿更强。可以预期随着城郊农民的代际更替,其土地依恋和户籍依恋水平会逐渐降低,市民化意愿也会逐渐增强。但这并不意味着城郊农民市民化仅仅是代际更替的自然过程,在市民化转型中要特别关注以下几个方面:

第一,要优化城郊农民的外部生存环境,降低其市民化风险。生活安全风险的增加会强化城郊农民的土地依恋。负担风险的增加导致父代对市民化的反对态度;就业风险的增加导致子代对市民化的反对态度。虽然城郊地区城镇化的不断推进不可避免会对城郊农民的生活安全造成外部干扰,但如果能缩小城乡生活水平的差异,切实提高城郊农民收入水平和消费水平,减少其生活负担,就能有效提升城郊农民,特别是父代的市民化意愿。如果能通过推进城郊地区第二、第三产业的发展,增加就业岗位供给,同时建构规范的农业转移劳动力就业市场,降低就业风险,将对提升城郊农民,特别是子代的市民化意愿具有重要意义。

第二,要提升城郊农民抵御风险的水平。抵御风险水平的提升可以显著改变城郊农民的户籍依恋态度,这一方面来自外部抵御风险支持,另一方面来自内部抵御风险能力。从外部抵御风险支持方面看,一要注重村镇集体对城郊农民失地后的安置工作,落实好安置政策,特别要通过集体购置医疗、养老保险为城郊农民提供有力的集体保障,这对改变城郊农民,特别是父代对市民化的抵制态度具有积极影响。二要注重为城郊农民提供公平、公正的社会保障支持,尤其对于子代,能够将他们纳入城市社会保障体系,使其获得市民待遇,可以有效转变其对市民化的抵制态度。

从内部抵御风险能力看,一要注重优化城郊地区的教育资源,大力发展职业教育和职业培训,切实提升城郊农民的文化素养,特别是职业技能水平。职业技能的提升对于城郊农民,特别是父代从反对市民化到支持市民化的态度转变具有显著的促进作用。二要注重城郊农民的就业安置和就业服务,针对城郊农民的非农化转型,建立专门的劳动力服务市场,为农业转移劳动力提供就业信息、就业培训和就业服务,提升城郊农民的就业质量和就业稳定性,这对于城郊农民,特别是子代从反对市民化到支持市民化的态度转变具有显著影响,对于父代改变对市民化的抵触态度也具有积极影响。

第七章　城郊农民市民化转型的困境分析

本编关注的是大都市城郊地区失地农民的市民化转型问题,研究发现城郊失地农民在城镇化转型过程中面临着身份转型、非农就业、职业流动和身份认同等方面的困境,本章对城郊失地农民在身份转型过程中所面临的困境进行描述和原因分析,并就如何解决城郊失地农民的转型困境,促进城郊失地农民的市民化转型做出讨论。

第一节　城郊农民身份转型的困境①

一、问题的提出

20世纪50年代,为了有效地掌握全国农村城镇人口情况和管理人员跨

---

① 本人指导的大创组成员任彬彬、严欣怡、张媛参与了本节的文献整理与综述工作。

区域流动,我国逐步实行了城乡二元结构的户籍管理制度体系①,与此相对应的便是全国人口被分为农民和市民两大群体。由于城乡之间固有的经济、社会差异以及严格的城乡二元分割户籍制度导致的城乡间资源分配不平等的现实境况,不同的生活水平、福利待遇、文化素质、精神风貌已将市民与农民划分为两个不同的社会阶层,于是"农民"这一概念不仅表示一种职业,它既是一种出身,同时也代表一个社会阶层,是一种身份符号。② 在党的十一届三中全会召开以后,农村开启经济改革,包产到户的家庭联产承包责任制在农村地区逐步推广,土地的使用权归农民所有,土地成了农民最根本的生存保障。对于全体农民来说,土地充当着经济生产资料、主要收入来源和社会发展保障等多种角色。③

在改革开放浪潮的大力推动下,我国的工业化和城镇化发展快速,工业用地和城市建设用地的需求不断增长,城郊土地被大规模征用以进行城市改造项目建设,大量城郊农民在这个过程中主动或被动地失去了自己原有的土地,由此便催生出一个数量庞大的失地农民群体。根据相关数据进行预测,至 2030 年我国失地或部分失地农民的数量将会达到 7800 万左右。④土地开发促使城市得到快速扩展,在这个过程中,许多失地农民几乎没有任何精神和心理上的准备便丧失了他们原先赖以生存的土地资源,剧烈的社会发展使失地农民走上了快速转变为城市居民身份的道路⑤,这种身份的转

---

① 参见许振兴:《二元户籍制度与失地农民的身份认同问题研究——基于大学生社会实践调查》,《安徽农业科学》,2010 年第 27 期。

② 参见秦晖:《关于农民问题的历史考察》,《民主与科学》,2004 年第 1 期。

③ 参见万厦、海平、利痕:《城市扩展中政府应如何帮助失地农民实现身份转变》,《理论前沿》,2003 年第 21 期。

④ 参见张海波、童星:《我国城市化进程中失地农民的社会适应》,《社会科学研究》,2006 年第 1 期。

⑤ 参见吴爽、秦启文:《城市化进程中失地农民身份认同研究进展》,《安徽农业科学》,2008 年第 23 期。

变源于政府自上而下的政策制度的安排,具有不可抗性,即非自愿性。①

城郊失地农民的身份转型面临着很多障碍,其中最主要的问题是身份概念上的模糊。失去土地的城郊农民还没有在城市中取得市民地位,既不属于农民群体,又独立于市民群体。他们虽然在制度上已经被硬性地划分为市民,但在心理层面尚未认同自身的市民身份,现实身份与心理身份的不匹配导致他们不能够实现完整的身份认同。②

无论农民还是市民,都是通过与其所在环境的互动从而确定自身的身份,当失地农民脱离了自身熟悉的乡村环境,处于城市环境中时,其自身原属于乡村的行为一时间得不到协调,因而出现偏差,出现了身份认同的危机。大量研究表明,城郊农民失去土地后住进城市,固然实现了居住地域和生活方式的改变,但在本质上仍然属于城市的边缘群体。相比城镇居民,失地农民文化水平低,缺乏城市谋生手段,被迫只能从事体力劳动等社会认同感较低、社会经济地位较低的职业,这些不良城市体验与他们曾经对城市生活的美好期待相违背,也深刻影响了其对城市市民身份的认同。从某种程度上说,失地农民没有实现对城市的认同感,其城镇化的过程就远未完成。③

高速城镇化发展的背景下,与土地的快速城镇化相对应的是较为滞后的失地农民的市民化问题。解决好这个问题,对于国家的稳定、社会的发展、人民的幸福感都具有重要意义。④ 对城郊失地农民的身份转型与身份认同进行深入研究,有助于我们探讨失地农民在身份转型过程中所产生的诸

---

① 参见韩丹:《失地农民身份认同研究——以南京市 A 区村改居社区为例》,《福建论坛》(人文社会科学版),2012 年第 8 期。

② 参见王桂新、武俊奎:《城市农民工与本地居民社会距离影响因素分析——以上海为例》,《社会学研究》,2011 年第 2 期。

③ 参见崔波、李开宇、高万辉:《城乡结合部失地农民身份认同:社会空间视角》,《经济经纬》,2010 年第 6 期。

④ 参见王海娟、莎日娜:《新生代农民工身份认同中经济边缘化及其优化》,《农业经济》,2016 年第 5 期。

多问题,分析失地农民的现实需求,总结在新型城镇化进程中促使失地农民市民化的有效途径,这对改善城郊失地农民的生活质量具有重要意义,也有利于提高城郊失地农民在身份转型过程中的获得感、幸福感,促进失地农民的市民化身份认同。①

二、城郊农民身份转型的困境分析

(一)政策制度层面的困境

我国长期实行的二元户籍管理体制在失地农民的身份转型过程中产生了不小的阻力,二元户籍管理制度及其衍生品是失地农民身份认同问题产生的一个根本性的原因。城乡二元户籍管理体制以及与之相匹配的一系列政策、制度等对于失地农民的市民化进程是十分不利的。② 城镇化进程中,在二元户籍制度的作用下催生了"本地"和"外地","农民"与"市民","体制内"和"体制外"三种表现较为明显的身份矛盾③,这些矛盾影响了失地农民的身份认同,并引起了与身份认同相关的一系列问题。许多研究者都指出,失地农民对于自身的市民身份认同是具有模糊性的,户籍上的"农转非"仅仅是从表面上或者说仅仅是在制度层面解决了失地农民的身份问题,从深层次来看,失地农民的身份仍旧是模糊的,是不明确、不稳定的。④ 同时,现行的诸多政策法规对失地农民身份转型问题的处理还存在很多不足之处,

---

① 参见魏玉君、叶中华:《项目制服务下的身份认同与社会融合——公益组织促进失地农民市民化研究》,《中国行政管理》,2019 年第 10 期。

② 参见李燕:《新型城镇化进程中农民身份转化问题及对策》,《理论月刊》,2017 年第 2 期。

③ 参见郑杭生、陆益龙:《城市中农业户口阶层的地位、再流动与社会整合》,《江海学刊》,2002 年第 2 期。

④ 参见刘晓霞:《失地农民市民化身份转换的问题研究》,《理论与现代化》,2009 年第 2 期。

损害了失地农民的利益,影响着失地农民的生活水平和生存状态,使其难以融入城市生活,实现市民化身份转型。①

(二)经济权益层面的困境

由于经济权益与失地农民休戚相关,其对于失地农民的市民化意愿有着深远的影响。大量城郊农民失地后,在经济生产空间上受到了极大的冲击,在失去赖以生存的土地的同时,也失去了于己有利的同土地相关联的种种权益,这影响了他们的身份转型体验,使其在市民化过程中产生焦虑的情绪。② 李勇麟在对晋江市失地农民安置问题的研究中指出,不合理的土地征收补偿制度、以货币安置为主的单一的安置方法以及尚未健全的失地农民社会保障机制等不利于失地农民的可持续生计。③ 土地在农民的日常生活中承担着多种功能,发挥着重要的社会保障作用,失地农民在失去土地之后,就等同于变相失去了原来生活中本就具有的社会保障,而在现行的征地补偿制度之下,多数失地农民很难获得有效的社会保障④,这极大地损害了失地农民的经济权益。

城郊农民失去土地后面临的基本生存问题是实现非农化再就业的问题。虽然失地农民能够熟练地掌握农业技能,但他们严重缺乏在第二、第三产业工作的经验与技术,同时由于年龄较大,学习能力有限,其自身文化背

---

① 参见万厦、海平、利痕:《城市扩展中政府应如何帮助失地农民实现身份转变》,《理论前沿》,2003 年第 21 期。
② 参见崔波、李开宇、高万辉:《城乡结合部失地农民身份认同:社会空间视角》,《经济经纬》,2010 年第 6 期。
③ 参见李勇麟:《晋江市农民失地问题研究》,《农村经济与科技》,2018 年第 22 期。
④ 参见杜书云、徐景霞:《内源式发展视角下失地农民可持续生计困境及破解机制研究》,《经济学家》,2016 年第 7 期。

景的局限性使其在城市就业市场中处于不利地位①,这进一步导致了失地农民就业空间的狭窄,阻碍了失地农民的职业转换②。

(三)社会层面的困境

在物理生存空间上,失地农民因为离开了原本作为经济来源和生活保障的土地,生活状态随之发生改变,处于一种既有别于农村又不同于城市的模糊状态,身份判断也因此变得模糊起来。在社会交往上,失地农民的城市愿景与其保守的行为表现存在着一定的矛盾,体现为虽然向往城市生活但又不愿与城市人有过多交流③,失地农民内卷化的社会交往体系对其市民化身份认同产生了消极的影响④。同时,城市社会性的排斥制度也阻碍着失地农民的市民身份认同,使失地农民缺乏对城市的归属感、认同感,形成了与城市疏远的心理距离,同时,逐渐形成失地农民亚文化圈子,对其市民身份认同产生阻碍作用。⑤

就社会大环境而言,为了更好地解决失地农民的市民化转型问题,消除市民对于失地农民的歧视和偏见,需要营造接纳失地农民的良好社会环境。⑥ 加强对失地农民的人文关怀,引导其实现身份转换的心理适应,对促

---

①　参见缪成臣、董艾轩:《城市化进程中上海失地农民问题研究》,《中国集体经济》,2018 年第 35 期。

②　参见黄丽萍、蔡雪雄:《中国现代化进程中农民身份转化问题的探讨》,《中国农垦经济》,2003 年第 1 期。

③　参见崔波、李开宇、高万辉:《城乡结合部失地农民身份认同:社会空间视角》,《经济经纬》,2010 年第 6 期。

④　参见李苏:《宁夏回族失地农民生存境况及身份认同研究——基于 198 户回族失地农民家庭的调查研究》,《宁夏社会科学》,2012 年第 1 期。

⑤　参见李义波、朱考金:《农民工融合度主观认知状况:身份认同、城市归属与发展规划——以江苏省 1085 名农民工为例》,《南京农业大学学报》(社会科学版),2010 年第 1 期。

⑥　参见吴爽、秦启文:《城市化进程中失地农民身份认同研究进展》,《安徽农业科学》,2008 年第 23 期。

进失地农民的市民化转型是十分有益的。①

（四）文化心理层面的困境

在文化层面,客观存在的城乡差异是影响失地农民身份认同的因素之一。城乡文化传统的断裂导致了失地农民与市民在文化理念上的冲突,进而阻碍了失地农民在城市文化上的社会融合。② 城乡之间的文化差异是失地农民心理认同问题产生的重要根源③,是失地农民身份难以转化的客观因素之一。由于农民与市民角色属性的不同④,以及生活方式、生活习惯的不同,失地农民在进行自身与市民的社会比较的过程中产生了心理距离感,进而影响了失地农民的市民化身份认同。

失地农民自身的主观因素极大地影响着其对市民身份的认同,在这些因素当中,心理因素发挥着举足轻重的作用。失地农民在特殊的生活记忆、生活经历及体验的基础上形成的社会建构是失地农民身份认同问题形成的原因。⑤ 这种社会建构催生了失地农民所具有的乡土情结,对其身份认同产生了深远的、不可磨灭的影响。许多研究者指出:失地农民身份认同危机产生的根本原因是其原有的"乡土关系"的终结以及在被动失地而进入城市的过程中所萌生的社会剥夺感。⑥ 对传统角色的难以割舍以及对城市归属感、

---

① 参见刘晓霞:《失地农民市民化身份转换的问题研究》,《理论与现代化》,2009 年第 2 期。

② 参见顾萍、黄以胜:《城市化进程中主动失地农民社会融合的困境及对策》,《农村经济与科技》,2018 年第 19 期。

③ 参见韩瀚:《城镇化进程中失地农民心理问题调适策略研究》,《科教导刊》(下旬),2018 年第 36 期。

④ 参见杜洪梅:《城郊失地农民的社会角色转换》,《社会科学》,2006 年第 9 期。

⑤ 参见郁晓晖、张海波:《失地农民的社会认同与社会建构》,《中国农村观察》,2006 年第 1 期。

⑥ 参见李向军:《论失地农民的身份认同危机》,《西北农林科技大学学报》(社会科学版),2007 年第 3 期。

认同感的缺乏,深刻地影响着失地农民的身份认同。[①] 人生阅历与乡土记忆的博弈、他人评价与个体认同的博弈共同导致了失地农民在身份认同上产生的困境。[②]

三、促进城郊农民身份转型的对策分析

为破解失地农民身份转型与身份认同的现存问题,需要针对存在的问题逐个解决。在宏观层次上,针对目前的城乡二元格局,需要深化户籍制度改革、完善社会保障制度,帮助失地农民实现市民化身份转型。在中观层次上,要加强安置社区的基础设施建设和社区治理的城镇化转型,提高失地农民的市民化满意度。在微观上,要提升失地农民的工作技能,帮助失地农民学习更多技能,使他们在城市中找到自己的一席之地。具体提出以下对策:

(一)继续深化户籍制度改革

在城乡二元结构体制下,人们的身份和地位被严格限定。"身份"不单单是职业身份,更意味着社会和经济地位,城市户口对于融入城市是不可缺少的基础。户籍变更是失地农民身份转换的前提,是社会框架下个人身份认同感的保障,是失地农民进行自我身份定位的基础。[③] 因此想要实现失地农民的市民化身份转型,首先需要从制度上入手,深化户籍制度改革,帮助失地农民真正获得市民身份,享受市民权益。许多研究者指出,为改善失地农民身份认同问题,要加快户籍制度改革,从根本上彻底打破失地农民对于

---

① 参见杜洪梅:《城郊失地农民的社会角色转换》,《社会科学》,2006 年第 9 期。
② 参见姬亚楠:《梁鸿乡土书写中的农民身份认同问题研究》,《中州学刊》,2019 年第 4 期。
③ 参见杨蕾、王海涛:《农村城镇化进程中农民身份转换对策研究——以沈阳经济区为例》,《社会科学辑刊》,2011 年第 6 期。

身份认同的屏障,全面放开落户限制,帮助农民向城镇居民转变。其中政府对解决失地农民身份转型问题所发挥的作用不可或缺,各级政府要积极进行政策调整,深化户籍制度改革①,消除导致失地农民市民化身份转型的制度性障碍。

(二)完善社会保障制度

土地是农民最重要、最基本的生产资料和经营载体。农民依靠土地进行生活,土地对于农民而言,是经济的来源、地位的象征,更是生活得到保障的基础,是农民的"根",失去土地就意味着农民丧失经济来源和生活保障。城郊地区大量农民由于政府的征地行为而失去土地,失地农民的自主选择权较小,为弥补失地农民的利益损失,需要政府配套完善国家对土地的征用赔付补偿制度、基本养老保险制度、基本社会保障制度及居民最低生活水平保障制度等社会保障制度。有研究者指出,所有公民都应享受统一的住房保障体系、公平的受教育机会、完善的社会保障体系,只有实现区域一体化,消除城乡差距,让所有人在同一个标准之下共享公民权利、履行公民义务,才能提高区域包容度,促进失地农民的市民身份认同。② 由此可见,社会制度保障对于失地农民身份认同的建构具有重要作用。除此之外,还要设计出符合民心、顺应民意的土地补偿机制,弥补失地农民的经济损失;建立健全针对失地农民问题的社会保障制度与体系,解决失地农民的生产生活困难,为失地农民的市民化提供制度保障。③

---

① 参见韩丹:《失地农民身份认同研究——以南京市 A 区村改居社区为例》,《福建论坛》(人文社会科学版),2012 年第 8 期。

② 参见杨蕾、王海涛:《农村城镇化进程中农民身份转换对策研究——以沈阳经济区为例》,《社会科学辑刊》,2011 年第 6 期。

③ 参见李勇麟:《晋江市农民失地问题研究》,《农村经济与科技》,2018 年第 22 期。

（三）整体优化拆迁安置住房

加强安置小区建设,保障失地农民的住房安全,建立起规划详尽、设施完备、便民利民的安置小区,从生活环境上推进失地农民的身份转型,推动其市民化进程。吴业苗指出,失地农民搬进政府统一安排的住房后,各类公共服务待遇不应继续以从前对待农民的标准作为规范,否则会在客观上造成城市与城郊的社会分层。① 因此,在城郊地区征地拆迁后,对失地农民的待遇方面,要努力做到与城市公民的待遇对等②,做到城郊社区与城市社区的全面并轨。首先要完善城郊社区的基础设施,设施建设具体到水电、照明、交通等各个方面;其次要完善社区建设,推进社区治理的城镇化转型,让农民享受到与城市社区居民相同的社区服务,提升失地农民的生活幸福感,增强其对市民化转型的满意度。

（四）完善社区组织的功能发挥

人的精神层次的需求,形成受外界影响,产生和发展于日常生活。当失地农民进入新的城市生活后,应该改变他们固有的乡村文化,建构起新的文化,鼓励他们迎接新元素,在精神和心态方面给予他们指导和完善,这种新的元素就是社区文化。要强化城镇社区文化的内涵,利用社区文化的流动性功能,帮助失地农民更好更快地融入城市社区。③ 因此,社区组织在失地农民市民化转型过程中可以发挥重要的推动作用,社区通过组织各种文化

---

① 参见吴业苗:《农民身份转变的进路:政治改造,抑或公共服务支持》,《社会主义研究》,2014年第2期。

② 参见韩丹:《失地农民身份认同研究——以南京市 A 区村改居社区为例》,《福建论坛》(人文社会科学版),2012 年第 8 期。

③ 参见严蓓蓓、杨嵘均:《失地农民市民化的困境及其破解路径——基于江苏省 N 市 J 区的实证调查》,《学海》,2013 年第 6 期。

娱乐活动,可以让失地农民的生活充满色彩,丰富失地农民的精神世界,同时帮助他们更好地适应环境,转变身份。要加强安置社区的社区治理和服务职能,依托社区公共服务站,推进社区服务、社会保障、社会救助等体系的公平化发展,同时发挥其保障社区治安、美化社区环境等基础性功能,为失地农民提供"一站式服务"。此外,利用社区这个基础平台,开展娱乐性强、参与度高的集体活动,可以为不同社会群体提供相互认识和沟通的渠道,开辟出一条新市民交往的道路①,有助于失地农民更好地实现身份转型与城市融入。

(五)全面提高失地农民素质

从个体层面看,失地农民个体也需要积极主动地适应身份转型需要,提升城市融入能力,为此要勤于学习,积极参与集体活动,提高个人素质,主动转变传统的乡村观念,提升就业技能,只有提升个体可持续性生计的能力,才能促使他们更顺利地完成市民化身份转型,更好地融入新的城市生活。由于种种主客观原因,处于市民化转型过程中的一部分失地农民对于城市的规则了解程度并不高。积极接受社会公德教育,树立培养文明的思想观念和行为方式,提升个人素质和文化水平,是帮助失地农民融入城市的新策略。② 失地农民要想适应城市的生活方式,与城市居民过上相同的生活,就需要积极接受新的就业技能培训,学习新知识,在城市中选择新的谋生方式。③ 失地农民只有使自己的素质水平有所提高,才可以帮助自己更好地适应城镇化生活,在城市中找到自己的位置。

---

① 参见李勇华、陈祥英:《身份多元化和新型农村社区治理困境及其化解路径》,《学术界》,2017 年第 1 期。

② 参见朱常柏、双传学:《失地农民公民身份及其社会保障公平性研究》,《南京社会科学》,2014 年第 11 期。

③ 参见田婷婷、徐丹丹:《关于失地农民再社会化的探索和思考》,《现代商业》,2018 年第 13 期。

第二节　城郊农民的就业困境①

一、问题的提出

据国家数据显示,2018 年我国的城镇化率已经达到 59.58%②,较上一年提高了 1.06 个百分点。在城镇化的快速发展进程中,农业用地被大量征用导致失地农民的数量不断增加。据《全国国土规划纲要（2016—2030年)》指出,到 2030 年我国耕地面积将控制在 18.25 亿亩之下,预测比现在少 0.4 亿亩,而城镇空间面积仍保持继续扩大态势。而一般来说,只要多征收一亩的土地就会增加 1.5 个失地农民③,由此可以看出失地农民的数量在未来将依旧持续增长。

失地农民是依法承包了集体土地,而在征地的过程中失去部分或全部承包地的农民,而且失去了土地的所有家庭成员也包含在其中。④ 在农业用地被征用的过程中,大量失地农民失去谋生手段和生活保障,面临着极其严重的生存问题。在就业方面,由于缺乏城镇就业岗位所需要的先进技能,失地农民就业不充分,甚至大量失地农民赋闲在家,给失地农民自身和社会的稳定发展带来巨大的压力和影响。郭春华等人在安徽怀宁县的调查显示,

---

① 参见董发志、于莉:《失地农民就业质量及其影响因素研究》,《农村经济与科技》,2020 年第 7 期。

② 参见国家统计局:《2018 年国民经济和社会发展统计公报》,http://www.stats.gov.cn。

③ 参见郭小辉:《城镇化背景下失地农民再就业问题分析》,《中国集体经济》,2019 年第 1 期。

④ 参见赵蒙成、张伟琴:《发达地区失地农民就业质量的问题与提升策略——基于苏州市失地农民就业质量的调查》,《徐州工程学院学报》(社会科学版),2018 年第 4 期。

有近一半的调查对象在失地后的一段时间之内处于无地也无工作的状态。①

就业是民生的基本,是生存的根基。党的十九大报告明确提出,要提高保障和改善民生水平,提高就业质量,增加就业。就业程度和就业质量是影响失地农民群体生活质量的重要因素,也是失地农民的生存保障。随着失地农民群体的逐渐扩大,解决失地农民再就业的问题就显得更加迫切。有效地促进失地农民实现充分的再就业并提升其就业质量,对我国城镇化的平稳发展也具有重要的意义。

二、就业质量的理论分析

(一)就业质量的界定

1999 年国际劳工组织提出了"体面劳动"的概念,强调劳动者在社会中进行生产活动时,可以获得较为平等和公平的、不带压迫性的、有安全和尊严的工作,而且在此工作岗位上可以为其带来满意的收入、充分的社会保护和一定的人文关怀。这一概念的形成也成了就业质量概念最先开始发展的基础。② 之后学者刘素华提出,就业质量是一个综合性的考量范畴,它反映了劳动者与生产资料相结合并在整个就业过程中获得相应报酬或收入的具体条件的优劣程度,是就业各方面各层次的综合性体现,需要整合衡量与就业水平相关的各方面指标。③

---

① 参见郭春华、洪敦龙:《城镇化背景下失地农民就业现状与政策研究——基于怀宁县新山社区的实地调研》,《安徽农业科学》,2016 年第 10 期。

② See Schroeder, Fredric K., Workplace Issues and Placement: What is High Quality Employment?, Work, 2007(29).

③ 参见刘素华:《就业质量:内涵及其与就业数量的关系》,《内蒙古社会科学》,2005 年第 5 期;李军峰:《就业质量的性别比较分析》,《市场与人口分析》,2003 年第 11 期。

　　大多数研究者认为就业质量的评价指标可以从宏观、中观与微观三个层次的意义上展开,宏观和中观层次的含义是指国家、社会整体层面的就业质量,即一个国家、社会或者是地区的整体就业水平、工作条件的质量水平以及就业保障水平等[①];而微观层面的就业质量则是指劳动者个体层面所处的工作条件、环境以及就业的水平,是劳动者的基本需要在就业和劳动的过程中能够实现满足的程度[②]。虽然对就业质量的界定存在着不同的视角和层面,但目前大多数研究者都认为就业质量是受多方面因素影响的综合性指标。

　　本章从微观视角出发,将失地农民的就业质量界定为:在失去土地之后,失地农民的再就业可以满足其基本生活需要,并帮助其实现包括经济、社会地位等的改善与提升的程度。对失地农民而言,好的工作质量是保障其实现生存条件改变的必要条件,因此就业质量是衡量失地农民生存质量的一项重要指标。在促进失地农民实现充分就业的基础之上提高其工作质量,是促进失地农民城镇化转型的重要助推因素,同时也对保持和促进我国城镇化的稳定与发展具有重要意义。

(二)就业质量的维度和指标

　　对于就业质量的测量,不同的学者提出了不同的维度和指标。戚晓明基于 2014 年中国家庭追踪调查的数据对失地农民的就业质量进行了研究,把工作稳定性、职业发展、收入水平、工作的时长、工作满意度等作为分析指标。[③] 张勉在考察分析城市中的贫困群体就业质量时,将就业稳定性、工作

---

　　① 参见王利玲:《城市化进程中失地农民就业状况调查及存在问题研究——以江苏省徐州市为例》,《农村经济与科技》,2015 年第 1 期。

　　② 参见张凯:《就业质量的概念内涵及其理论基础》,《社会发展研究》,2015 年第 1 期。

　　③ 参见戚晓明:《人力资本、家庭禀赋与被征地农民就业——基于 CFPS2014 数据的分析》,《南京农业大学学报》(社会科学版),2017 年第 5 期。

质量、劳资关系、福利保障、职业发展五个层面作为测量就业质量的指标。①唐美玲认为,衡量就业质量应该综合考虑主观和客观两方面的因素,主观方面主要包括劳动者的主观感受和心理状态等指标,客观方面主要包括工作的收入、工作特征、工作保障、工作关系以及职业发展五个方面。② 张卫枚认为,就业质量的测量包括工作状况、工作环境、劳动关系以及工作满意度四个指标。③

三、城郊农民就业质量的现状与问题分析

就业质量是考察失地农民生产生活状况的重要指标,深入研究失地农民就业质量的现状和问题对推进失地农民市民化转型和城市融入具有重要意义。就目前来看,失地农民的就业状况面临很多问题,主要表现在以下六个方面:

(一)职业获得率低且集中于劳动密集型职业

陈美荣在对失地农民就业问题的研究中指出,失地农民中在征地之后赋闲或待业的人员占46%,由于没有获得其他正式就业的途径导致大范围的失地农民生活质量急剧下降④,并且有较多的失地农民由于缺乏专业技术而主要从事打零工、装卸货物、干杂活等高强度劳动的活计。刘玉侠等人的研究发现,部分失地农民外出打工,主要集中于劳动密集型产业工作,从事

① 参见张勉:《城市贫困群体的就业质量研究》,华中科技大学 2006 年硕士学位论文。
② 参见唐美玲:《青年农民工的就业质量:与城市青年的比较》,《中州学刊》,2013 年第 1 期。
③ 参见张卫枚:《新生代农民工就业质量分析与提升对策——基于长沙市的调查数据》,《城市问题》,2013 年第 3 期。
④ 参见陈美荣:《城市化过程中的失地农民就业问题探讨》,《现代商业》,2007 年第 13 期。

的大多为较低级的工作。① 朱宁也指出在现代市场经济的发展中,企业对劳动力的要求越来越严格,优胜劣汰的竞争机制导致较大部分的失地农民只能从事一些高劳动力型工作。② 可见,对大部分失地农民而言,失地之后获得体面工作的难度很大,失地农民的职业获得率低,就业集中于高劳动力领域。

(二)难以实现稳定就业,失业风险大

陈丹、汪少良等人对失地农民再就业状况的调查结果显示,失地农民的失业率为21.5%,失地农民就业不充分,再就业的失业风险高。③ 杜曦指出大部分的失地农民和企业之间的雇佣关系不规范,没有书面的劳动合同保障,导致失地农民更换工作较为频繁,失业风险比较大。④ 翟年祥等人在对失地农民就业的制约因素研究中发现,失地农民工作较为分散,他们部分外出打工,部分从事高劳动力职业,他们的抗风险能力低,工作具有较强的不稳定性,就业质量较低。⑤ 失地农民所从事的劳动缺少正规的雇佣关系和劳动合同保障,导致就业不稳定,就业质量下降,这严重影响其生存和生活需要。

① 参见刘玉侠、柳俊丰:《农民中的准市民群体市民化问题探析》,《经济问题探索》,2011 年第5 期。

② 参见朱宁:《城乡一体化背景下失地农民就业困境及其破解途径》,《沈阳农业大学学报》(社会科学版),2012 年第 6 期。

③ 参见陈丹、汪少良、张藕香:《城镇化进程中失地农民再就业影响因素分析》,《调研世界》,2014 年第 7 期。

④ 参见杜曦:《我国城市化进程中失地农民就业问题:困境与出路》,《重庆理工大学学报》(社会科学),2011 年第 2 期。

⑤ 参见翟年祥、项光勤:《城市化进程中失地农民就业的制约因素及其政策支持》,《中国行政管理》,2012 年第 2 期。

（三）所从事职业的社会地位较低

黄锟调查发现，有20%的失地农民感觉在城市中受到歧视，认为自己的工作被人看不起。① 很多在城市工作多年的农民仍感到自己所处的社会地位较低，希望获得和城市居民一样的对待和地位。② 在以工业化、多元化为主的新型现代化城市发展面前，失地农民所具备的农业生产经验和技能难以发挥作用，导致他们难以胜任较高地位的工作，陷入选择工作受限制、就业情况不乐观的困境。失地农民在被征地以后进入城镇寻找工作，较多从事低技能和低端的工作，这些工作的社会地位低，不受重视，容易被人歧视。

（四）福利待遇水平低

聂伟、风笑天在就业质量的调查中指出，工资收入是影响就业质量的中心问题，失地农民之所以进入城市寻找工作，最主要的目的在于获得经济来源，但理想与现实相悖，大部分农民进入城市后所获得的工资收入较低，其收入有时候难以维持生计。③ 王勇、王淑卿在研究中指出，失地农民的综合素质较弱，导致其就业范围局限在临时工、钟点工等非正规就业，薪酬较低是一大特征。④ 由于失地农民大部分处于非正规就业状态，导致他们难以享受到奖金和休假等福利，相对其他正规就业方式来说，他们的福利待遇水平较低。

---

① 参见黄锟:《农村土地制度对新生代农民工市民化的影响与制度创新》,《农业现代化研究》,2011年第2期。
② 参见刘召勇、张广宇、李德洗:《农民工市民化待遇期盼及意向分析》,《调研世界》,2014年第2期。
③ 参见聂伟、风笑天:《就业质量、社会交往与农民工入户意愿——基于珠三角和长三角的农民工调查》,《农业经济问题》,2016年第6期。
④ 参见王勇、王淑卿:《失地农民就业困境与出路》,《广东农业科学》,2011年第18期。

（五）社会保障水平低

良好的社会保障是高质量就业的体现,赋予失地农民群体适宜的社会保障有助于帮助该群体提升抵御风险的能力,提高其生活和就业的稳定性。徐延辉等人指出,社会保险可以为失地农民提供"公民身份",但现阶段由于所从事的工作限制,失地农民大多缺少相应的社会保险以至于在城市中难以体会到真正的公民身份。① 梁昊也认为,目前针对失地农民的相关保障和福利政策体系较不完善,社会保障水平处于低下水平。② 李诗和对失地农民再就业情况的调查显示,大部分失地农民从事的工作流动性大,且劳动关系较为不稳定,缺少社会保险,自身劳动权益保障率较低。③

（六）职业培训机会少,缺乏上升空间

张永敏、李丽艳的研究指出,失地农民对于新的观念和技能的接受能力较弱,导致其在工作中缺乏竞争力,获得培训的机会也相对较少。④ 贺鹏等人调查发现,很多失地农民认为接受那些用不到的培训是浪费时间,而宁愿选择从事低级的劳动力工作,导致其职业的上升空间受限。⑤ 郑子峰等人研究指出,失地农民的职业流动主要还是集中于水平流动,达到50.93%,总体

---

① 参见徐延辉、王高哲:《就业质量对社会融合的影响研究——基于深圳市的实证研究》,《学习与实践》,2014年第2期。

② 参见梁昊:《城镇化路径下失地农民的就业保障问题与政策探析》,《改革与战略》,2017年第1期。

③ 参见李诗和:《失地农民再就业能力现状、影响因素及提升对策研究》,《成都理工大学学报》(社会科学版),2019年第3期。

④ 参见张永敏、李丽艳:《城镇化背景下失地农民就业问题探究》,《农业经济》,2018年第5期。

⑤ 参见贺鹏、张海钟:《对我国失地农民再就业问题的思考》,《农村经济与科技》,2019年第3期。

来看目前失地农民职业向上流动难度大,上升空间较小。① 可见,部分失地农民受到自身能力水平的影响,在工作中处于劣势的竞争地位,缺乏晋升空间,而这影响着他们就业质量的改善。

四、城郊农民就业质量的影响因素分析

就业质量的高低受多个方面的影响,基于以往研究,本研究从制度政策、经济发展和个体能力三个层面对失地农民就业质量的影响因素做出分析:

(一)制度政策对失地农民就业质量的影响

1. 户籍制度的影响。户籍制度所带来的二元体制阻碍失地农民进城就业,在城里人和农村人之间形成了隐形的区分,这一区分在失地农民就业的过程中凸显出来,导致失地农民就业获得率低,职业地位低,工作待遇低,就业满足感低,甚至导致消极就业。虽然当前我国正在逐步地消除城乡二元户籍制度带来的影响,但就现阶段来看,这一制度的影响仍在持续。冀县卿等人调查发现,失地农民走进城市仍然无法享受到城市的福利,也难以进入城市体系,导致就业受阻。② 刘志筠指出,由于政府在消除农民进城从业的限制中缺乏主导作用,使得户籍制度限制仍较大,很多时候由于户籍的影响,失地农民还会受到不公平的对待甚至是就业歧视。③ 禹四明指出,城乡

---

① 参见郑子峰、郑庆昌:《被征地农民职业流动与职业结构分析——基于晋江市的数据》,《中共福建省委党校学报》,2016 年第 1 期。

② 参见冀县卿、钱忠好:《市民化后的失地农民对征地制度评价:基于江苏省的调查数据》,《农业技术经济》,2011 年第 11 期。

③ 参见刘志筠:《论失地语境下农民就业保障制度的重建》,《农业经济》,2016 年第 3 期。

二元户籍体制是隔离失地农民与城市的一道壁垒①,在这道壁垒的阻隔之下,失地农民承受着各种不公平对待,在失地前后产生较大的心理落差,甚至出现就业消极、得过且过的心理,导致其就业质量难以提升,对失地农民融入城市也产生了很大的压力和阻力。

2.征地制度的影响。谷彦芳等人指出,政府的征地安置政策存在明显的缺陷,征地以后主要支付补偿费,缺少对失地农民的就业保障,导致失地农民失业现象大量出现。② 随着市场经济的不断发展,我国现有的征地补偿制度已经不能适应城镇化发展的特点和要求,货币补偿的标准较低,失地农民的就业和生存困难,一次性的货币补偿方式也会导致失地农民在获得补偿金后就业意愿下降,征地补偿费花光后他们往往陷入缺乏就业和收入来源的困境。于慕尧认为,政府的安置措施没有把失地农民的眼前利益和长远利益相结合,不能保障失地农民的长期发展,难以实现失地农民的普遍就业。③ 同时,失地农民过多,政府安置的难度也较大,难以点面俱到,征地安置相关政策的缺陷越来越明显,对失地农民就业的不利影响也愈发显著。

3.就业安置政策的影响。目前失地农民的就业安置难度大,就业安置政策未能接轨实际就业需要,一些地方把补偿费等同于就业安置,导致就业安置政策的扭曲化。王如玉指出,在就业安置过程中,仅从原则上进行安置而缺少具体操作导致征地补偿费用成了变相的就业安置手段。④ 征地之后失地农民由于本身技能的缺乏难以及时找到与之相匹配的工作,就需要有相对应的就业培训政策帮助其有效就业。但目前就业培训部门和机构不完

---

① 参见禹四明:《论城镇化进程中失地农民的再就业问题》,《企业经济》,2016 年第 12 期。

② 参见谷彦芳、胥日、徐紫怡:《河北省失地农民就业的制约因素与解决对策》,《经济研究参考》,2017 年第 32 期。

③ 参见于慕尧:《基于可持续生计的失地农民征地补偿模式研究》,大连理工大学 2008 年硕士学位论文。

④ 参见王如玉:《失地农民就业制约因素及政策支持分析》,《农村经济与科技》,2018年第18期。

善,对农民培训的专业性和有效性有待提高,再加上培训政策的缺失,导致失地农民就业问题进一步升级。李国梁等人研究指出,失地农民的就业培训缺乏标准性的规划,培训良莠不齐,培训效率低下,培训结果不显著。[①] 周毕芬也指出,失地农民的再就业培训政策没有统一的标准,各个地区的差异较大,标准不同,就业安置政策缺乏统一的做法。[②] 这些不足在一定程度上导致了失地农民就业不充分,影响着失地农民的就业质量。

(二)经济发展对失地农民就业质量的影响

1. 乡镇企业发展的影响。乡镇企业发展为失地农民再就业提供重要途径,在经济相对发达、城镇化水平较高的地区,乡镇企业发展水平较好,所能提供的岗位也较多,使失地农民能够获得多样的就业渠道和就业岗位;相反,城镇化水平低的地区失地农民的就业率就比较低。于谨凯、曹艳乔指出,城镇化的加快发展,带来较大的就业岗位需求,有利于失地农民就近获得更多的就业机会,从而缓解就业压力,提高就业质量。[③] 目前,我国许多地方的发展与大城市相比差距大,城镇发展速度相对落后于一、二线城市,导致乡镇企业发展力不足。刘健认为虽然乡镇企业是失地农民就业的关键,但由于集资不足、缺乏新兴的人才和设备,乡镇企业难以为失地农民提供相对稳定的工作。[④] 李彦等人在对彭州市失地农民的调查中发现,由于近年经济增速放缓,竞争加剧,乡镇企业自身经营不善,难以跟其他类型的企业竞争,不少乡镇企业的经营面临危机甚至倒闭,导致乡镇企业吸纳失地农民的

① 参见李国梁、钟奕:《人力资本理论视角下失地农民的职业培训》,《人民论坛》,2013 年 11 月 21 日。
② 参见周毕芬:《社会排斥视角下的失地农民权益问题分析》,《农业经济问题》,2015 年第 4 期。
③ 参见于谨凯、曹艳乔:《我国农村剩余劳动力转移路径分析——基于托达罗模型与刘易斯模型》,《青岛农业大学学报》(社会科学版),2008 年第 1 期。
④ 参见刘健:《城郊地区失地农民就业问题与路径重构研究》,《上海农村经济》,2018 年第 8 期。

空间和能力有限,难以接收较多的失地农民就业。① 而且城镇化水平较低的城市,其容纳量也是有限的,岗位较少且不易变动,不能够提供较多且合适的岗位给失地农民,加剧了失地农民就业难的问题。

2. 产业结构调整的影响。现阶段我国产业结构不断升级,越来越强调新兴科技产业的发展,产业结构调整朝着培养专业型技术人才的要求发展,因此在就业过程中对具有新兴技术和创新能力的高素质人才需求较大,而较大部分的失地农民缺乏这些技能,难以实现优质就业。城镇化进程中失地农民的大量出现给市场经济带来了巨大的劳动力,但是这些劳动力大部分都只能从事技术水平较低的工作。和叶指出,失地农民整体文化素质不能满足产业结构转型升级对人才的需要,由于失地农民的知识技能水平与就业市场的岗位需求难以对接,出现了就业人员和需求岗位难以实现有效对接的结构性失业现象。② 任莹、索志林指出,对于保障失地农民就业的劳动力市场仍处于缺乏状态,所空置的工作往往较少,很多企事业单位的招聘都是择优录取,优向选择劳动力③,在这样的背景下失地农民由于自身能力不足难以实现体面就业,因而导致失地农民整体就业质量的降低。此外,陈超还指出,由于失地农民从事琐碎、零散的工作,并面临企业破产等问题,因而失地农民隐性失业问题也很严峻,他指出 2016 年中国有 2.7 亿滞留在农村内的劳动力,都面临着隐性失业。④

3. 就业培训和职业教育的影响。就业培训和职业教育对失地农民及时就业具有重要意义,就业培训能够提高失地农民对现有市场需求的认识,帮助他们获得更多的就业资源和信息,满足多样化的就业需求,提高失地农民

---

① 参见李彦、刘琴:《彭州市城镇化进程中失地农民市民化现状及问题分析》,《南方农业》,2017 年第 10 期。

② 参见和叶:《城市化进程中失地农民就业问题》,《中外企业家》,2016 年第 33 期。

③ 参见任莹、索志林:《失地农民就业影响因素分析》,《中国集体经济》,2011 年第 10 期。

④ 参见陈超:《失地农民隐性失业问题研究》,《商》,2016 年第 11 期。

的就业质量。然而由于农业转移人口的就业培训和职业教育政策落实不到位,劳动力市场针对失地农民的就业培训机构相对较少,且难以有针对性地实现有效培训。吴伟对失地农民培训状况的调查显示,失地农民的就业培训费用较高,在很大程度上导致失地农民对培训的积极性不高,从而影响了培训质量。① 赵裕杰研究发现,劳动力市场中就业培训体系不完善,存在着较多的就业培训难以针对实际需求,并且不同培训机构的培训质量也有差异②,由于就业培训机构的不健全,失地农民不愿意花费额外的钱去参加就业技能培训,导致失地农民就业能力的提升和就业质量的改善受到了较大的阻碍。

(三)个体因素对失地农民就业质量的影响

1. 个体能力的影响。个体能力是指对个体所具有的知识、素养、技能以及学习新事物的能力的综合评价。失地农民个体能力越强,在就业过程中就越具有优势,能够对接的工作相对也就越多,实现体面就业的可能性就越大。目前来看,失地农民群体中大部分人的受教育程度较低,缺乏较为专业的非农知识、技能和文化素质。据统计,截至 2016 年年底,失地农民中初中文化者占 59.4%,接受过培训的人员占比仅为 32.9%。③

王佃慧调查发现,由于教育程度比较低,文化水平有限,失地农民对新的技术很难快速掌握,这严重影响其就业获得和就业质量。④ 魏铭辰也指出,自身受教育水平和新型劳动力素质技能的缺乏是导致失地农民就业质

---

① 参见吴伟:《失地农民培训意愿与影响因素研究》,南京农业大学 2013 年硕士学位论文。
② 参见赵裕杰:《城市化进程中失地农民再就业问题分析》,《现代商贸工业》,2018 年第15 期。
③ 参见张文武、欧习、徐嘉婕:《城市规模、社会保障与农业转移人口市民化意愿》,《农业经济问题》,2018 年第 9 期。
④ 参见王佃慧:《城镇化过程中失地农民就业问题》,《现代经济信息》,2019 年第 9 期。

量低的重要因素。① 李亮亮等人在对山西省失地农民的研究中发现,由于失地农民的年龄整体偏大,学习新的专业化技能的能力降低,阻碍了个人能力的提升②,导致较难找到工作,或者只能从事一些高劳力、低工资的工作。

2. 个体观念的影响。观念是指个体在受外界事物所影响而形成的一套看问题和做事情的价值观或人生观,是指导其行为的指南。具备创新、先进观念的失地农民在失地以后能自己创业而干出一番事业,而保守、落后的观念会阻碍失地农民向非农职业的顺利转移。受传统小农思想的影响,失地农民习惯了自由自在的农耕生活,不愿意从事紧张的、竞争性的工作,而选择一些轻松、方便的低薪工作。大部分失地农民在失地之后,观念难以适应新的变化,缺乏对自我的未来定位,对以后的生活和就业缺乏规划。田梨、张皥指出,失地农民虽然承认城市生活的优越,但他们并不认为那是属于自己的生活,他们不仅对自己没有信心,对别人也没有信心。③ 曹煜玲的研究发现,很多失地农民认为土地是被政府征用的,所以征地后自己的新工作也理应由政府给全程安排,政府征用了自己的土地,政府要包揽一切,就要对自己负责,帮助自己解决一切问题。④ 就业思想和就业观念的局限性导致失地农民在激烈的市场就业竞争中处于被动地位,而较难获得好的就业机会,阻碍其就业质量的提升。

① 参见魏铭辰:《沈阳地区失地农民再就业问题研究》,《农村经济与科技》,2018 年第 10 期。

② 参见李亮亮、李海英:《对城市化进程中山西省失地农民就业问题的思考》,《学理论》,2018 年第 1 期。

③ 参见田梨、张皥:《新型城镇化背景下失地农民可持续生计问题研究——以郑州市丁楼村为例》,《乡村科技》,2018 年第 22 期。

④ 参见曹煜玲:《城市近郊区失地农民职业获得影响因素及路径变革——基于对山东省潍坊市坊子区的调查》,《兰州学刊》,2016 年第 5 期。

五、提升城郊农民就业质量的对策建议

就业质量直接影响着失地农民的城市融入和市民化进程,也是关系失地农民民生发展的重大影响因素,解决好失地农民的就业问题关系着失地农民的生存和发展,长远来看,需要从宏观政策与微观个体层面共同着手探索提升失地农民就业质量的对策措施。

(一)宏观政策层面

从政策层面来说,政府应该在其中发挥出指导、管理和推动作用,通过制定科学合理的政策措施保障失地农民的切身利益,促进失地农民就业质量得到切实保障和良性提高。

第一,要进一步深入户籍制度改革。加大力度消除户籍制度带来的负面影响,创新户籍管理机制,减少户籍制度所带来的对失地农民就业的歧视和阻碍。杨松认为,要改变现有的二元户籍制度,就需要重建一个城乡劳动力统一的一元化户籍制度,适当降低城市户口"含金量",推进均等化公共服务建设。[①] 柳萍提出,必须加大力度创新户籍制度的管理,建立一套新型的可实现城乡一体化的现代化户籍管理体系,彻底消除城乡二元体制带来的城乡差异,提高失地农民就业的可能性和公平性。[②] 深化户籍制度改革,使失地农民获得公平身份待遇,推动均等化城乡公共服务的完善是为了保障实现就业平等化,减少户籍歧视。

第二,健全和完善相应的针对失地农民的征地安置政策,创新征地安置

---

① 参见杨松:《论中国农村劳动力转移》,中共中央党校 2011 年硕士学位论文。
② 参见柳萍:《失地农民权益受损的归因分析》,《兰州学刊》,2015 年第 2 期。

制度,改善过往制度所出现的短暂性安置不足问题。采取多样的征地补偿方式,弥补一次性补偿的缺漏。杨秀琴提出,政府在征地安置时不要只采用简单的货币安置,应该采用多种安置方式相结合的手段,同时针对不同的代际、素质、年龄进行不同的征地安置,改革创新征地政策和方法。① 于学花提出,政府应该加大力度地创新征地安置制度,建立起一套集"货币补偿、社会保障、就业服务、政府监管"四方面内容为一体的全面的征地安置新型模式。② 政府要合理规划征地以及处理好被征地农民之后的生活保障问题,不应该只停留在支付补偿费用。

第三,完善并落实就业安置政策。要健全相关政策和法律法规,加强组织失地农民就业培训,出台相关的政策对失地农民就业实现倾斜,鼓励和扶持失地农民就业和创业。李梦娜提出,必须搭建在一定程度上倾向失地农民的就业平台,增加对失地农民的就业扶持,落实对失地农民的就业安置。③ 提供专业性的就业培训支持政策,引导对失地农民的培训与市场相契合,创新建立广泛的实体和网络就业信息平台,为失地农民提供更全面、更多渠道的就业信息。邓文等人提出,政府要强化失地农民再就业责任感,并且从资金、技术培训以及税收等政策上落实就业安置政策,促进失地农民实现再就业。④

第四,促进乡镇企业的发展。乡镇企业的发展将加快企业岗位的增加,便于失地农民有机会进入企业实现就近就业,扶持和推动乡镇企业的发展,增加郊区失地农民"有岗可上"的机会,有助于推进政府就业安置工作。郭

---

① 参见杨秀琴:《新一轮征地制度改革探索:创新征地安置制度与路径》,《农村经济》,2015 年第 7 期。

② 参见于学花:《我国征地安置模式创新及政策选择》,《农村经济》,2005 年第 12 期。

③ 参见李梦娜:《城镇化进程中失地农民的就业问题分析——基于西咸新区空港花园社区的调查》,《知识经济》,2017 年第 14 期。

④ 参见邓文、乔梦茹:《社会支持体系对失地农民再就业的影响分析——基于湖北四市的调查数据》,《江汉论坛》,2017 年第 9 期。

小辉认为,乡镇企业是失地农民实现再就业的重要途径,政府应该对这些乡镇企业实施更多的优惠政策,鼓励其发展,为其营造一个良好的外部发展环境,从而为失地农民的再就业创造更多的就业适宜岗位。[1] 韩英娣提出,政府要鼓励和扶持乡镇企业发展,同时要增加相应的公益性岗位,以增加岗位促进失地农民就业。[2] 促进乡镇企业发展,强化企业对失地农民的帮扶脱困能力。

第五,引导建构公平的就业市场。要加快推进劳动力市场体制改革,增加社会公平性,要在此基础上改变劳动力市场分割的局面,逐步消除户籍制度带来的负面影响,构建平等的劳动就业制度,促进就业环境的优化公平。张春泥提出,政府必须要加强对劳动力市场的引导,创建公平公正的市场环境,以此引导社会成员转变观念,营造公平的就业氛围。[3] 柳建坤认为,要实现就业市场的公平性,就必须打破就业市场中的户籍分割,打破在就业过程中的户籍准入和户籍歧视机制,而这些就需要政府进行引导,加强对农村地区教育的关注和帮扶,提升劳动力资本,进而才可以促进公平的实现。[4]

第六,针对农业转移劳动力的职业培训机构,发展职业教育。加强农民职业培训教育,针对不同对象、需求、年龄进行相应就业培训,提升失地农民职业技能素养,使其技能在手,实现优质就业。李氏钒等人提出,应有针对性地对不同背景的失地农民开展不同类型的针对性培训课程,以便能对他们进行相应的就业指导培训。[5] 谭波媚认为,应定期定向地"入村"对失地农

---

① 参见郭小辉:《城镇化背景下失地农民再就业问题分析》,《中国集体经济》,2019 年第 1 期。

② 参见韩英娣:《失地农民就业和保障途径探讨》,《农业科技与装备》,2017 年第 8 期。

③ 参见张春泥:《农民工为何频繁变换工作 户籍制度下农民工的工作流动研究》,《社会》,2011 年第 6 期。

④ 参见柳建坤:《户籍歧视、人力资本差异与中国城镇收入不平等——基于劳动力市场分割的视角》,《社会发展研究》,2017 年第 4 期。

⑤ 参见李氏钒、陈嘉琳、陈琳、林穗慧:《资本禀赋对失地农民就业状况的影响》,《特区经济》,2017 年第 7 期。

民开展多种教育技能培训,加强失地农民就业的对接和适应能力。[①] 刘劲飞指出,要大力丰富并加强就业培训,整体提升失地农民的素质和能力。[②]

(二)微观个体层面

从个体层面来说,为了提高就业质量,就必须不断提高个体的知识技能以适应新的竞争环境。在就业过程中失地农民作为活动主体就更应该提高积极性,不断转变就业观念和提高自身的专业性技能,同时积累更多的社会资本,为就业创造更多的优势和机会,以便实现自身更广泛、充分的就业。

首先,失地农民要增强自身的技能素养,提高就业竞争能力。薛妍认为,失地农民要增加对自身文化素质和专业性技术的培训,提高自己的能力,增强谋生能力。[③] 陈堂等人提出,失地农民提升和积累个人的人力资本,能够为实现良好就业增加概率和优势,减少结构性、技术性失业。[④] 失地农民自身要积极地参与政府组织的就业培训,通过各种职业教育和职业培训,使自己的职业技能能够满足非农就业的要求,增加自身与城镇工作岗位的适配性。

其次,失地农民作为就业的主体必须要转变原有落后的就业观念,增加就业兴趣和提高对就业的积极性。于水提出,失地农民落后的且固化难以转变的就业观念是阻碍失地农民再就业的重要原因之一,要引导失地农民提高自主就业的意识,培养积极的竞争就业精神。[⑤] 雷翠指出,要加快转变

① 参见谭波媚:《对拆迁失地农民再就业引导和扶持方式的探究——以南宁市邕宁区蒲庙镇为例》,《农村经济与科技》,2018 年第 6 期。

② 参见刘劲飞:《浅析影响失地农民就业的因素》,《山西农经》,2018 年第 24 期。

③ 参见薛妍:《城市化进程中失地农民就业现状问题及对策——以兰州市安宁区为例》,《农业科技与信息》,2017 年第 4 期。

④ 参见陈堂、陈光:《成都经济区城镇化进程中失地农民再就业影响因素研究》,《成都大学学报》(社会科学版),2017 年第 6 期。

⑤ 参见于水:《刍议城市化进程中失地农民的就业问题》,《新西部》,2017 年第 10 期。

失地农民的观念,树立先进的就业观①,不可一味地等着政府安排就业,要发挥积极性去就业,开阔广泛的就业眼界,采取多种方式就业,提高对自己的自信心,改变以往落后的就业观。彭媛翠提出,要在社会中倡导以就业为荣的风气,加大力度宣传自主创业、就业的典型例子。② 转变传统的小农束缚观念,化被动就业为主动就业、创业,通过不断提升个人能力,积极主动链接相关就业信息,向就业典型学习,激发勤劳就业热情,提升就业质量。

第三节　城郊农民的职业流动困境③

一、问题的提出

改革开放后,我国城镇化与工业化进入了快速发展时期,截至 2018 年我国城镇化水平已达到 59.58%。④ 随着城镇化及工业化的发展,农业用地被征用,必然会产生大量失地农民群体。据统计,截至 2017 年底,约有 5000 万至 6000 万农户因征地而失去全部或部分土地,根据新常态下城镇化发展速度,2020 年失地农民总量突破 1 亿人。⑤ 土地作为最基本的生存资料,其稳

① 参见雷翠:《关注关爱失地农民 促进社会稳定发展——宜宾市南溪区失地农民就业状况调查》,《中共乐山市委党校学报》,2018 年第 5 期。

② 参见彭媛翠:《促进失地农民充分就业的对策——以楚雄市鹿城镇推进城市化建设为例》,《现代农业科技》,2017 年第 15 期。

③ 参见马君、于莉:《失地农民的职业流动及其影响因素分析》,《湖南农业科学》,2020 年第 3 期。

④ 参见王李兵:《新型城镇化背景下的江苏中心镇建设》,《社科纵横》,2019 年第 8 期。

⑤ 参见侯明利、范红袍、王玉琪:《城郊失地农民城市融入问题研究——基于河南省新乡市城郊村的调查》,《农村经济与科技》,2019 年第 11 期。

定产出是农民的重要经济保障,失去土地后,失地农民不得不转向非农就业,以维持个人的生存及发展。如何保证失地农民实现再就业,如何促进失地农民实现向上的职业流动,是城镇化过程中需要思考的重要问题,解决这两个问题也是促进失地农民融入城市的重要方式。

职业流动是个人创造财富和实现职业发展的重要途径。失地农民正处于离地离农的市民化转型过程中,其就业呈现出职业流动性强、职业层次低和收入低的特征。相关数据显示,有80%以上的失地农民在就业方面有困难。[1] 征地后,失地农民的职业分层整体来看有所改善,但是呈现出显著的分化态势[2],失地农民的"金字塔型"职业结构并没有发生显著的变化[3]。由此可见,失地农民职业流动过程中存在问题的严峻性不容忽视。

失地农民正在经历由农村向城市、农业向非农业的流动,这种流动对于我国的经济发展具有重要意义。从宏观上看,失地农民是推动经济发展的重要劳动力资源,在城镇化及工业化建设中发挥重要作用。从微观上看,向上的职业流动不仅能够使失地农民个人获得更多的收入,也是其实现自我价值的重要途径。但由于失地农民自身的局限性以及各种外部因素的制约,他们在实际职业流动过程中面临诸多问题,对这些问题进行深入的分析与研究,不仅有助于失地农民顺利完成向非农职业的就业转型,实现向上的职业流动,也有利于我国城镇化进程的平稳推进。

---

① 参见郭小辉:《城镇化背景下失地农民再就业问题分析》,《中国集体经济》,2019 年第 1 期。
② 参见陈浩、陈雪春:《城镇化进程中失地农民就业分化及特征分析——基于长三角 858 户调研数据》,《调研世界》,2013 年第 7 期。
③ 参见郑子峰、郑庆昌:《被征地农民职业流动与职业结构分析——基于晋江市的数据》,《中共福建省委党校学报》,2016 年第 1 期。

二、职业流动的理论分析

(一)职业流动及其分类

职业流动不仅是劳动力流动的一种形式,它也是社会流动的重要体现。表面上看,职业流动是指劳动者在各种因素的影响下,从一种职业或职位变换到另一种职业或职位的过程,但在市场机制下,职业流动也是个体寻求职业发展、实现个人价值的重要方式,所以职业流动本质上是个体在一个分化的社会结构中变换自身社会位置的过程及结果。[①] 对于失地农民而言,职业流动还是其适应城市并逐步融入城市生活、实现市民化的重要过程。[②]

关于职业流动的类型,研究者主要从流动意愿、流动次数以及流出方向三个角度进行分类。吕晓兰等人按照结束首份工作的形式,即是主动离职还是被迫离职,将职业流动划分为主动流动和被动流动两大类,主动流动与被动流动则又分别包括出于工作原因主动流动、出于个人原因主动流动、出于工作原因被动流动、出于个人原因被动流动。其中收入、工作稳定性、工作环境、劳动强度和福利待遇是失地农民因工作原因主动流动的重要原因,而单位、企业经营状况则是其被动流动的重要原因。[③] 这种根据职业流动意愿进行的类型划分,在很大程度上能够反映失地农民的职业发展状况和职业层次。

---

① 参见周运清、王培刚:《农民工进城方式选择及职业流动特点研究》,《青年研究》,2002 年第 6 期。

② 参见杨云彦、褚清华:《外出务工人员的职业流动、能力形成和社会融合》,《中国人口·资源与环境》,2013 年第 1 期。

③ 参见吕晓兰、姚先国:《农民工职业流动类型与收入效应的性别差异分析》,《经济学家》,2013 年第 6 期。

　　李强在对农民工的职业流动研究中将职业流动分成了初次职业流动和再次职业流动。初次职业流动主要是指从农业转向非农就业的流动,再次职业流动则是指其在进入城市之后在不同职业或者不同职位之间的流动。其研究结果表明,农民工再次职业流动中水平方向流动居多,工作待遇和级别并没有明显改变,且再次职业流动呈现出越来越频繁的趋势,反映出农民工非农就业的不稳定性和向上职业流动的困难。①

　　早在20世纪末,苏颂兴②、汤无水③等学者就对职业流动的类型进行过划分,根据职业流动的方向将其划分为横向流动和纵向流动。郑子峰等人同样根据职业流动的方向将职业流动划分为水平流动和垂直流动,并将水平流动阐释为经过职业流动后,劳动者所从事的职业层次仍处于相同层次;垂直流动是指职业流动过程中职业水平发生变化,它分为向上流动和向下流动两种类型。向上流动意味着,在职业流动过程中,劳动者通过改变工作从而使自己实现了向较高的职业水平流动;相反,向下流动则是指劳动者向较低的职业水平的流动。④职业作为个人积累财富的重要方式,也是个体社会地位的体现,职业分层则是衡量职业流动的重要指标,这种以职业流动的流出方向作为依据的划分方式在一定程度上反映了失地农民职业地位的变化。

　　综观以上三种职业流动的划分方式,每种方式都在不同方面反映了失地农民群体的职业流动状况,本书以职业流动方向为依据对职业流动类型进行划分,将失地农民的职业流动划分为水平流动和垂直流动。

---

　　①　参见李强:《中国大陆城市农民工的职业流动》,《社会学研究》,1999年第3期。

　　②　参见苏颂兴:《论中国青年工人职业流动意识的强化趋势》,《青年研究》,1987年第9期。

　　③　参见汤无水:《职业流动种种》,《职业教育研究》,1992年第6期。

　　④　参见郑子峰、郑庆昌:《被征地农民职业流动与职业结构分析——基于晋江市的数据》,《中共福建省委党校学报》,2016年第1期。

(二)职业流动的分析视角

职业流动对于个人社会地位的提升具有重要影响,对于社会经济的发展也同样具有重要意义,在以往研究中,国内外学者对职业流动的影响因素主要从宏观和微观两个视角展开分析。

宏观视角从经济、制度层面探讨失地农民职业流动的影响因素。部分学者通过劳动力市场分割理论对职业流动进行探究。姚先国等人在研究中指出,社会和制度性因素的存在导致不同人群在就业部门、职位以及收入模式上存在显著差异。[1] 劳动力迁移理论则指出,生产力水平变化、产业结构调整与劳动用工制度改革等是影响个体职业流动的宏观因素。[2]

微观视角的探究主要关注的是人力资本因素和社会资本因素对失地农民职业流动的影响。从人力资本角度进行的研究往往是基于舒尔茨的人力资本理论,研究人力资本因素——受教育水平、技能培训以及工作经历等对劳动者社会经济地位获得的影响。[3] 舒尔茨提出的"人力资本"概念指的是知识、技能和健康因素的价值,当个人对这些因素进行投资时可以带来利益[4],也就是说劳动者通过提升自身知识、技能、健康等条件将有可能获得更好的就业机会以及更高的收入。基于人力资本理论的研究普遍强调人力资本因素对职业流动的作用,并对其关系进行了广泛而深刻的讨论,强调通过提升劳动者受教育水平、进行职业培训等方式促进劳动者实现向上的职业流动。

---

① 参见姚先国、黎煦:《劳动力市场分割:一个文献综述》,《渤海大学学报》(哲学社会科学版),2005 年第 1 期。

② 参见[美]罗纳德·伊兰伯格、罗伯特·史密斯:《现代劳动经济学》,刘昕译,中国人民大学出版社,1999 年,第 49 页。

③ 参见郑子峰:《被征地农民职业流动影响因素研究——以福建省晋江市为例》,福建农林大学 2016 年博士学位论文。

④ See Schultz, T. W., Investment in Human Capital, *The American Economic Review*, 1961,51(1).

从社会资本角度的研究,通常以布尔迪厄的社会资本理论作为研究取向,研究社会网络对劳动者就业的影响,其中心命题是个人的社会网络影响其职业获得。① "社会资本"概念最早是由法国社会学家布尔迪厄提出的,而后格兰诺维特对此进行了补充,提出了著名的"弱关系假设"。社会资本视角强调社会关系网络在职业流动中的作用,认为与"强关系"相比,"弱关系"更能为劳动者提供非重叠性的职业信息。② 但边燕杰在中国文化背景下研究社会网络与职业流动的关系时,提出了"强关系假设",认为在中国社会中,人们更多的是通过亲戚、朋友等"强关系"来获取职业信息并实现职业流动。③

三、城郊农民职业流动的现状与问题分析

对于城郊失地农民而言,职业流动是帮助其进行职业转换、提升社会地位、实现个人价值、获得更高收入的重要途径。但随着我国市场体制的深化改革,劳动力市场对于劳动者的知识、技能有了更高的要求,而失地农民普遍存在受教育水平低、缺乏必要的劳动技能等限制,这导致其在劳动力市场中缺乏竞争力,在实际职业流动过程中呈现出以下特点:

1. 就业不稳定性导致的较为频繁的职业流动。王超恩等人的研究结果显示,有超过一半的外出务工人员在近三年内更换过工作,即发生过职业流动,这表明这部分群体的职业流动性总体而言比较强。④ 郑子峰等人研究发

① 参见李飞、钟涨宝:《人力资本、社会资本与失地农民的职业获得——基于江苏省扬州市两个失地农民社区的调查》,《中国农村观察》,2010 年第 6 期。

② See Granovetter, M. S. , The Strength of Weak Ties, *American Journal of Sociology*, 1973(6).

③ 参见边燕杰:《城市居民社会资本的来源及作用:网络观点与调查发现》,《中国社会科学》,2004 年第 3 期。

④ 参见王超恩、符平:《农民工的职业流动及其影响因素——基于职业分层与代际差异视角的考察》,《人口与经济》,2013 年第 5 期。

现,被征地农民从事的职业在两年内未发生流动的占比为49.23%,而在四年以上未发生职业流动的仅占21.54%①,可见失地农民职业更换频繁,面临职业不稳定的严峻问题。在对晋江市被征地农民的调查中郑子峰指出,失地后没有更换过职业的被征地农民占比只有25.46%,并且有14.35%的被征地农民有4次以上更换工作的经历。② 这些研究都从不同程度上反映了城郊失地农民职业更换频繁以及职业不稳定的问题。

2. 职业层次总体偏低,难以向上流动。虽然变换工作是向上流动的重要途径,但是实际上大多数失地农民难以实现向上的职业流动。郭云涛在调查中发现,失地农民在从事非农初职工作过程中,超过半数选择个体经营,可以说个体经营是农民的首选,而非农初职处于“管理位置”的仅占12%。③ 可见,失地农民在失去土地后其非农职业是处于较低层次的。郑子峰等人对失地农民的研究显示,失地农民向上流动率为28.70%,向下流动率为20.37%,水平流动率为50.93%④,能够看出失地农民职业流动性较强,但大多数职业流动属于水平流动,甚至出现了部分向下流动的状况。孙林对农民工群体的调查研究也显示出相似的结果,41.21%的农民工在职业流动中职业地位呈逐渐下降的趋势,只有13.63%的农民工实现了地位逐渐上升。⑤ 可见,失地农民很少可以实现向上的职业流动。

3. 职业流动的两极化严重。张春月的调查研究发现,失地农民在职业

① 参见郑子峰、郑庆昌:《被征地农民职业流动与职业结构分析——基于晋江市的数据》,《中共福建省委党校学报》,2016年第1期。

② 参见郑子峰:《被征地农民职业流动影响因素研究——以福建省晋江市为例》,福建农林大学2016年博士学位论文。

③ 参见郭云涛:《农民非农初职间隔及其影响因素作用的代际差异——基于“CGSS2006”调查数据的实证研究》,《中国人口科学》,2010年第4期。

④ 参见郑子峰、郑庆昌、陈立立:《被征地农民职业流动影响因素实证研究》,《东南学术》,2016年第3期。

⑤ 参见孙林:《农民工职业流动的代际差异分析》,《北京劳动保障职业学院学报》,2019年第1期。

转换过程中,分化到无业、临时雇工、进城务工人员这三个职业的人数占总体人数的 53%;分化到个体工商劳动者、产业工人、农村智力劳动者的人数占总人数的 17%;分化到企业管理人员、农村管理者、私营企业主这个层次的人数占总人数的 28%。这一结果显示,失地农民在非农职业转移过程中出现了下层占大多数,中间层次很少,上层人数较多的现象。[①] 与理想的职业分化模型——橄榄型相比,失地农民的职业流动呈现出显著的两极分化特征。叶继红在研究中指出,现阶段失地农民职业结构中低层人数略有减少,中间及以上层次人数略微上升,但这仍与理想的职业结构有着相当的距离。[②]

四、城郊农民职业流动的影响因素分析

(一)宏观因素

1. 户籍制度的影响

在新中国成立后的很长一段时间内,我国一直实行严格的户籍管理制度,限制农村人口向城市流动。虽然改革开放后国家放开了对农民的就业限制,但城乡户籍差别还影响着农民的职业发展机会,与城市户籍居民相比,他们拥有更少的发展机会,并且难以享受相同的福利待遇。我国长期的城乡二元结构体制催生了一个客观存在的二元用工制度,这为失地农民的

---

① 参见张春月:《失地农民职业分化及影响因素研究——以 C 市 F 社区为例》,长春工业大学 2018 年硕士学位论文。

② 参见叶继红:《失地农民职业发展状况、影响因素与支持体系建构》,《浙江社会科学》,2014 年第 8 期。

就业带来了障碍。①

虽然现在的户籍制度在不断地放宽，农民可以自由地向城镇流动，自由择业，但农民身份却很难改变。② 城市的就业优惠政策以及各种就业保障基本上是为城市居民提供的，而失地农民却难以享受到。虽然近年来各地政府出台了一些措施以保障失地农民就业，但由于多方面原因，并没有达到预期效果。长期以来形成的城乡二元体制对于农民就业仍然具有重要影响，并且这种制度性障碍已成为农民职业流动的社会壁垒。

2. 土地征用和社会保障制度的影响

失地农民职业流动所受到的约束，在很大程度上体现在我国的土地征用制度以及社会保障制度上。根据我国《土地管理法》规定，农民在政府履行完征地手续后，不再享有与被征用土地相关的权益③，在当前的征地补偿制度中，大多数地区所采用的主要方式是一次性货币补偿，但是这种方式并没有为失地农民提供就业机会，也不能为其生活提供足够的保障，这表明我国征地制度还存在缺陷，需要进一步地完善。

就目前来看，有关失地农民劳动保障与就业方面的政策缺乏针对性，并没有形成完整的制度框架④，存在着安置措施执行不到位的种种问题，使得失地农民失去了很多就业机会，并且相关措施也没能为失地农民提供稳定的就业环境以及合理的就业保障，这导致失地农民在就业以及职业流动的过程中面临着来自制度的压力。

---

① 参见赵爽：《论失业失地农民市民化的制度障碍与途径——基于就业保障城乡一体化的视角》，《中州学刊》，2007 年第 3 期。

② 参见温福英、黄建新：《城市化进程中的农民职业流动》，《河北北方学院学报》，2009 年第 3 期。

③ 参见李楠、刘宇辉：《城市化进程中的失地农民就业安置探究》，《生产力研究》，2010 年第 12 期。

④ 参见吴晓义、李津：《失地农民职业流动的约束及突破》，《江苏技术师范学院学报》，2008 年第 7 期。

3.经济发展因素的影响

失地农民职业流动状况与经济发展因素密切相关,可以说,经济增长对于失地农民职业流动具有根本性影响。经济发展速度增长、产业结构优化升级和经济发展方式转变等都是经济发展的重要表现。城市的发展离不开必要的劳动力,作为城市发展建设的重要劳动力资源,失地农民深受产业结构优化和经济发展方式转变的影响,个人职业流动的空间和可能大大增加,同时产业结构的优化和升级以及经济发展方式的转变也会引导失地农民在不同产业和行业之间进行流动分化。

郑子峰等人的研究表明第二产业吸纳的农村劳动力最多,而在第二产业就业的劳动力,主要集中在对技术要求不高的劳动力密集型产业,这种就业主要处于职业结构的中下层[1],这反映了失地农民职业层次普遍不高的状况。在多数就业市场,都存在不同程度的技术壁垒和制度排斥,比如用人单位在招聘时,通常都会在职业技能、综合素养和相关的工作经验等方面对劳动者做出相关要求,但这些要求对失地农民而言,显然具有一定的难度。[2]正如吴德群所指出的,职业流动过程中存在着社会排斥,特定群体总是难以向中心职业流动,而总易于向边缘职业流动,社会排斥意味着资源被一小部分人垄断,并且会导致贫困和发展能力的丧失[3],这也是影响失地农民职业流动的重要原因。

---

[1]　参见郑子峰、郑庆昌:《被征地农民职业流动与职业结构分析——基于晋江市的数据》,《中共福建省委党校学报》,2016 年第 1 期。

[2]　参见吴晓义、李津:《失地农民职业流动的约束及突破》,《江苏技术师范学院学报》,2008 年第 7 期。

[3]　参见吴德群:《消除职业流动中的社会排斥:社会建设的内在要求——以广西为例》,《热点透视》,2008 年第 11 期。

（二）微观因素

1. 人力资本因素的影响

个人所拥有的人力资本对失地农民的职业流动也有着重要影响。长期以来，农民主要从事着对知识技能要求不高的农业活动，因此处于缺乏资金、知识和技能的弱势地位，并且部分失地农民年龄较大，体力相对较弱，对找工作极度缺乏信心，这也就使其就业更加困难。众多人力资本理论相关的研究已经证明，劳动力的转移深受个人受教育程度、劳动技能和健康程度等人力资本因素的影响。

目前我国劳动力市场正逐步由单纯的体力型向专业型、技能型转变，然而失地农民长期从事农业生产，在技能方面有所欠缺，在现代工业化进程中，很难适应劳动力市场的需求。[①] 现代社会对劳动者的知识与能力提出了更高的要求，受教育水平不高、没有接受过专业训练和技能培训的失地农民将难以胜任。[②] 失地农民群体普遍存在文化素质不高的状况，这也是影响他们职业流动的重要因素。另外农村缺乏健全的职业技能培训体系，导致失地农民在失去土地后难以适应劳动力市场的需求，难以顺利地实现就业，获得就业发展机会，因此只能处于被动的受雇地位，职业流动受到诸多限制。

2. 社会资本因素的影响

个人所拥有的社会资本是影响失地农民职业流动的重要因素。王晓刚等人的研究结果表明，农民所拥有的社会网络规模、密度和质量与向上的职业流动存在正相关关系，同时，社会网络显著影响失地农民的职业声望，尤

[①] 参见刘先莉、蒋志强：《失地农民就业面临的挑战与出路》，《安徽农业科学》，2007 年第30 期。

[②] 参见温福英、黄建新：《城市化进程中的农民职业流动》，《河北北方学院学报》，2009 年第3 期。

其是亲属在失地农民网络规模中所占比例越小,其职业声望越高。① 然而大多数失地农民的社会网络关系主要分布在农村,具有很强的乡土性,导致他们进入城市后,其社会网络仍然具有封闭性的特征。

郑子峰等人指出,人际关系网越大,求职者获得岗位信息、就业推荐等帮助的可能性就越大,职业提升的可能也越大。② 但长期以来农民都被禁锢在土地上,与其打交道的也多是乡邻,随着时间推移,失地农民缺乏广泛的社会资源和信息获取渠道的问题逐渐显现,失地农民难以进一步实现社会关系网络的拓展和社会资本积累,这也进一步影响他们通过社会网络关系寻找工作的机会。所以,失地农民中的多数人是难以通过社会网络关系获得相关的就业信息和就业机会的。

五、改善城郊农民职业流动的对策建议

改变失地农民职业流动现状,帮助其解决职业流动过程中存在的诸多问题,需要从多方面入手,各部门相互配合,力求提升失地农民就业质量,使其获得更好的职业发展机会,实现向上流动。

(一)宏观层面

1.加快改革户籍制度

由于户籍制度的阻碍,失地农民的职业选择仍然受到很大限制,虽然户籍改革正在推行,但由于问题的复杂性,改革显然不是一蹴而就的。户籍制

---

① 参见王晓刚、陈浩:《失地农民就业质量的影响因素分析——以武汉市江夏区龚家铺村为例》,《城市问题》,2014年第1期。
② 参见郑子峰、郑庆昌、陈立立:《被征地农民职业流动影响因素实证研究》,《东南学术》,2016年第3期。

度的改革不应仅仅关注表面,如户籍登记制度的变化和增加各种户口类别如蓝印户口、暂住证等,彻底废除户籍制度的不合理功能才是改革的真正目标。① 户籍制度的改革不能只停留在表层上,还应积极推动就业、教育和社会保障制度的改革,以确保失地农民与市民在就业机会、权益保障、福利待遇、受教育权利等方面的平等。②

2. 营造公平开放的劳动力市场环境

失地农民向上的职业流动需要制定各种劳动和就业政策,完善各项规章制度,打破阶层壁垒和行业限制,以期为各阶层提供公平竞争和发展的机会。郑子峰建议鼓励和引导企业加强安置责任意识,并且对录用失地农民劳动力达到一定比例的企业,给予一定的税收减免、社会保障补贴等政策优惠。③ 另外,劳动力市场的健康发展离不开有效监管,因此需要加强对劳动力市场的监管力度,通过各种制度规范,保障和完善劳动力就业市场,为失地农民营造出良好的就业环境。

3. 完善现行土地征用制度

基于我国土地征用制度难以保障失地农民就业的现状,应将货币补偿与社会保障、就业安置相结合,实行多样化的补偿安置方式和渠道。比如,马林靖等人建议可以将一部分货币补偿额用于发展村集体经济,从而提高失地农民的分成,使他们能够长期享有收入。④ 栾量海等人建议根据征地行为的性质进行分类,对不同的征地行为采取不同的补偿和安置措施:对公益

---

① 参见葛晓巍:《市场化进程中农民职业分化及市民化研究》,浙江大学 2007 年博士学位论文。

② 参见吴南:《西安市郊区失地农民的职业转换问题研究——以茅坡村为例》,陕西师范大学 2006 年硕士学位论文。

③ 参见郑子峰:《被征地农民职业流动影响因素研究——以福建省晋江市为例》,福建农林大学 2016 年博士学位论文。

④ 参见马林靖、王燕、苑佳佳:《快速城镇化中政府行为对失地农民就业的影响——基于天津"宅基地换房"试点镇调查的博弈分析》,《西部论坛》,2015 年第 1 期。

性政府行为,以市场价格一次性全额赔偿失地农民损失;对非公益性企业的行为,则由市场决定对失地农民的补偿;对于铁路、公路等大型交通建设用地,则可以采取租赁或土地入股等方式, 让失地农民在失去土地后, 长期享受保底收益。①

4. 建立健全失地农民社会保障体系

对征地补偿措施进行积极的探索是完善制度保障的关键,应在原有的一次性货币补偿基础上,完善各项社会保障措施,让失地农民无后顾之忧,以更积极的态度投入到就业、创业中去。李楠等人指出可建立失地农民最低生活保障制度,使失地农民和城市居民有同等机会享受最低生活保障制度,除此之外,政府也可以从土地补偿费中抽取一部分用于养老与医疗,依托集体经济组织和社区,为失地农民建立起完善的医疗保险、养老保险等社会保障制度,帮助他们解决看病难、养老难的问题。② 张晖等人指出要建立和完善社会保障体制,并将年龄较大、身体健康状况较差等不适合再就业的失地农民纳入最低生活保障等社会救助体系中,解决他们的生活困难。③ 通过为失地农民提供一定的制度保障,增加他们的自信心和荣誉感,使他们以更加积极的态度参与到劳动力市场的竞争中来。

5. 促进产业结构和劳动力结构的升级

失地农民就业主要集中在第二产业,即劳动力密集型产业,这使他们在劳动力市场逐步向技术型转变过程中缺乏竞争力。因此有必要适当平衡产业结构和劳动力结构,建立健康完善的劳动力市场。在产业转型升级的同

---

① 参见栾量海、张强:《失地农民就业和社会保障的状况、问题与对策——山东省威海市抽样调查研究》,《科学社会主义》,2007 年第 6 期。

② 参见李楠、刘宇辉:《城市化进程中的失地农民就业安置探究》,《生产力研究》,2010 年第 12 期。

③ 参见张晖、温作民、李丰:《失地农民雇佣就业、自主创业的影响因素分析——基于苏州市高新区东渚镇的调查》,《南京农业大学学报》(社会科学版),2012 年第 1 期。

时,适当的发展对技术要求不高的劳动力密集型企业,积极发展服务业,为失地农民创造出更多的就业岗位,并且鼓励失地农民自主创业。申晓梅指出要大力发展劳动密集型产业,以及餐饮业、零售商业、运输业、社区服务业等可以大量吸收农民工就业的第三产业,为失地农民提供更多适宜的岗位。①

(二)微观层面

1. 加强失地农民职业技能培训,提高失地农民职业素质

人力资本对于职业流动具有关键性影响,解决失地农民职业流动问题,根本在于提高农民自身的素质,提高他们在劳动力市场中的竞争力。可以通过加强基础教育、鼓励其积极参与就业培训的方式,提高失地农民的劳动技能,提升自身竞争力,从而更好地满足劳动力市场的需要,获得职业发展的机会。这也要求政府部门建立健全就业培训制度,为失地农民提供职业培训的机会。值得注意的是,政府可以有针对性地为不同年龄、不同文化层次的农民提供不同的培训内容,尽可能地满足失地农民的就业需要,解决实际的就业困难,提高失地农民的综合素质和竞争力。政府可以鼓励创业,并建立完善的职业援助体系,为失地农民就业和创业提供全方位的服务②,及时解决创业过程中遇到的问题,帮助失地农民成功创业。

2. 积极帮助失地农民拓展社会网络

异质性群体的社交活动是农业转移人口重构社会资本的重要途径之

---

① 参见申晓梅:《四川失地农民就业与保障问题的调查思考》,《社会科学研究》,2005 年第 4 期。

② 参见郑子峰:《被征地农民职业流动影响因素研究——以福建省晋江市为例》,福建农林大学 2016 年博士学位论文。

一,社区支持能够准确地满足这一点。① 政府和社区部门可以引导和鼓励失地农民积极参与社区组织和社区活动,并充分调动社区资源,以帮助社区成员建立和扩大社会网络,提高通过社会网络获取资源的能力,促进社会资本积累。赵春燕指出,社区是直接面向失地农民的基层组织,因此社区担负着加强对失地农民的培训来培养真正意义上的城镇市民的重任。② 总之,社区是失地农民与城市居民实现有效互动的平台,在社区支持的作用下,失地农民能够及时有效地获取各种就业信息和就业机会,社会网络质量越高,失地农民实现向上的职业流动的可能性也越大。

---

① 参见李云新、吴智灵:《农业转移人口市民化的社区支持机制研究》,《农村经济》,2016 年第3 期。

② 参见赵春燕:《社区支持与失地农民就业相关性实证研究——以苏州市为例》,《江苏农业科学》,2013 年第 5 期。

第三编 大都市城郊农民的
地位获得与社会流动

几千年来,农民群体一直是我国人口结构中主要的构成部分。农民不仅是一种职业身份,更是一种社会身份。[1] 长期以来,我国农民作为"面朝黄土背朝天"的耕作者,始终被禁锢在土地之上。加之户籍制度的影响,农民在很长时期未能真正融入社会流动的群体。改革开放以来,工业化、城镇化的发展和社会生产力的提高以及我国户籍制度的不断改革,使农民开始加入到社会流动的队伍当中,在职业身份、社会地位、空间地域等方面发生了转变和迁移。[2]

社会主义市场经济体制的确立使原本牢固的城乡二元结构开始解体,经济社会结构在短时间内发生了剧变,产生了大量的农业转移人口。人口的快速流动带来的结果是城镇化水平的不断提高,2019年我国城镇化率已

---

① 参见刘豪兴、徐柯等:《农村社会学》,中国人民大学出版社,2015年,第82页。

② 参见李强:《"丁字型"社会结构与"结构紧张"》,《社会学研究》,2005年第2期;陆学艺:《中国社会阶级阶层结构变迁60年》,《中国人口·资源与环境》,2010年第7期;田丰:《逆成长:农民工社会经济地位的十年变化(2006—2015)》,《社会学研究》,2017年第3期。

达到 60. 60%。[①] 随着城市经济的不断发展与城镇化水平的不断提高,农业劳动力的"乡 - 城"流动趋势逐渐增强,这其中既包括了离开乡村进入城市的农民工,也包括城镇化过程中失去土地、脱离村落的城郊农民。[②]

超大城市是我国现代化与城镇化发展的前沿,快速的经济发展与大规模的城市扩张带来了大规模城郊农民的身份转型与地位流动,为我们探究农民社会经济地位流动趋势与影响机制提供了社会背景。

本编将采用同期群分析视角呈现超大城市城郊地区现代化与城镇化转型背景下城郊农民社会经济地位的代际流动,并从宏观因素、制度因素、先赋因素和自致因素四个层面探究城郊农民社会流动的影响机制。

---

① 参见国家统计局:《中国统计年鉴》,中国统计出版社,2020 年。
② 参见夏金梅、孔祥利:《1921—2021 年:我国农业劳动力城乡流动的嬗变、导向与双向互动》,《经济问题》,2021 年第 6 期。

第八章　城郊农民的社会地位与社会流动

第一节　社会地位与社会流动

一、社会地位的界定与测量

(一)社会地位的界定

社会地位通常被定义为社会成员在既定的社会分层系统或社会等级制度中所处的地位或位置。[①] 个体的社会地位反映了个体在其所处的社会环境及社会关系体系之中的相对位置,也在一定程度上反映了个体与其他社

---

① 参见赵忠平、贾圆圆:《中职教师的主观社会地位及其影响因素研究——基于浙江省 12 所中职学校教师的分析》,《职业技术教育》,2020 年第 25 期。

会成员之间的关系。一般来说,社会经济地位包括客观社会地位和主观社会地位两个方面。客观社会地位也叫客观社会经济地位,通常指社会成员根据其所拥有的不同教育水平、财富、权力及社会声望,在社会地位排序中所处的相对位置①;主观社会地位又称为主观社会经济地位,其含义是社会成员根据其所占有的经济资源、教育资源等社会资源对自身在社会结构中的相对位置进行的主观排序或评价②。

社会成员的客观社会地位并不完全等同于其主观社会地位,主客观社会地位之间存在一定的偏差。在以往的研究中,地位决定论和地位过程论为主客观社会地位之间的偏差做出了较为合理的解释,并从横向社会维度与纵向时间维度两个方面进行分析。地位决定论被多数学者所认同,他们认为个体在其所处的社会结构中的客观社会位置决定了其主观社会地位。③这种客观社会位置包括个体的经济收入、教育水平、权力多少、职业地位及政治面貌等方面,个体在这些方面将自身与其他社会成员进行比较,进而得出自己的位置排序,形成主观社会地位。因此,从地位决定论的视角出发,个体的主观社会地位与客观社会地位之间存在的偏差较小。而地位过程论认为,个体主观社会地位的判断主要由自己"过去"与"现在"的经济收入、生活状况、教育程度、职业地位等因素决定,个体基于自身"过去"与"现在"的

---

① 参见徐延辉、刘彦:《社会分层视角下的城市居民获得感研究》,《社会科学辑刊》,2021年第2期。

② 参见范晓光、陈云松:《中国城乡居民的阶层地位认同偏差》,《社会学研究》,2015年第4期。

③ See Geoffrey Evans & Colin Mills, A Latent Class Analysis of the Criterion-Related and Construct Validity of the Goldthorpe Class Schema, *European Sociological Review*, 1998 (1) ; Geoffrey Evans & Colin Mills, Are There Classes in Post-Communist Societies? A New Approach to Identifying Class Structure, *Sociology*,1999(1).

比较获得主观社会地位的判断。[1] 在我国现有的关于社会地位的研究中,研究者普遍认为个体主观社会地位主要受客观社会地位的影响。

(二)社会地位的测量

客观社会地位的测量方法包括类别型方法和连续型方法。类别型方法主要有马克思的阶级理论、韦伯的阶层理论,以及赖特模型[2]、戈德索普的EGP模型[3]等。我国学者陆学艺的中国十大阶层分类也属于类别型方法,他按照社会地位从高到低,将改革开放以来我国的社会成员划分为国家与社会管理者阶层、经理人员阶层、私营企业主阶层、专业技术人员阶层、办事人员阶层、个体工商户阶层、商业服务业员工阶层、产业工人阶层、农业劳动者阶层、城乡无业/失业/半失业者阶层十大阶层。[4] 类别型分析方法的不足在于其掩盖大类中的个体差异,并且容易导致边缘人群归类错误,对于部分阶层的地位高低难以确定。

连续型方法以职业类型为分析单元对社会地位进行量化处理,将其转化为连续型定距变量。[5] 目前普遍使用的是国际社会经济地位指数(简称ISEI)和标准国际职业声望量表(简称SIOPS),这两种方式已经被用于中国

① See Erik Olin Wright & Kwang-Yeong Shin, Temporality and Class Analysis: A Comparative Study of the Effects of Class Trajectory and Class Structure on Class Consciousness in Sweden and the United States, *Sociological Theory*, 1989(1).

② See Wright, E. O., *Class Counts: Comparative Studies in Class Analysis*, Cambridge University Press, 1997, p. 47.

③ See Erikson, R. & Goldthorpe, J. H., *The Constant Flux: A Study of Class Mobility in Industrial Societies*, Clarendon Press, 1992, pp. 50 – 51; Erikson, R., Goldthorpe, J. H., Portocarero L., Intergenerational Class Mobility in Three Western European Societies: England, France and Sweden, *British Journal of Sociology*, 1979(4).

④ 参见陆学艺:《当代中国社会阶层研究报告》,社会科学文献出版社,2002 年,第 8 页。

⑤ See Titma, M., Tuma, N. B. & Roosma, K., Education as a Factor in Intergenerational Mobility in Soviet Society, *European Sociological Review*, 2004(3); Leeuwen, M. H. D. V. & Maas, I., Historical Studies of Social Mobility and Stratification, *Annual Review of Sociology*, 2010(1).

居民社会地位评价的相关研究。ISEI 的建立依托于 16 个国家的 31 套数据，是各职业群体平均收入和受教育水平的加权得分，取值范围为 16～90[①]；SI-OPS 由 60 个国家的 85 次职业声望调查整合而得，取值范围为 6～78[②]。

二、社会流动的界定与分析视角

(一)社会流动的界定

社会流动是社会成员从一个社会位置移动到另一个社会位置，从而在社会位置排序上发生变动的过程。[③] 根据社会流动的方向可以分为向下流动、平行流动和向上流动。

社会学对社会流动进行了代内流动和代际流动的划分。代内流动指的是个体的职业、经济收入、社会声望、教育水平等向上或向下的变化过程及其结果，这种流动既可能是社会成员自身条件变化所导致的，也可能是社会环境或自然环境发生变化所导致的。代际流动是指相对于父代，子代的经济社会地位(如职业地位、经济收入、社会声望、教育水平等)的向上或向下的变化过程及其结果。

可直观测量的代际流动主要包括绝对流动与结构性流动两个维度。前者是父代与子代或不同期群之间总体社会经济地位的变化情况；后者体现的是因社会生产力水平提高、社会制度革新等原因引起的社会阶层、社会集团、社会中人口性质与分布的大规模变化。[④]

---

① See Harry B. Ganzeboom, Paul M. De Graaf & Donald J. Treiman, A Standard International Socio-Economic Index of Occupational Status, *Social Science Research*, 1992(21).

② See Donald J. Treiman, *Occupational Prestige in Comparative Perspective*, Academic Press, 1997.

③ 参见李强：《社会分层十讲》，社会科学文献出版社，2008 年，第 2 页。

④ 参见邓伟志：《社会学辞典》，上海辞书出版社，2009 年，第 21～22 页。

（二）社会流动的分析视角

社会流动的实证研究大多从三个视角出发。经济学领域的研究者关注收入的代际流动。20 世纪七八十年代以来，西方学者建构了解释各国代际流动差异的理论框架并对统计数据进行了完善。[①] 国内学者对代际收入流动的研究发现，中国存在较高的代际收入弹性，[②]职业机会的不平等阻碍了收入的代际流动。[③]

教育学领域的研究者深入分析了教育对代际流动的影响。西方学者对非裔美国人社会流动的研究发现高等教育对其地位提升具有重要意义，并决定其代际流动的能力。[④] 我国学者认为这种情况也适用于中国的低收入家庭和农村的寒门子弟。但大量的研究表明，由于教育机会的不平等，教育虽然对提高代际流动具有重要作用，但并没有带来代际流动的增加，反而导致代际流动的固化。[⑤]

社会学领域的研究者更注重对社会流动的综合分析。布劳和邓肯提出了代际流动的"地位获得模型"，分析了教育和家庭与代际流动的关系。[⑥] 后来的研究者借助"流动表分析"发现，不同国家、不同历史时期，社会流动的

---

① See Grawe N., Reconsidering the Use of Nonlinearities in Intergenerational Earnings Mobility as a Test of Credit Constraints, *Journal of Human Resources*, 2004(3).

② 参见王海港：《中国居民收入分配的代际流动》，《经济科学》，2005 年第 2 期；方鸣、应瑞瑶：《中国城乡居民的代际收入流动及分解》，《中国人口·资源与环境》，2010 年第 5 期。

③ 参见邸玉娜：《代际流动、教育收益与机会平等——基于微观调查数据的研究》，《经济科学》，2014 年第 1 期。

④ See Hardaway C R., Mcloyd V C., Escaping Poverty and Securing Middle Class Status: How Race and Socioeconomic Status Shape Mobility Prospects for African Americans During the Transition to Adulthood, *Journal of Youth and Adolescence*, 2009(2).

⑤ 参见王处辉、朱焱龙：《高等教育获得与代际流动：机制、变迁及现实》，《中南大学学报》（社会科学版），2015 年第 2 期；马瑜、王琪延：《教育对代际流动的影响效应分析》，《现代管理科学》，2015 年第 11 期。

⑥ See Otis Dudley Duncan, *Socioeconomic Background and Achievement*, Seminar Press, 1972, p. 125, p. 208.

模式不尽相同①,其中重要的影响因素是教育体制和劳动力市场结构的不同②。我国学者李力行等人从收入、职业、教育、政治身份四个角度分析我国社会代际流动状况,得出收入、教育和职业代际传递趋势增强,政治身份代际传递趋势减弱的结论。③ 杨建华等人考察了浙江省社会流动状况,发现职业流动与社会流动都呈现底层以水平流动为主,上层以"精英再生产"为主的特征。④

第二节 社会地位获得与流动的影响因素

对于社会中的个体或群体来说,其在社会分层结构中所处的位置就是其所获得的社会地位,当个体或群体由原有的社会地位转移到新的社会地位,也就是获得了新的社会地位的过程,就是其实现社会流动的过程。如果个体或群体相对前一代来说获得了新的社会地位,其所经历的就是代际间的社会流动。因此,社会地位获得是特定时间点上的静态描述,社会地位流动则是不同时间点上相对生命周期的前一个时期或相对代际群体的上一代际的动态描述,它们从不同角度描述了个体或群体在社会分层结构中的地位状况。对于社会地位及其流动的影响因素,研究者也从不同角度做出了探讨。

---

① See Robert M. Hauser, Some Exploratory Methods for Modeling Mobility Tables and Other Cross-Classified Data, Karl F. Schuessler (ed.), *Sociological Methodology*, Jossey-Bass, 1979, pp. 413 – 458.

② See Richard Breen (ed.), *Social Mobility in Europe*, Oxford University Press, 2004.

③ 参见李力行、周广肃:《家庭借贷约束、公共教育支出与社会流动性》,《经济学》(季刊),2015 年第 1 期。

④ 参见杨建华、张秀梅:《浙江社会流动调查报告》,《浙江社会科学》,2012 年第 7 期。

一、现代化逻辑和社会–政治逻辑对社会流动的解说

西方社会流动理论发展已经进入较为成熟的阶段,其基本理论范式可以划分为现代化逻辑和社会–政治逻辑[1]:前者认为现代化的发展将会促进社会流动的增加,社会结构也会更加开放[2];后者则认为社会流动会受到政治制度、社会利益、意识形态等因素的影响。费泽曼(Featherman)提出 FJH假设,认为工业社会虽然能够提升社会流动率,但这种流动源自社会职业结构的变动,现代社会中代际继承优势的持续性仍然是显著的。[3]

早在 1959 年,利普塞特(Lipset)与泽特贝格(Zetterberg)就已经发现,社会的工业化与现代化过程会导致社会成员的职业结构产生变化,在此基础上呈现出职业方面的代际间向上的社会流动,而这种流动就可以被看作一种结构性流动与绝对流动的结合。他们还发现除美国之外,世界上很多较早进入工业时代的国家与美国的绝对流动率十分相似。[4] 此外,许多学者还强调绝对流动对社会发展的重要性,认为社会成员的绝对流动是社会发展的重要体现。[5]

工业化理论认为,科学技术的发展和全社会工业化水平的提升导致了

---

[1]　参见李路路、朱斌:《当代中国的代际流动模式及其变迁》,《中国社会科学》,2015 年第 5 期。

[2]　See Peter M. Blau and O. D. Duncan, *The American Occupational Structure*, Wiley, 1967, pp. 58 – 66.

[3]　See David L. Featherman, F. Lancaster Jones and Robert M. Hauler, Assumptions of Social Mobility Research in the US: The Case of Occupational Status, *Social Science Research*, 1975(4).

[4]　See Seymour Martin Lipset & Hans L. Zetterberg, *Social Mobility in Industrial Societies*, University of California Press, 1959.

[5]　See Robert M. Hauser, Peter J. Dickinson, Harry P. Travis & John N. Koffel, Structural Changes in Occupational Mobility Among Men in the United States, *American Sociological Review*, 1975(5); McKee J McClendon, Structural and Exchange Components of Occupational Mobility: A Cross-National Analysis, *Sociological Quarterly*, 1980(4).

社会成员普遍向上的绝对流动和相对流动。① 个体的学历与能力是其创造
利润的重要前提,在效率优先的市场经济体制之下,先赋因素对个体实现社
会流动的影响逐渐减小,自致因素对个体实现社会流动的影响越来越大。
此外,技术进步导致的职业类型日益多样的划分使社会不断产生新的岗位
与工种,进一步减小了职业代际继承的可能性。② 福克斯和米勒在其研究中
发现,个体在工业社会中实现社会流动的可能性要高于非工业社会。③

与工业化理论相悖,新制度主义理论范式(即社会-政治分析逻辑)认
为社会的政策环境、社会制度、社会发展历史与社会意识形态等宏观制度因
素才是社会成员实现社会流动的主要影响因素。④ 这种宏观制度因素对个
体社会流动的影响在社会主义国家体现得尤为明显。如在苏联的计划经济
体制之下,社会中个体差距较小,社会成员在教育、职业分配等方面机会公
平,因此社会结构比市场经济体制的国家更加开放;⑤许多中东欧国家与西
方国家相比,社会结构更加开放,社会流动机会更加公平⑥。我国改革开放
以来,经济与社会的发展使人们的代际流动机会增加,与改革开放前相比,
人们普遍有了更多的获得社会地位的机会,代际流动率和代内流动率普遍
上升,这一结论得到了诸多国内外相关研究的支持。⑦

---

① See Donald J. Treiman, Industrialization and Social Stratification, *Sociological Inquiry*, 1970(2).

② See Bukodi, E. & Goldthorpe J. H., Market versus Meritocracy: Hungary as a Critical Case, *European Sociological Review*, 2010(6).

③ See Thomas Fox & S. M. Miller, Occupational Stratification and Mobility, *Studies in Comparative International Development*, 1965(1).

④ See F. Parkin, Class Stratification in Socialist Societies, *The British Journal of Sociology*, 1969(4).

⑤ See Yaish, M. & Andersen, R., Social Mobility in 20 Modern Societies: The Role of Economic and Political Context, *Social Science Research*, 2012(3).

⑥ See A. Gugushvili, Change or Continuity? Intergenerational Social Mobility and Post-Communist Transition, *Research in Social Stratification and Mobility*, 2017(52).

⑦ See Yuan Cheng & Jianzhong Dai, Intergenerational Mobility in modern China, *European Sociological Review*, 1995(1); Meng Chen, Intergenerational Mobility in Contemporary China, *Chinese Sociological Review*, 2013(4);李路路、石磊、朱斌:《固化还是流动?——当代中国阶层结构变迁四十年》,《社会学研究》,2018 年第 6 期。

二、个体主义理论与结构主义理论对社会地位获得的解说

目前学术界对个体或群体获得社会经济地位的影响因素主要围绕结构主义理论与个人主义理论这两种理论展开讨论。

20 世纪 60 年代，美国经济学家舒尔茨与贝克尔提出人力资本理论，即个人主义理论，该理论主张参与社会生产的社会成员的人力资本——主要包括个体的受教育水平、职业技能、身体健康素质等——决定了个体的经济收入。其中，教育程度是最主要的人力资本之一。[①]

结构主义理论注重制度性安排对不同个体社会地位差距的影响。皮奥罗等的二元劳动力市场理论指出，市场可以被划分为首要劳动力市场和次要劳动力市场，与次要劳动力市场相比，首要劳动力市场的工作者更容易获得较高的薪资水平、较好的工作环境和更好的个人发展的机会。[②]

李培林等人通过对调查数据的分析发现，在我国不同阶层的教育收益存在较大的差异，这说明即使是在教育等自致因素对个体收入的影响不断扩大的今天，微观人力资本的自致因素仍然在很大程度上受到户籍、社会保障制度等宏观制度因素的影响。[③]

项军的研究也发现，当前我国社会流动及其机会存在一定的空间差异，城镇户籍群体与市场经济发达地区人群的社会流动及社会流动机会均大于

①　See Becker, G. S., *Human Capital: A Theoretical and Empirical Analysis with Special Reference to Education*, The University of Chicago Press, 1993, pp. 18 – 20.

②　See M. J. Piore, The Dual Labor Market, Theory and Implications, David B. Grusky (ed.), *Social Stratification: Class, Race, and Gender in Social Logical Perspective*, Westview Press, 1970, pp. 435 – 448.

③　参见李培林、田丰：《中国劳动力市场人力资本对社会经济地位的影响》，《社会》，2010 年第 1 期。

农业户籍群体与市场经济欠发达地区人群。[1]

三、社会地位获得模型对社会流动的解说

布劳、邓肯的社会地位获得模型探讨了教育和家庭对代际流动的影响，并提出先赋因素与自致因素的地位获得效应。"地位获得模型"为社会流动提供了分析框架，同时也成为社会流动量化研究的开端。[2]

"地位获得模型"强调个体的职业地位较大地受到父代的影响。在传统社会，个体主要通过承袭或代际继承的方式获得职业，从而确定自身的社会地位，社会成员的教育获得和职业获得主要受到其家庭背景等先赋因素的影响。"地位获得模型"强调不同阶层之间的代际继承，即阶级固化。[3]

阶级固化理论与"地位获得模型"持有相同的观点，也强调先赋因素的代际继承，认为家庭背景、家庭收入及家庭文化环境等因素在很大程度上影响了子代的职业获得和教育获得。阶级固化的理论认为，社会中的精英群体通过"精英的代际传递"和"精英排他"实现了精英群体的阶级再生产。[4]

工业化理论和功能主义理论则认为，现代社会科学技术的发展及社会筛选机制的转变使先赋性因素不再是个体职业地位获得的最主要影响因素。现代社会的流动性大大增强，增强的流动性说明社会更加开放和公平，个体教育程度、技术能力等自致因素战胜了身份的继承，逐渐成为个体获得

---

① 参见项军：《新形势下促进区域社会流动机会协调发展：理论、经验与对策》，《福建师范大学学报》（哲学社会科学版），2021年第1期。

② See Peter M. Blau & Otis Dudley Duncan, *The American Occupational Structure*, The Free Press, 1967, p. 56.

③ 参见张翼：《中国人社会地位的获得——阶级继承和代内流动》，《社会学研究》，2004年第4期。

④ 参见李路路：《制度转型与分层结构的变迁——阶层相对关系模式的"双重再生产"》，《中国社会科学》，2002年第6期。

职业地位的主要影响因素。① 因此,在不断发展与变革的现代社会,个体经济地位及职业地位的获得越来越依靠其所受到的教育:更高的教育水平往往意味着更高的职业地位与经济收入。②

四、我国社会流动研究的主要观点

对于我国目前的社会流动机会及水平,国内学者的观点主要分为"开放派""固化派"及"稳定派"三种主张。

"开放派"学者认为,经济的发展和社会的进步使我国社会结构处于不断变化之中,社会结构趋于日益开放的状态,因此代际流动的公平性也在不断提升。这一观点得到了实证研究的佐证。有研究发现,以家庭背景为主要内容的先赋因素在改革深入期对个体社会流动的作用显著低于其他时期。③ 阳义南等人利用 CGSS 与 CLDS 进行代际流动的相关分析发现,从2006 年到 2010 年,子代对父代社会地位的继承不断减弱。④

"固化派"的学者与"开放派"持相反意见,认为中国的社会结构处在不断固化的过程中,虽然国内经济和社会结构的转型促进社会不断发展,但代际流动的不平等并未因此减弱。社会的发展拉开了不同阶层之间的差距,使社会成员在受教育能力、社会资源状况等方面存在巨大的鸿沟,进而增强了社会地位的代际继承,影响了社会成员的社会流动能力。以户籍制度为例,虽然户籍制度的改革目的之一是缩小城乡差距,减小不同户籍带来的消

---

① See Erzsébet Bukodi, Market versus Meritocracy: Hungary as a Critical Case, *European Sociological Review*, 2010(6).

② 参见杨胜利、姚健、苏寒云:《家庭资本与子代职业地位获得:教育的中介效应分析》,《西北人口》,2021 年第 1 期。

③ 参见李路路、朱斌:《当代中国的代际流动模式及其变迁》,《中国社会科学》,2015 年第5 期。

④ 参见阳义南、连玉君:《中国社会代际流动性的动态解析——CGSS 与 CLDS 混合横截面数据的经验证据》,《管理世界》,2015 年第 4 期。

极影响所造成的社会资源的不平等,但大量实证研究显示,拥有城镇户籍的人口向上流动的概率明显高于拥有农业户籍的人口[1],农业户籍者在经济收入及职业地位等方面明显低于非农业户籍者,且在劳动力市场中普遍受到歧视[2]。

"稳定派"是居于"开放派"和"固化派"之间的一种折中性主张,其观点是与改革开放前相比,我国社会流动的公平性及社会结构均未发生明显变化。相关研究指出,新中国成立以来我国的社会流动整体呈现上升趋势,但这种社会流动的上升是由于产业结构的转型和升级,我国机会结构的开放性并未随着社会的发展而产生改变。[3]

五、农民社会流动的理论解说

米格代尔等人在其著作中指出,农民从事农业生产并以此为生,这是农民生存的内向型力量;农民离开农业生产,参与到土地与村庄之外的社会生活中,则是农民生存的外向型力量。社会生产力的发展、社会结构的变迁带来的是生存方式由内向型向外向型的转变。农民更多地参与到工业社会的生产中,是农民应对社会结构变迁,谋求生存与发展的主要方式。[4]

在推拉理论看来,人口迁移的过程中有"推""拉"两种力量,农民根据这

---

[1] 参见陆益龙:《户口还起作用吗?——户籍制度与社会分层和流动》,《中国社会科学》,2008年第1期。

[2] See Li J., Gu Y. & Zhang C., Hukou-Based Stratification in Urban China's Segmented Economy, *Chinese Sociological Review*, 2015(2).

[3] See Chen M., Intergenerational Mobility in Contemporary China, *Chinese Sociological Review*, 2013(4).

[4] 参见[美]米格代尔:《农民、政治与革命:第三世界政治与社会变革的压力》,李玉琪、袁宁译,中央编译出版社,1996年,第196页。

两种力量能够给自己带来的利益进行迁移选择。① 经典马克思主义理论认为,社会生产力的提高带来的结果是,为更好地生存,大量农民脱离土地,由从事农业生产转向工业生产②,工业的发展导致了社会分工,同时工业人口的不断增加伴随着城市经济的发展和人口的密集,导致城市密度的提高③,这使农村人口向城市转移成了一种必然趋势。列宁也指出,商品经济的发展导致了农业人口大量缩减,工人数量不断增加。④

近年来学界很多研究呈现了现代化与城镇化对当代中国农民社会流动的影响。李逸波等人研究指出,20 世纪 50 年代以来,随着我国工业化和市场化的发展,农民逐渐脱离土地,离开乡村,开始从事农业生产以外的非农业劳动。此时,农民被迫从土地中分离出来,从事着以前未从事过的非农工作。⑤ 这种职业的改变会导致农民收入的变化,从而使农民社会地位的获得方式发生一定改变。⑥

同时也有研究指出,现代社会中家庭背景等先赋因素使个体在受教育程度、人力资本等方面产生了较大差距,造成了社会固化⑦,导致农民经常受到职业隔离与户籍隔离的双重压迫,并且由于农民身份而受到的双重压迫

① 参见[美]托达罗:《第三世界的经济发展》,于同申、苏蓉生等译,中国人民大学出版社,1988年,第 356~376 页。

② 参见杨云善:《马恩关于农民向工人阶级转化思想及启示》,《社会主义研究》,2004 年第6 期。

③ 参见[法]埃米尔·涂尔干:《社会分工论》,渠敬东译,生活·读书·新知三联书店,2017年,第 219 页。

④ 参见《列宁选集》(第一卷),人民出版社,1995 年,第 166~167 页。

⑤ 参见李逸波、彭建强、赵帮宏:《农民职业分化与工业化的关系研究——基于理论与实证的双重角度》,《农业经济》,2013 年第 8 期。

⑥ 参见仝磊、何蒲明、魏君英:《中国农民职业分化与收入分化关系的实证研究》,《湖北农业科学》,2015 年第 20 期。

⑦ See Wu X. & Treiman D. J., Inequality and Equality under Chinese Socialism: The Hukou System and Intergenerational Occupational Mobility, *American Journal of Sociology*, 2007(2).

并未因世代的不同而得到改变①。胡现岭对河南村庄的调查发现,农村青年向社会流动虽有所加快,但流动渠道日趋狭窄,只有升学流动方式在持续增长,经商、打工等其他流动方式趋于停滞或萎缩。② 许二梅指出由于农民阶层的组织资源、文化资源、经济资源的有限性,其子女在升学和就业中处于劣势地位,通过自致性渠道实现向上的社会流动越来越困难。③ 刘林平等人指出外出打工是农民社会流动的重要途径,但户籍区隔和拆分型劳动力再生产模式,导致务工农民人力资本、社会资本的极度匮乏,其实现代际的向上流动机会不大。④ 符平等人对新生代农民工社会流动的研究发现,新生代农民工为了获得更好的工作机会,不断地更换工作地点和打工工种,但频繁流动并未实现他们向上的代内流动,而是呈现出倒"U"型的发展轨迹,即流动次数达到特定值后,反而呈现向下的流动趋势。⑤ 杨菊华的研究也表明,新一代农民的职业变动并未使其获得更高的社会地位。⑥

---

① See Jun Li, Yanfeng Gu & Chuncen Zhang, Hukou-Based Stratification in Urban China's Segmented Economy, *Chinese Sociological Review*, 2015(2);陆益龙:《户口还起作用吗——户籍制度与社会分层和流动》,《中国社会科学》,2008 年第 1 期。

② 参见胡现岭:《农村青年社会流动方式之变迁(1978—2010)——以对河南省 22 个村庄的调查为中心》,《中国青年研究》,2013 年第 10 期。

③ 参见许二梅:《农民子女社会流动问题探析》,《人民论坛》,2013 年第 18 期。

④ 参见刘林平、沈宫阁:《"贫二代"现象及其发生机制实证分析》,《人民论坛》,2014 年第 2 期。

⑤ 参见符平、唐有财:《倒"U"型轨迹与新生代农民工的社会流动——新生代农民工的流动史研究》,《浙江社会科学》,2009 年第 12 期。

⑥ 参见杨菊华:《"代际改善"还是"故事重复"? ——青年流动人口职业地位纵向变动趋势研究》,《中国青年研究》,2014 年第 7 期。

第三节　城郊农民社会地位及其流动的研究设计

一、问题的提出

社会流动研究关注的是特定社会分层结构中个体或群体的社会地位所发生的变迁,社会流动状况由于可以反映一个社会的开放程度和公平程度,因此成为国内外社会学界所关注的一个重要研究领域。

我国城郊地区处于城市扩张的最前沿,大量农民的生存空间发生了非农化迁移,并从农业劳动力转变为非农业劳动力,这一过程不仅是居住地和谋生方式的转变,也是社会身份地位的变迁,这意味着,在我国农业人口中正在发生一场大规模的社会流动。对于农民个体而言,向上的社会流动会产生较强的激励作用,使其对城镇化变迁产生支持性反映,并对市民化身份形成认同;而向下的社会流动或者无法实现向上的社会流动,则会使农民产生强烈的被剥夺感,使其对城镇化变迁产生抵触心理,激化社会矛盾。本章从社会流动理论视角出发,探讨城镇化进程中城郊农民社会流动的特征和趋势,并对其影响因素进行分析,有助于发现阻碍城郊农民向上流动的社会因素,为建构较为开放的社会流动环境、实现更为公平的社会流动机制提供可参考的建议,这将有助于我国城镇化进程的有序发展,促进城郊农民平稳实现城镇化转型。

二、研究框架与数据来源

（一）研究思路与研究框架

本编关注超大城市城郊农民的社会地位流动,聚焦于城郊农民的客观社会经济地位的考察,基于职业类型的连续型社会地位测量法,采用国际社会经济地位指数 ISEI 值作为社会经济地位的测量指标[1],根据国际职业分类标准 ISCO－88,运用"职业 ISCO－88 值－ISEI 值"的转换程序,获得城郊农民社会地位得分。ISEI 值基于国际职业分类标准,考虑各职业群体平均收入和受教育水平,获得加权得分,是体现职业、收入、教育因素的综合指标。[2]

对于城郊农民社会流动状况的考察,本章基于两个层面,一是考察城郊农民在各个同期群代际之间产生的社会地位流动状况,并将其界定为同期群代际流动;二是考察城郊农民个体相对其父代产生的社会流动状况,并将其界定为家庭代际流动,同时还会从同期群视角对家庭代际流动状况进行比较分析。

基于对以往研究视角的梳理,本章从宏观因素、制度因素、先赋因素和自致因素四个层面提出研究假设,采用多层线性模型从同期群群组层面和城郊农民个体层面建构回归模型,探讨城郊农民社会流动机制,研究框架如图 8－1 所示:

---

① See Peter M. Blau, & Otis Dudley Duncan, *The American Occupational Structure*, John Wiley and Sons, 1967, pp. 118－124.

② 参见李春玲:《当代中国社会的声望分层——职业声望与社会经济地位指数测量》,《社会学研究》,2005 年第 2 期。

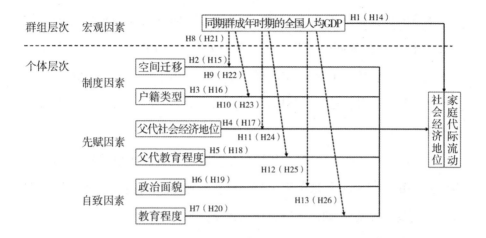

图 8-1　社会经济地位同期群代际流动影响机制的研究架构图

(二)指标设计与样本结构

本章实证分析数据来自 CGSS 2010、2011、2012、2013、2015 和 2017 年的数据库,从中选择所在地为北京、上海、天津和重庆四个超大城市的农业户籍和农转非户籍的城郊农民样本共计 4287 人。

根据研究框架,本章的因变量为社会地位,其赋值方式为根据数据库中职业的 ISCO-88 值[①]计算出社会经济地位指数 ISEI 值作为社会地位的得分,没有工作者赋值 0 分,有工作者赋值范围为 16—90 分。

本章的控制变量为性别和所在地;分组变量为同期群,根据出生年代划分为"30 后"(1930—1939 年出生者)、"40 后"(1940—1949 年出生者)、"50 后"(1950—1959 年出生者)、"60 后"(1960—1969 年出生者)、"70 后"(1970—1979 年出生者)、"80 后"(1980—1989 年出生者)、"90 后"(1990—1999 年出生者)7 个同期群群体。

---

① 2017 年数据为 ISCO-08,为了与前面的数据库一致,将其转换为 ISCO-88 值。

本章的自变量有四组，宏观因素变量为同期群成年时期的全国人均GDP水平，其取值为同期群出生20年后所处时代的全国人均GDP平均值。

政策因素包括两个变量，空间迁移根据样本出生地和户籍的情况，划分为本地人和迁居者；户籍类型根据样本户籍状况，划分为农业户籍者和农转非户籍者。

先赋因素包括两个变量，父代社会经济地位采用ISEI值赋分，没有工作者赋值0分，有工作者赋值范围为16—90分；父代教育程度以父代教育年限和学历类型进行赋分，取值范围为0—19分。

自致因素包括两个变量，政治身份划分为非党员和党员；教育程度以教育年限和学历类型进行赋分，取值范围为0—19分。

样本基本结构与变量的统计描述如下表所示：

表8-1　样本的基本结构与变量的统计描述(n=4287)

定类变量	取值(赋值)	百分比%
性别	女=0	53.5
	男=1	46.5
所在地	重庆=0	36.2
	北京=1	36.2
	上海=2	18.1
	天津=3	9.5
同期群	"30后"=1	8.9
	"40后"=2	13.9
	"50后"=3	17.1
	"60后"=4	17.4
	"70后"=5	19.1
	"80后"=6	16.5
	"90后"=7	6.9
空间迁移	本地人=0	30.7
	迁居者=1	69.3
户籍类型	农业户籍=0	51.2
	农转非户籍=1	48.8

续表

定类变量	取值（赋值）	百分比%
政治面貌	非党员＝0	86.5
	党员＝1	13.5
社会经济地位	0—90	34.11（20.518）
教育程度	0—19	9.01（4.793）
父代社会经济地位	0—88	30.00（13.762）
父代教育程度	0—19	5.34（4.390）

第九章　城郊农民的同期群代际流动

第一节　城郊农民同期群代际流动的研究设计

一、同期群与时期效应的界定与测量

同期群是在同一个时代出生的年龄群体,不同的同期群组呈现出不同的年龄组类别。本章通过对同期群平均社会经济地位的考察和对比,可以呈现出社会经济地位的同期群代际流动状况,并考察不同时代背景下宏观因素对个体社会经济地位的影响。

本章从同期群视角分析城郊农民社会经济地位在同期群代际间的流动状况,对于同期群代际的划分是根据城郊农民的出生年代,在进行代际流动比较时,将其划分为"30 后"(1930—1939 年出生)、"40 后"(1940—1949 年出生)、"50 后"(1950—1959 年出生)、"60 后"(1960—1969 年出生)、"70

后"（1970—1979 年出生）、"80 后"（1980—1989 年出生）、"90 后"（1990—1999 年出生）七个同期群群体，通过计算每个同期群群体社会经济地位的平均值，呈现出城郊农民同期群群体的社会经济地位水平，并通过同期群群体间的比较，呈现出城郊农民社会经济地位在同期群代际间的流动。

　　同期群代际间社会经济地位的差异通常可以归因于不同同期群群体成长时代的社会背景差异，这种由时代背景导致不同期群之间存在差异性的影响称为时期效应，它可以呈现宏观社会发展因素对微观个体的影响。本章通过时期效应分析考察影响城郊农民社会经济地位的宏观因素影响机制，考虑个体在生命周期的成年期独立步入社会而获得个体的社会经济地位，因此将同期群群体 20 岁时的全国人均 GDP 水平作为测量同期群成年时期社会发展水平的指标。

　　通过查阅国家统计年鉴，获得 1950 年至 2019 年的全国人均 GDP 数据，将 1950—1959 年全国人均 GDP 的平均值，作为"30 后"群体成年时期的社会发展状况取值；将 1960—1969 年全国人均 GDP 的平均值作为"40 后"群体成年时期的社会发展状况取值；将 1970—1979 年全国人均 GDP 的平均值作为"50 后"群体成年时期的社会发展状况取值；将 1980—1989 年全国人均 GDP 的平均值作为"60 后"群体成年时期的社会发展状况取值；将 1990—1999 年全国人均 GDP 的平均值作为"70 后"群体成年时期的社会发展状况取值；将 2000—2009 年全国人均 GDP 的平均值作为"80 后"群体成年时期的社会发展状况取值；将 2010—2019 年全国人均 GDP 的平均值作为"90 后"群体成年时期的社会发展状况取值。本研究通过考察同期群成年时期社会发展状况对其社会经济地位的影响，呈现出宏观因素对城郊农民社会经济地位获得的影响机制。

二、城郊农民同期群代际流动的研究命题与假设

基于前一章对城郊农民社会经济地位影响机制的分析,本章提出以下研究命题:

宏观因素命题:城郊农民社会经济地位受宏观因素的影响。具体包括一个研究假设,即:

H1:城郊农民成年时期的人均 GDP 水平影响其社会经济地位。

制度因素命题:城郊农民社会经济地位受制度因素的影响。具体包括两个研究假设,即:

H2:城郊农民的空间迁移影响其社会经济地位;

H3:城郊农民的户籍类型影响其社会经济地位。

先赋因素命题:城郊农民社会经济地位受家庭因素的影响。具体包括两个研究假设,即:

H4:城郊农民的父代社会经济地位影响其社会经济地位;

H5:城郊农民的父代教育程度影响其社会经济地位。

自致因素命题:城郊农民社会经济地位受个体因素的影响。具体包括两个研究假设,即:

H6:城郊农民的政治面貌影响其社会经济地位;

H7:城郊农民的教育程度影响其社会经济地位。

宏观因素对制度因素的调节机制命题:城郊农民成年时期的社会发展水平对制度因素与社会经济地位的关系产生调节效果,具体包括两个研究假设:

H8:城郊农民成年时期的人均 GDP 水平对空间迁移与其社会经济地位的关系产生调节效果;

H9:城郊农民成年时期的人均 GDP 水平对户籍类型与其社会经济地位

的关系产生调节效果。

宏观因素对先赋因素的调节机制命题：城郊农民成年时期的社会发展水平对先赋因素与社会经济地位的关系产生调节效果，具体包括两个研究假设：

H10：城郊农民成年时期的人均 GDP 水平对父代社会经济地位与其社会经济地位的关系产生调节效果；

H11：城郊农民成年时期的人均 GDP 水平对父代教育程度与其社会经济地位的关系产生调节效果。

宏观因素对自致因素的调节机制命题：城郊农民成年时期的社会发展水平对自致因素与其社会经济地位的关系产生调节效果，具体包括两个研究假设：

H12：城郊农民成年时期的人均 GDP 水平对政治面貌与其社会经济地位的关系产生调节效果；

H13：城郊农民成年时期的人均 GDP 水平对教育程度与其社会经济地位的关系产生调节效果。

三、变量的同期群分布

根据本章提出的研究假设，确定四组自变量：第一组自变量为宏观因素变量，包括同期群成年时期社会发展变量，其测量指标为同期群成年时期的全国人均 GDP，该变量属于群组层次变量；第二组自变量为制度因素变量，包括个体空间迁移和户籍类型两个变量；第三组自变量为先赋因素变量，包括父代社会经济地位和父代教育程度两个变量；第四组自变量为自致因素变量，包括个体政治面貌和教育程度两个变量。以上四组变量皆为个体层次变量。控制变量为性别和所在城市两个变量，因变量为个体的社会经济地位。各变量的同期群分布如表 9 - 1 所示。

表 9 - 1　变量的同期群分布

变量＼同期群		"30 后"	"40 后"	"50 后"	"60 后"	"70 后"	"80 后"	"90 后"
同期群成年时期		1950—1959	1960—1969	1970—1979	1980—1989	1990—1999	2000—2009	2010—2019
全国人均 GDP(万元)		0.0150	0.0216	0.0326	0.0866	0.4458	1.5120	4.9913
空间迁移	本地人 =0	21.5%	36.4%	38.4%	36.5%	29.8%	20.9%	22.9%
	迁居者 =1	78.5%	63.6%	61.6%	63.5%	70.2%	79.1%	77.1%
户籍类型	农业 =0	24.8%	43.6%	50.6%	54.1%	55.6%	53.6%	76.4%
	农转非 =1	75.2%	56.4%	49.4%	45.9%	44.4%	46.4%	23.6%
父代社会经济地位		25.48	27.58	28.62	29.57	31.50	32.46	34.97
父代教育程度		2.34	2.77	2.95	4.81	6.61	8.85	9.04
政治面貌	非党员 =0	72.0%	79.8%	87.2%	90.6%	90.2%	88.2%	91.9%
	党员 =1	28.0%	20.2%	12.8%	9.4%	9.8%	11.8%	8.1%
教育程度		6.24	6.64	6.65	8.63	10.11	12.54	12.56
性别	女 =0	52.7%	53.1%	51.8%	53.1%	57.9%	51.6%	52.2%
	男 =1	47.3%	46.9%	48.2%	46.9%	42.1%	48.4%	47.8%
所在城市	重庆 =0	29.0%	48.2%	48.7%	43.2%	34.0%	15.0%	29.0%
	北京 =1	32.9%	27.6%	30.5%	34.4%	37.8%	48.7%	43.1%
	上海 =2	21.1%	15.1%	14.1%	13.5%	18.8%	25.5%	21.5%
	天津 =3	17.0%	9.0%	6.7%	9.0%	9.4%	10.9%	6.4%

四、社会经济地位和教育程度的统计描述

(一)城郊农民的社会经济地位

统计结果显示,城郊农民社会经济地位最小值为0,最大值为90,平均值为34.11,处于较低水平。按照社会经济地位得分分组,0—30 分组占41.9%,31—60 分组占34.2%,61—90 分组占10.0%。

城郊农民父代社会经济地位最小值为0,最大值为88,平均值为30,处于低水平。按照社会经济地位得分分组,0—30 分组占71.9%,31—60 分组占21.5%,61—90 分组占6.3%。

城郊农民中女性社会经济地位平均值为 31.38,男性平均值为 37.09,二者差异显著($p = 0.000$);本地人社会经济地位平均值为 27.76,迁居者平均值为 36.52,二者差异显著($p = 0.000$);农业户籍者社会经济地位平均值为 27.49,农转非户籍者平均值为 40.49,二者差异显著($p = 0.000$);非党员社会经济地位平均值为 31.38,党员平均值为 50.30,二者差异显著($p = 0.000$);四个直辖市中,城郊农民社会经济地位平均值从低到高为:重庆(21.65 分) < 天津(39.01 分) < 北京(39.47 分) < 上海(43.21 分),除了北京与天津差异不显著外,其余城市间两两对比均呈现出显著差异($p < 0.05$)。

(二)城郊农民的教育程度

城郊农民教育程度最小值为 0,最大值为 19,平均值为 9.01,处于中等偏低水平。按照教育程度分组,低等教育程度占 35.1%,中等教育程度占 42.7%,高等教育程度占 22.0%。

城郊农民父代教育程度最小值为 0,最大值为 19,平均值为 5.34,处于低水平。按照教育程度分组,低等教育程度占 68.7%,中等教育程度占 28.4%,高等教育程度占 2.9%。

城郊农民中女性教育程度平均值为 8.41,男性平均值为 9.70,二者差异显著($p = 0.000$);本地人教育程度平均值为 7.23,迁居者平均值为 9.79,二者差异显著($p = 0.000$);农业户籍者教育程度平均值为 7.41,农转非户籍者平均值为 10.69,二者差异显著($p = 0.000$);非党员教育程度平均值为 8.49,党员平均值为 12.38,二者差异显著($p = 0.000$)。

四个直辖市中,城郊农民教育程度平均值从低到高为:重庆(5.62 分) < 天津(10.47 分) < 北京(10.85 分) < 上海(11.32 分),除了北京与天津差异不显著外,其余城市间两两对比均呈现出显著差异($p < 0.05$)。

第二节 城郊农民同期群代际流动的统计描述

一、社会经济地位的同期群比较分析

城郊农民各同期群群体的社会经济地位平均值从低到高依次排序为："50后"<"60后"<"40后"<"30后"<"70后"<"90后"<"80后"。总体看,从30后到50后,城郊农民社会经济地位呈现下降趋势,"60后"到"80后"社会经济地位呈上升趋势,"60后"到"80后"社会经济地位提升速度加快,"90后"比"80后"的社会经济地位略有降低(见图9-1)。

对各个同期群社会经济地位的方差分析结果呈现显著性($F=43.709$,$p=0.000$),除了"30后"与"70后"、"40后"与"60后"、"70后"与"90后"外,其他同期群群组间两两比较结果都具有显著差异(见表9-2)。

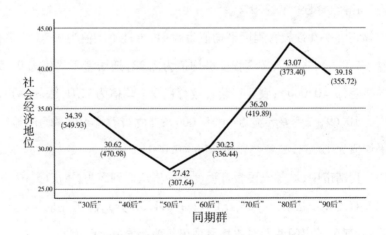

图9-1 各同期群群体的社会经济地位水平:均值(方差)

表9-2　同期群代际社会经济地位的多重比较

群2　＼　群1	"30后"	"40后"	"50后"	"60后"	"70后"	"80后"
"30后"	—	—	—	—	—	—
"40后"	3.776*	—	—	—	—	—
"50后"	6.973*	3.197*	—	—	—	—
"60后"	4.166*	0.391	-2.806*	—	—	—
"70后"	-1.802	-5.577*	-8.774*	-5.968*	—	—
"80后"	-8.679*	-12.455*	-15.652*	-12.845*	-6.877*	—
"90后"	-4.791*	-8.566*	-11.763*	-8.957*	-2.989	3.888*

注：＊群1与群2平均值差值的显著性水平小于0.05。

二、社会经济地位获得的相关分析

表9-3显示的是研究变量的相关性检验结果,其中并未出现高度相关变量。除了性别变量外,其他变量之间皆呈现出显著相关性,性别变量只与政治面貌和教育程度呈现显著正相关关系。

在社会经济地位的相关分析中,所有的控制变量和自变量都呈现出与社会经济地位的正相关关系,即城郊农民中,男性社会经济地位高于女性;所在地为北京、上海、天津的社会经济地位高于所在地为重庆的;同期群成年时期国家人均GDP越高,社会经济地位越高;迁居者的社会经济地位高于本地人;户籍为农转非的高于户籍为农业的;父代社会经济地位越高的,社会经济地位越高;父代教育程度越高的,社会经济地位越高;党员的社会经济地位高于非党员;教育程度越高的社会经济地位越高。以上相关关系皆具有显著性。

表 9-3　变量的相关分析

	社会经济地位	性别	所在地	国家人均GDP	空间迁移	户籍类型	父代社会地位	父代教育程度	政治面貌	教育程度
社会经济地位	—	—	—	—	—	—	—	—	—	—
性别	0.139**	—	—	—	—	—	—	—	—	—
所在地	0.277**	-0.020	—	—	—	—	—	—	—	—
国家人均 GDP	0.167**	0.004	0.068**	—	—	—	—	—	—	—
空间迁移	0.191**	-0.014	0.347**	0.083**	—	—	—	—	—	—
户籍类型	0.317**	0.008	0.292**	-0.157**	0.159**	—	—	—	—	—
父代社会地位	0.218**	-0.009	0.125**	0.140**	0.090**	0.177**	—	—	—	—
父代教育程度	0.323**	0.007	0.249**	0.417**	0.171**	0.123**	0.467**	—	—	—
政治面貌	0.324**	0.164**	0.137**	-0.070	0.096**	0.264**	0.096**	0.065**	—	—
教育程度	0.581**	0.134**	0.366**	0.360**	0.247**	0.342**	0.331**	0.578**	0.277**	—

注: $^{**}p < 0.01$, $^{*}p < 0.05$

第三节　城郊农民同期群代际流动的解释模型

对城郊农民社会经济地位的同期群代际分析发现,不同同期群群体的社会经济地位具有显著的代际差异,大致呈现出同期群代际越年轻,社会经济地位越高的趋势。根据同期群代际差异分析结果,可以认为个体社会经济地位会受到其成年时期宏观社会发展水平的影响,社会经济发展水平越高,城郊农民的社会经济地位越高,从而实现了同期群代际间的向上流动。为了验证这一结论,选用多层线性分析模型,探究个体社会经济地位与其成年时期宏观社会发展水平的关系,使用嵌套性结构,将个体镶嵌于特定时期的宏观社会结构之中。

为了减少分析误差,我们对同期群群组做了更加细致的划分,将出生于同一年份的城郊农民归入一个同期群群组,由此形成从 1930 年到 1999 年共计 70 个同期群群组,群组层次的自变量为同期群成年时期全国人均 GDP,即以 1950 年至 2019 年全国人均 GDP 作为群组层次的自变量。

在个体层次上,探讨政策因素、先赋因素和自致因素对个体社会经济地位的影响,体现为个体的空间迁移和户籍类型对社会经济地位的影响、父代社会经济地位和父代教育程度对社会经济地位的影响,以及政治面貌和教育程度对社会经济地位的影响。将上述个体变量作为第一层结构,将同期群作为群组划分依据,选用同期群成年时期宏观社会发展水平作为第二层结构,通过多层线性分析,既可以呈现第一层和第二层结构对个体社会经济地位的影响,也可以探讨同期群群组成年时期社会发展水平对个体层次变量的影响,从而检验群组因素和个体因素对社会经济地位的共同影响,对比不同层次因素各自的影响结果,同时还可以检验跨层次因素的交互效应及其对个体社会经济地位的作用。

一、零模型

零模型(null model)是分层线性模型分析的基础,零模型中各层均没有解释变量,只有因变量和群组变量,其目的在于考察研究变量在群组层次上是否存在显著差异。本节以城郊农民社会经济地位为因变量,以 70 个同期群为群组变量,检验同期群群组间社会经济地位是否存在显著差异性。

零模型具体如下:

第一层:社会经济地位(Y_{ij}) = β_{0j} + γ_{ij}

第二层:β_{0j} = γ_{00} + μ_{0j}

通过确定零模型的组内相关系数(ICC1)和平均数信度(ICC2),判断模型建构的必要性和可信度。

零模型中因变量的总方差为组间方差(τ_{00})与组内方差(σ^2)之和,通过零模型分析获得组内相关系数(ICC1),其含义为组间方差在总方差中的比率,公式为 ICC1 = ρ = $\dfrac{\tau_{00}}{\tau_{00} + \sigma^2}$。根据 Cohen 的分析,当 ICC1 ≥ 0.138 时,表示组内数据具有高度相关性,组间数据具有高度差异性;当 0.138 > ICC1 ≥ 0.059时,组内相关性和组间差异性处于中等水平;当 ICC1 < 0.059 时,组内相关性和组间差异性较低,说明研究变量在集体层次上的各个单位之间差异过小,此时构建多层线性统计分析模型是缺乏必要性的。[1] 同时平均数信度(ICC2)要大于 0.7,表明可以运用个体层次的数据聚合为群组层次的数据,否则无法聚合。

表 9-4 中零模型的分析结果显示,组内方差 σ^2 = 387.720,组间方差 τ_{00} = 33.067,组内相关系数 33.067/(33.067 + 387.720) = 0.079 > 0.059,呈现出中度组内相关,同时说明组间方差可以解释 7.9% 的总方差,即城郊农民社会经济地位的差异有 7.9% 是由同期群年代差异造成的,说明不同年代出生的城郊农民社会经济地位是有差异的。同时,平均数信度(ICC2) = 0.768 > 0.7,表明个体层次的数据可以聚合为集体层次数据,同时也说明构建多层线性回归模型是必要的。

---

① See Cohen, J., *Statistical Power Analysis for the Behavioral Sciences* (*2nd ed.*), Eribaum Press, 1988, pp. 465 - 467.

表9－4　零模型、随机效应单因素协方差模型和截距模型分析结果

	零模型		随机效应单因素协方差分析模型		截距模型	
	γ 系数	t 值	γ 系数	t 值	γ 系数	t 值
固定效应	34.164 ***	43.575	8.286 ***	9.762	32.351 ***	45.662
平均截距（γ_{00}）	(0.784)		(0.849)		(0.708)	
群组层次 同期群成年时期全国人均 GDP（γ_{01}）					2.524 *** (0.560)	4.508
个体层次						
空间迁移（γ_{10}）			0.959 (0.581)	1.650		
户籍类型（γ_{20}）			3.297 *** (0.751)	4.392		
父代社会经济地位（γ_{30}）			0.027 (0.022)	1.213		
父代教育程度（γ_{40}）			0.031 (0.083)	0.370		
政治面貌（γ_{50}）			8.685 *** (0.932)	9.317		
教育程度（$\gamma60$）			1.777 *** (0.095)	18.629		
控制变量						
性别（γ_{70}）			2.557 *** (0.630)	4.061		
所在地　　北京（γ_{80}）			4.985 *** (0.938)	5.316		
（参照：重庆）　上海（γ_{90}）			7.447 *** (1.114)	6.686		
天津（γ_{100}）			4.076 ** (1.220)	3.340		
随机效应	系数	卡方值	系数	卡方值	系数	卡方值
平均水平（γ_{00}）U0	33.067 *** (5.750)	350.668	2.951 ** (1.718)	107.798	21.553 *** (4.643)	251.873
第一层（σ^2）R	387.720 (19.691)		254.232 (15.945)		388.108 (19.700)	
方差（估计参数数）	29648.191(2)		28148.802(2)		29630.508(2)	

注：*** $p < 0.001$，** $p < 0.01$，* $p < 0.05$；level－1 units ＝3358；level－2 units ＝70。

二、随机效应单因素协方差模型

在模型中加入第一层的个体层次变量,而不加入第二层的群组层次变量,建构随机效应单因素协方差模型。将个体层次的自变量空间迁移、户籍类型、父代社会经济地位、父代教育程度、政治面貌、教育程度,以及个体层次的控制变量性别和所在城市(以重庆为参照)纳入模型,呈现出在不考虑群组差异的前提下,个体层次变量对因变量的影响。

同时,随机效应单因素协方差模型将第一层截距项设定为随机效应,考察斜率在第二层次的变异程度,并检验群组水平随机系数方差的显著程度。如果方差通过显著性检验,表明社会经济地位在不同群组之间有显著差异,因此需要纳入群组层次变量解释这种差异。

随机效应单因素协方差分析模型具体如下:

第一层:社会经济地位(Y_{ij}) = β_{0j} + β_{1j} * 空间迁移 + β_{2j} * 户籍类型 + β_{3j} * 父代社会经济地位 + β_{4j} * 父代受教育程度 + β_{5j} * 政治面貌 + β_{6j} * 教育程度 + β_{7j} * 性别 + β_{8j} * 北京 + β_{9j} * 上海 + β_{10j} * 天津 + γ_{ij}

第二层:β_{0j} = γ_{00} + μ_{0j}

β_{1j} = γ_{00} + μ_{0j}

β_{2j} = γ_{10}

β_{2j} = γ_{20}

…

β_{10j} = γ_{100}

表9-4中随机效应单因素协方差模型的分析结果显示,个体层次变量的平均截距项γ_{00}的估计值为8.286,对应p值为0.000,说明总体来看,个体层次变量对城郊农民社会经济地位具有显著影响。个体层次自变量中户籍

类型 γ_{20} 估计值为 3. 297（$p = 0.000$），政治面貌 γ_{50} 估计值为 8. 685（$p =$ 0. 000），教育程度 γ_{60} 估计值为 1. 777（$p = 0.000$），控制变量中性别 γ_{70} 估计值为 2. 557（$p = 0.000$），所在地为北京 γ_{80} 估计值为 4. 985（$p = 0.000$），所在地为上海 γ_{90} 估计值为 7. 447（$p = 0.000$），所在地为天津 γ_{100} 估计值为 4. 076（$p = 0.001$），对城郊农民社会经济地位具有显著影响。

加入个体层次变量后，残差方差（σ^2）改善的比例（又称为 ES）：$f^2 = \dfrac{(T_{baseline} - T_{conditional})}{T_{baseline}}$，说明加入个体层次变量后，残差方差改善了 34. 4%。根据 Cohen 的分析，ES 在 0. 02 至 0. 15 之间，是弱的；ES 在 0. 15 至 0. 35 之间，是中等的；ES 在 0. 35 以上是强的。[1]　因此，整体看，个体层次变量具有中等偏强的解释度。

同期群平均水平的随机效应方差 $\tau_{00} = 2.951$，p 值为 0. 000，说明截距项存在同期群层次的变异，因此有必要纳入群组层次变量进行进一步的解释。

三、截距模型

截距模型只加入第二层的解释变量，不加入第一层的解释变量，因此截距模型在个体层次不产生任何斜率，仅通过第一层截距项的结果分析，比较零模型和截距模型的随机效应方差，从而考察群组层次变量的解释力。

截距模型具体如下：

第一层：社会经济地位（Y_{ij}）$= \beta_{0j} + \gamma_{ij}$

第二层：$\beta_{0j} = \gamma_{00} + \gamma_{01} *$ 同期群成年时期全国人均 GDP $+ \mu_{0j}$

表 9 – 4 中截距模型的分析结果显示，同期群群组层次变量的平均截距

---

[1]　See Cohen, J., *Statistical Power Analysis for the Behavioral Sciences*（2nd ed. ）, Eribaum Press. 1988, p. 83.

项 γ_{00} 的估计值为 32.351,对应 p 值为 0.000,说明同期群群组对城郊农民社会经济地位具有显著影响。群组层次自变量——同期群成年时期国家人均 GDP 的 γ_{01} 估计值为 $2.524(p=0.000)$,通过显著性检验,说明同期群成年时期国家人均 GDP 越高,城郊农民社会经济地位越高。

对比零模型和截距模型的同期群群组平均水平的随机效应方差项可以发现,加入同期群成年时期国家人均 GDP 后,组间方差(τ_{00})由原来的 33.067 降低到 21.553,也就是说同期群成年时期国家人均 GDP 能够解释 34.8% 的截距差异,说明同期群成年时期国家人均 GDP 对城郊农民社会经济地位的同期群群组差异存在解释力。

四、完整模型

完整模型包括固定效果模型和调节效果模型,固定效果模型中第一层加入个体层次的自变量和控制变量,第二层加入群组层次的自变量,第二层方程以第一层中的截距项为因变量,可以呈现出个体层次和群组层次变量在控制一方的情况下,另一方对因变量的解释作用。调节效果模型在固定效果模型基础上加入第二层自变量与第一层自变量的交互变量,考察同期群群组层次变量与个体层次变量是否存在跨层次的交互效应。

固定效果模型具体如下:

第一层:社会经济地位(Y_{ij}) = β_{0j} + β_{1j} * 空间迁移 + β_{2j} * 户籍类型 + β_{3j} * 父代社会经济地位 + β_{4j} * 父代受教育程度 + β_{5j} * 政治面貌 + β_{6j} * 教育程度 + β_{7j} * 性别 + β_{8j} * 北京 + β_{9j} * 上海 + β_{10j} * 天津 + γ_{ij}

第二层:β_{0j} = γ_{00} + γ_{01} * 同期群成年时期全国人均 GDP + μ_{0j}

β_{1j} = γ_{10}

β_{2j} = γ_{20}

……

$$\beta_{8j} = \gamma_{80}$$

表 9 - 5 中完整模型的固定效果模型分析结果显示,群组层次变量的平均截距项的估计值为 30.590,对应 p 值为 0.000,说明同期群群组对城郊农民社会经济地位具有显著影响。同期群成年时期国家人均 GDP 的 γ_{01} 估计值为 2.054($p = 0.000$),说明在加入个体层次变量后,同期群成年时期国家人均 GDP 对城郊农民社会经济地位的影响仍具有显著性。

表 9 - 5　完整模型的分层线性分析结果

		固定效果模型		调节效果模型	
		γ 系数	t 值	γ 系数	t 值
固定效应	平均截距(γ_{00})	30.590 ***	34.824	30.898 ***	35.674
		(0.878)		(0.866)	
群组层次	同期群成年时期全国人均 GDP(γ_{01})	2.054 ***	3.985	2.069 ***	4.018
		(0.515)		(0.515)	
个体层次	空间迁移(γ_{10})	0.523	0.898	1.368 *	2.234
		(0.582)		(0.612)	
	户籍类型(γ_{20})	3.250 ***	4.013	2.915 ***	3.851
		(0.810)		(0.757)	
	父代社会经济地位(γ_{30})	0.038	1.681	0.035	1.357
		(0.022)		(0.023)	
	父代教育程度(γ_{40})	-0.032	-0.350	-0.003	-0.034
		(0.090)		(0.099)	
	政治面貌(γ_{50})	8.481 ***	8.974	6.536 ***	6.400
		(0.945)		(1.021)	
	教育程度(γ_{60})	1.740 ***	15.943	1.932 ***	16.956
		(0.109)		(0.114)	
交互变量	同期群成年时期国家人均 GDP * 空间迁移(γ_{11})			1.810 **	3.012
				(0.601)	
	同期群成年时期国家人均 GDP * 户籍类型(γ_{21})			-1.940 **	-2.889
				(0.672)	

续表

	固定效果模型		调节效果模型	
	γ 系数	t 值	γ 系数	t 值
同期群成年时期国家人均 GDP ＊父代社会经济地位（γ_{31}）			0.005 (0.022)	0.225
同期群成年时期国家人均 GDP ＊父代教育程度（γ_{41}）			0.030 (0.096)	0.313
同期群成年时期国家人均 GDP ＊政治面貌（γ_{51}）			−4.165 *** (0.964)	−4.322
同期群成年时期国家人均 GDP ＊教育程度（γ_{61}）			0.401 *** (0.090)	4.439
第一层控制变量				
性别（γ_{70}）	2.613 *** 0.623	4.198	2.601 *** (0.613)	4.242
所在地 北京（γ_{80}）	5.473 *** (0.932)	5.872	5.037 *** (0.904)	5.573
（参照:重庆） 上海（γ_{90}）	7.932 *** (1.135)	6.986	7.414 *** (1.124)	6.598
天津（γ_{100}）	4.431 ** (1.200)	3.691 0.000	3.952 ** (1.222)	3.233 0.002
随机效应	系数	卡方值	系数	卡方值
平均水平（γ_{00}）U0	18.385 *** (4.288)	304.933 0.000	18.911 *** (4.349)	314.449 0.000
第一层（σ^2）R	254.162 (15.942)		251.244 (15.851)	
方差（估计参数）	28216.243(2)		28181.681(2)	

注: *** $p<0.001$, ** $p<0.01$, * $p<0.05$; level−1 units = 3358, level−2 units = 70。

在固定效果模型基础上,进一步加入个体层次与同期群成年时期国家人均 GDP 的交互变量,建构调节效果模型,具体如下:

第一层:社会经济地位（Y_{ij}） = β_{0j} + β_{1j} ＊ 空间迁移 + β_{2j} ＊ 户籍类型 + β_{3j} ＊ 父代社会经济地位 + β_{4j} ＊ 父代受教育程度 + β_{5j} ＊ 政治面貌 + β_{6j} ＊ 教育程度 + β_{7j} ＊ 性别 + β_{8j} ＊ 北京 + β_{9j} ＊ 上海 + β_{10j} ＊ 天津 + γ_{ij}

第二层:β_{0j} = γ_{01} ＊ 同期群成年时期全国人均 GDP + μ_{0j}

β_{1j} = γ_{10} + γ_{11} ＊ 同期群成年时期全国人均 GDP

β_{2j} = γ_{20} + γ_{21} ＊ 同期群成年时期全国人均 GDP

$$\beta_{3j} = \gamma_{30} + \gamma_{31} * 同期群成年时期全国人均 GDP$$

$$\beta_{4j} = \gamma_{40} + \gamma_{41} * 同期群成年时期全国人均 GDP$$

$$\beta_{5j} = \gamma_{50} + \gamma_{51} * 同期群成年时期全国人均 GDP$$

$$\beta_{6j} = \gamma_{60} + \gamma_{61} * 同期群成年时期全国人均 GDP$$

$$\beta_{7j} = \gamma_{70}$$

$$\beta_{8j} = \gamma_{80}$$

$$\beta_{9j} = \gamma_{90}$$

$$\beta_{10j} = \gamma_{100}$$

表 9-5 中完整模型的调节效果模型分析结果显示,同期群群组层次变量的平均截距项 γ_{00} 的估计值为 30.898,对应 p 值为 0.000,说明同期群群组对城郊农民社会经济地位具有显著影响。在群组层次上,同期群成年时期人均 GDP 变量 γ_{10} 的估计值为 2.069($p = 0.000$),通过显著性检验,说明同期群成年时期全国人均 GDP 每增加 1 万元,城郊农民社会经济地位提高 2.069 分。

在个体层次上,制度因素的两个变量对城郊农民社会经济地位具有显著正向影响,具体体现为:空间迁移 γ_{10} 的估计值为 1.368($p = 0.025$),说明迁居者的社会经济地位比本地人高 1.368 分;户籍类型 γ_{20} 的估计值为 2.915($p = 0.000$),说明农转非户籍者的社会经济地位比农业户籍者高 2.915 分。

先赋因素的两个变量对城郊农民社会经济地位均未呈现显著影响,父代社会经济地位 γ_{30} 的估计值为 0.035($p = 0.124 > 0.05$),父代教育程度 γ_{40} 的估计值为 -0.003($p = 0.973 > 0.05$),均未通过显著性检验。

自致因素的两个变量对城郊农民社会经济地位具有显著正向影响,具体体现为:政治面貌 γ_{50} 的估计值为 6.536($p = 0.000$),说明党员的社会经济地位比非党员高 6.536 分;教育程度 γ_{60} 的估计值为 1.932($p = 0.000$),说明教育程度每提高 1 分,社会经济地位提高 1.932 分。

在交互层次上,同期群成年时期国家人均 GDP 与个体层次上的空间迁移、户籍类型、政治面貌和教育程度的跨层次交互作用通过显著性检验。具体体现为:同期群成年时期国家人均 GDP 强化空间迁移对社会经济地位的影响,系数 γ_{11} 估计值为 1.810($p=0.003$),说明同期群成年时期国家人均 GDP 越高,越增强空间迁移对社会经济地位的影响;同期群成年时期国家人均 GDP 制约户籍类型对社会经济地位的影响,系数 γ_{21} 估计值为 −1.940($p=0.004$),说明同期群成年时期国家人均 GDP 越高,越减弱户籍类型对社会经济地位的影响;同期群成年时期国家人均 GDP 制约政治面貌对社会经济地位的影响,系数 γ_{51} 估计值为 −4.165($p=0.000$),说明同期群成年时期国家人均 GDP 越高,越减弱政治面貌对社会经济地位的影响;同期群成年时期国家人均 GDP 强化教育程度对社会经济地位的影响,系数 γ_{61} 估计值为 0.401($p=0.000$),说明同期群成年时期国家人均 GDP 越高,越增强教育程度对社会经济地位的影响。同期群成年时期国家人均 GDP 与父代教育程度的交互作用不显著,系数 γ_{31} 估计值为 0.005($p=0.822>0.05$);同期群成年时期国家人均 GDP 与父代社会经济地位的交互作用不显著,系数 γ_{41} 估计值为 0.030($p=0.754>0.05$)。

在控制变量中,性别和所在地均对城郊农民的社会经济地位产生显著影响,具体体现为:性别 γ_{70} 的估计值为 2.601($p=0.000$),说明男性的社会经济地位比女性高 2.601 分;以重庆为参照,所在地为北京 γ_{80} 的估计值为 5.037($p=0.000$),说明所在地为北京的社会经济地位比重庆高 5.037 分;所在地为上海 γ_{90} 的估计值为 7.414($p=0.000$),说明所在地为上海的社会经济地位比重庆高 7.414 分;所在地为天津 γ_{100} 的估计值为 3.952($p=0.002$),说明所在地为天津的社会经济地位比重庆高 3.952 分。

第四节　城郊农民同期群代际流动的总结

一、社会经济地位的同期群代际流动

研究结果显示,城郊农民社会经济地位在同期群群体间存在随同期群代际的年轻化而逐渐提高的趋势,这一趋势在"50后"到"80后"的群体间尤为突出,呈现出直线上升趋势。方差分析显示,同期群群组之间社会经济地位差异通过显著性检验。多层线性模型的零模型分析结果进一步验证了城郊农民的社会经济地位在同期群群组之间存在显著差异。

二、社会经济地位的宏观因素影响机制

在对城郊农民社会经济地位宏观因素影响机制的分析中,以同期群成年时期全国人均GDP的平均值作为宏观社会经济发展水平的测量指标,测量结果显示同期群群体成年时期的全国人均GDP呈现出逐代提高趋势,特别是20世纪80年代之后,社会经济发展水平呈现出加速提升趋势,社会经济的快速发展是城郊农民社会经济地位在同期群代际间呈现出向上流动趋势的宏观影响因素。在多层线性分析模型的截距模型和完整模型中均呈现了同期群成年时期全国人均GDP对城郊农民社会经济地位的显著正向影响,使研究假设H1得到证实。此外在完整模型中还呈现出宏观社会经济发展水平与个体层次上空间迁移、户籍类型、政治面貌和教育程度的交互作用,形成对城郊农民社会经济地位的调节效应,具体体现为强化空间迁移和

教育程度对城郊农民社会经济地位的影响,弱化户籍类型和政治面貌对城郊农民社会经济地位的影响。这一结果使研究假设 H8、H9、H12、H13 得到证实,而研究假设 H10、H11 未得到证实,即同期群群体成年时期的全国人均 GDP 未呈现与父代社会经济地位和父代教育程度的交互影响。

三、社会经济地位的政策因素影响机制

在对城郊农民社会经济地位政策因素影响机制的分析中,关注个体层次上的空间迁移和户籍类型对城郊农民社会经济地位的影响,在变量的相关分析中,空间迁移和户籍类型均呈现出与城郊农民社会经济地位的显著正相关关系。

多层线性模型的随机效应单因素协方差模型和完整模型中均显示出户籍类型对城郊农民社会经济地位的显著正向影响,具体体现为农转非户籍者社会经济地位高于农业户籍者,呈现出户籍制度对城郊农民社会经济地位的影响机制,同时调节效果模型显示出随着同期群群体成年时期的全国人均 GDP 的提高,户籍类型对城郊农民社会经济地位的影响机制逐渐弱化,这说明随着社会经济发展水平的提升,户籍制度对城郊农民社会经济地位的影响机制受到制约。

完整模型的调节效果模型显示出空间迁移对城郊农民社会经济地位的显著正向影响,具体体现为迁居者的社会经济地位显著高于本地人,呈现出向超大城市的空间迁移对农民社会经济地位提升的正向影响机制,同时空间迁移的影响机制还随着同期群成年时期全国人均 GDP 的提高而得到强化,体现出随着社会经济发展水平的提升,向超大城市的空间迁移对提升农民社会经济地位的影响机制的加强。由此,研究假设 H2 和 H3 得到证实。

四、社会经济地位的先赋因素影响机制

在对城郊农民社会经济地位的先赋因素影响机制的分析中,关注父代社会经济地位和父代教育程度对城郊农民社会经济地位的影响。虽然在变量的相关分析中呈现出父代社会经济地位、父代教育程度分别与城郊农民社会经济地位存在显著正相关关系,但在随机效应单因素协方差模型和完整模型中均未呈现出父代社会经济地位和父代教育程度对城郊农民社会经济地位的显著影响,也未呈现其与同期群群体成年时期的全国人均 GDP 的交互效应。

总体来看,先赋因素并未对城郊农民社会经济地位产生影响,由此,研究假设 H4 和 H5 未能得到证实。

五、社会经济地位的自致因素影响机制

在对城郊农民社会经济地位的自致因素影响机制的分析中,关注政治面貌和教育程度对城郊农民社会经济地位的影响。在变量的相关分析中,政治面貌和教育程度均呈现出与城郊农民社会经济地位的显著正相关关系。

多层线性模型的随机效应单因素协方差模型和完整模型中也都显示出政治面貌和教育程度对城郊农民社会经济地位的显著正向影响,具体体现为党员的社会经济地位高于非党员;教育程度越高,城郊农民的社会经济地位越高。同时同期群成年时期的全国人均 GDP 也呈现出与两个自致因素变量的交互作用,具体体现为同期群成年时期的全国人均 GDP 越高,越弱化政治面貌对城郊农民社会经济地位的影响;同期群群体成年时期的全国人均GDP 越高,越强化文化程度对城郊农民社会经济地位的影响。由此,研究假

设 H6 和 H7 得到证实。

六、小结

总体来看,城郊农民社会经济地位呈现出同期群代际间向上流动的趋势,并呈现出男性社会经济地位高于女性,以及所在地为北京、上海和天津的社会经济地位高于所在地为重庆的特征。

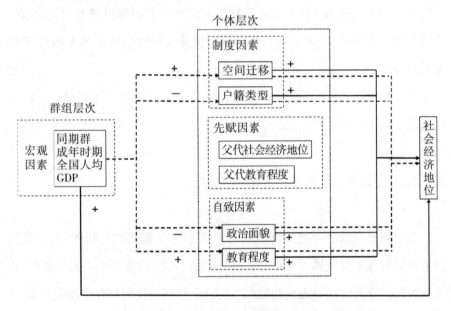

图 9-2　城郊农民社会经济地位同期群代际流动的影响机制

城郊农民社会经济地位的影响机制如图 9-2 所示,具体体现为:城郊农民社会经济地位在群组层次上受同期群成年时期全国人均 GDP 这一宏观性因素的正向影响;在个体层次上受空间迁移、户籍类型两个政策性因素的正向影响,以及政治面貌和文化程度两个自致性因素的正向影响。同期群成年时期全国人均 GDP 变量对城郊农民社会经济地位具有调节效应,体现为强化空间迁移、教育程度的影响和弱化户籍类型、政治面貌的影响。

第十章　城郊农民的家庭代际流动

第一节　城郊农民家庭代际流动的研究设计

一、家庭代际流动的界定与测量

家庭代际流动是子代相对父代而言，社会经济地位的变化情况，包括向下流动、平行流动和向上流动。其中平行流动体现社会经济地位的家庭代际继承；向上和向下流动均体现社会经济地位的家庭代际流动。

本章中，取父母双方社会经济地位较高者的得分作为父代社会经济地位的取值，用子代社会经济地位减去父代社会经济地位得到家庭代际社会经济地位差。如果代际社会经济地位差为负，则为向下流动；如果代际社会经济地位差为零，则为平行流动；如果代际社会经济地位差为正，则为向上流动。

二、家庭代际流动的研究命题与假设

基于本编第一章对城郊农民社会经济地位及其流动的影响机制分析，本章提出以下研究命题：

宏观因素命题：城郊农民家庭代际流动受宏观因素的影响。具体包括一个研究假设，即：

H14：城郊农民成年时期的人均 GDP 水平影响其家庭代际流动。

制度因素命题：城郊农民家庭代际流动受制度因素的影响。具体包括两个研究假设，即：

H15：城郊农民的空间迁移影响其家庭代际流动；

H16：城郊农民的户籍类型影响其家庭代际流动。

先赋因素命题：城郊农民家庭代际流动受家庭因素的影响。具体包括两个研究假设，即：

H17：城郊农民的父代社会经济地位影响其家庭代际流动；

H18：城郊农民的父代教育程度影响其家庭代际流动。

自致因素命题：城郊农民家庭代际流动受个体因素的影响。具体包括两个研究假设，即：

H19：城郊农民的政治面貌影响其家庭代际流动；

H20：城郊农民的教育程度影响其家庭代际流动。

宏观因素对制度因素的调节机制命题：城郊农民成年时期的社会发展水平对制度因素与家庭代际流动的关系产生调节效果，具体包括两个研究假设：

H21：城郊农民成年时期的人均 GDP 水平对空间迁移与其家庭代际流动的关系产生调节效果；

H22：城郊农民成年时期的人均 GDP 水平对户籍类型与其家庭代际流动的关系产生调节效果。

宏观因素对先赋因素的调节机制命题：城郊农民成年时期的社会发展水平对先赋因素与家庭代际流动的关系产生调节效果，具体包括两个研究假设：

H23：城郊农民成年时期的人均 GDP 水平对父代社会经济地位与其家庭代际流动的关系产生调节效果；

H24：城郊农民成年时期的人均 GDP 水平对父代教育程度与其家庭代际流动的关系产生调节效果。

宏观因素对自致因素的调节机制命题：城郊农民成年时期的社会发展水平对自致因素与其家庭代际流动的关系产生调节效果，具体包括两个研究假设：

H25：城郊农民成年时期的人均 GDP 水平对政治面貌与其家庭代际流动的关系产生调节效果；

H26：城郊农民成年时期的人均 GDP 水平对教育程度与其家庭代际流动的关系产生调节效果。

三、变量的统计描述

根据本章提出的研究假设，确定四组自变量，第一组自变量为宏观因素变量，为了考察宏观社会发展因素对城郊农民家庭代际流动的影响，本章采取同期群分析视角，以同期群变量划分群组，考察群组间家庭代际流动状况，并选择同期群成年时期的全国人均 GDP 作为群组层次变量，解释群组间家庭代际流动的差异，从而呈现出宏观社会发展因素对家庭代际流动的影响机制。

　　本章设定的第二组自变量为制度因素变量,包括个体空间迁移和户籍类型两个变量;第三组自变量为先赋因素变量,包括父代社会经济地位变量和父代教育程度两个变量;第四组自变量为自致因素变量,包括个体政治面貌和教育程度两个变量。以上四组变量皆为个体层次变量。控制变量为性别和所在城市两个变量。

　　将城郊农民的社会经济地位与其父代社会经济地位相减,差为负值者归入向下流动组,差为零者归入平行流动组,差为正值者归入向上流动组。三组城郊农民的同期群分布状况如表 10 - 1 所示:

　　城郊农民总体家庭代际流动状况为:30.1% 向下流动,20.1% 平行流动,49.8% 向上流动。

　　从空间迁移看,本地人中向下流动占 30.6%,平行流动占 36.6%,向上流动占 32.8%;迁居者中向下流动占 29.9%,平行流动占 13.7%,向上流动占 56.4%。

　　从户籍类型看,农业户籍者中向下流动占 30.2%,平行流动占 32.5%,向上流动占 37.3%;农转非户籍者中向下流动占 30.0%,平行流动占 7.9%,向上流动占 62.1%。

　　从父代社会经济地位看,向下流动者父代社会经济地位平均为 39.01 分,平行流动者父代社会经济地位平均为 25.42 分,向上流动者父代社会经济地位平均为 26.84 分。

　　从父代教育程度看,向下流动者父代教育程度平均为 6.08 分,平行流动者父代教育程度平均为 3.02 分,向上流动者父代教育程度平均为 5.97 分。

　　从政治面貌看,非党员中向下流动占 32.0%,平行流动占 22.0%,向上流动占 46.0%;党员中向下流动占 19.2%,平行流动占 7.9%,向上流动占 72.9%。

　　从教育程度看,向下流动者教育程度平均为 8.72 分,平行流动者教育程度平均为 5.44 分,向上流动者教育程度平均为 11.03 分。

从性别看,女性中向下流动占 35.0%,平行流动占 20.3%,向上流动占 44.7%;男性中向下流动占 24.7%,平行流动占 19.9%,向上流动占 55.3%。

从所在地看,所在地为重庆的向下流动占 31.2%,平行流动占 49.0%,向上流动占 19.8%;所在地为北京的向下流动占 27.4%,平行流动占 5.2%,向上流动占 67.4%;所在地为上海的向下流动占 31.3%,平行流动占 5.4%,向上流动占 63.3%;所在地为天津的向下流动占 34.3%,平行流动占 4.0%,向上流动占 61.7%。

表 10 - 1　三个家庭代际流动组变量的同期群分布

变量		同期群	"40 前"	"40 后"	"50 后"	"60 后"	"70 后"	"80 后"	"90 后"
			1952—1959	1960—1969	1970—1979	1980—1989	1990—1999	2000—2009	2010—2019
成年时期全国人均GDP(万元)			0.0150	0.0216	0.0326	0.0866	0.4458	1.5120	4.9913
家庭代际流动		向下	25.4%	29.3%	33.7%	33.1%	29.6%	25.5%	35.4%
		平行	14.8%	29.8%	32.5%	24.0%	18.5%	5.8%	7.1%
		向上	59.8%	40.9%	33.9%	42.9%	51.9%	68.7%	57.6%
空间迁移	本地人	向下	31.7%	23.7%	29.8%	27.0%	31.0%	40.2%	48.6%
		平行	44.4%	49.3%	48.5%	37.7%	32.0%	11.5%	8.6%
		向上	23.8%	27.0%	21.7%	35.3%	36.9%	48.4%	42.9%
	迁居者	向下	23.9%	31.9%	35.7%	36.1%	29.0%	21.7%	32.5%
		平行	7.3%	20.1%	24.1%	17.3%	13.0%	4.4%	6.7%
		向上	68.8%	48.0%	40.2%	46.6%	58.0%	73.9%	60.7%
户籍类型	农业	向下	48.0%	34.9%	30.7%	31.6%	28.3%	22.3%	34.0%
		平行	48.0%	60.6%	54.7%	39.3%	26.8%	6.5%	7.8%
		向上	4.0%	4.6%	14.6%	29.1%	44.9%	71.2%	58.2%
	农转非	向下	18.2%	25.9%	36.4%	34.7%	31.3%	29.1%	40.0%
		平行	4.2%	10.6%	12.5%	7.1%	7.7%	5.0%	4.4%
		向上	77.5%	63.5%	51.1%	58.2%	61.0%	65.8%	55.6%
父代社会经济地位		向下	28.80	33.87	36.56	38.20	43.08	45.05	44.34
		平行	24.20	24.17	24.29	23.61	26.66	37.26	34.86
		向上	24.71	26.63	25.77	26.19	26.85	27.89	30.16

续表

变量 \ 同期群		"40前"	"40后"	"50后"	"60后"	"70后"	"80后"	"90后"
父代教育程度	向下	2.20	3.76	4.04	5.68	7.35	9.69	9.29
	平行	1.56	2.09	1.77	2.77	4.72	8.03	8.21
	向上	2.75	3.18	3.54	5.25	6.81	8.64	8.92
政治面貌	非党员 向下	32.6%	33.1%	35.3%	34.8%	30.4%	25.9%	35.2%
	非党员 平行	16.1%	35.9%	35.1%	25.8%	19.5%	6.5%	7.3%
	非党员 向上	51.4%	31.1%	29.7%	39.4%	50.2%	67.6%	57.5%
	党员 向下	8.7%	17.2%	24.4%	18.0%	22.9%	22.4%	36.8%
	党员 平行	10.9%	5.1%	14.1%	6.6%	10.0%	1.3%	5.3%
	党员 向上	80.4%	77.8%	61.5%	75.4%	67.1%	76.3%	57.9%
教育程度	向下	4.13	6.32	6.90	8.76	9.94	12.14	12.40
	平行	3.46	4.27	4.17	5.74	6.85	10.26	12.00
	向上	8.05	9.86	9.46	10.59	11.54	13.03	12.63
性别	女 向下	32.3%	35.0%	36.9%	41.0%	32.0%	30.8%	40.4%
	女 平行	9.9%	32.1%	34.0%	23.2%	20.8%	5.3%	4.0%
	女 向上	57.8%	32.9%	29.1%	35.9%	47.3%	63.9%	55.6%
	男 向下	18.0%	22.7%	30.6%	24.9%	26.4%	20.1%	30.3%
	男 平行	20.0%	27.0%	31.0%	24.9%	15.5%	6.4%	10.1%
	男 向上	62.0%	50.2%	38.4%	50.2%	58.1%	73.6%	59.6%
所在城市	重庆 向下	45.5%	29.5%	29.2%	29.2%	27.9%	36.5%	41.9%
	重庆 平行	44.3%	59.4%	59.8%	48.8%	45.5%	21.2%	16.3%
	重庆 向上	10.2%	11.1%	11.1%	21.9%	26.6%	42.4%	41.9%
	北京 向下	11.7%	27.3%	34.1%	33.0%	27.9%	23.1%	30.4%
	北京 平行	2.9%	5.3%	8.8%	7.1%	3.7%	3.7%	4.3%
	北京 向上	85.4%	67.4%	57.1%	59.8%	68.4%	73.1%	65.2%
	上海 向下	16.2%	29.0%	43.4%	41.3%	34.1%	22.3%	41.3%
	上海 平行	5.9%	2.9%	9.6%	6.3%	5.6%	3.2%	6.5%
	上海 向上	77.9%	68.1%	47.0%	52.5%	60.3%	74.5%	52.2%
	天津 向下	30.8%	34.7%	41.9%	39.3%	33.8%	29.2%	29.4%
	天津 平行	0%	8.2%	4.7%	1.8%	9.2%	1.5%	0%
	天津 向上	69.2%	57.1%	53.5%	58.9%	56.9%	69.2%	70.6%

第二节　城郊农民家庭代际流动的统计描述

一、社会经济地位的家庭代际比较分析

城郊农民子代社会经济地位平均得分为 34.01,父代社会经济地位平均得分为 30.22,子代社会经济地位显著高于父代。

表 10 - 2　社会经济地位的家庭代际方差分析

代际	均值	子代 - 父代的均值差	t	sig
子代	34.01	3.797	10.098	0.000
父代	30.22			

城郊农民社会经济地位的家庭代际流动状况为:49.8% 为向上流动,20.1% 为平行流动,30.1% 为向下流动,社会经济地位的家庭代际差平均为 3.80 分(标准差为 22.124 分),呈现出向上的家庭代际流动趋势。

不同家庭代际流动群体社会经济地位的平均值从小到大依次为:向下流动 < 平行流动 < 向上流动,社会经济地位的多重比较结果显示,不同代际流动群体间社会经济地位均具有显著差异。

表 10 - 3　城郊农民社会经济地位的代际流动多重比较

	均值	均值差		t	sig
向下流动	17.90	向下 - 平行流动	-7.514*	-11.088	0.000
平行流动	25.42	向下 - 向上流动	-29.330*	-42.200	0.000
向上流动	47.23	平行 - 向上流动	-21.816*	-44.115	0.000

二、家庭代际流动的相关分析

在相关分析中,家庭代际流动变量的赋值方式为:向下流动赋值为0分,平行流动赋值为1分,向上流动赋值为2分。

表10-4显示的是研究变量的相关性检验结果,并未出现高度相关变量。除了性别变量外,其他变量之间皆呈现显著相关性,性别变量只与政治面貌和教育程度呈现显著正相关关系。

在社会经济地位家庭代际流动的相关分析中,只有父代社会经济地位呈现出与家庭代际流动的负向相关关系,即父代社会地位越低,代际流动得分越高;其他控制变量和自变量均呈现出与代际流动的正相关关系,即城郊农民中男性代际流动得分高于女性;所在地为北京、上海和天津的代际流动得分高于所在地为重庆的;同期群成年时期国家人均GDP越高,代际流动得分越高;迁居者代际流动得分高于本地人;非农业户籍者代际流动得分高于农业户籍者;父代教育程度越高,代际流动得分越高;党员代际流动得分高于非党员;教育程度越高,代际流动得分越高。以上相关关系皆具有显著性。

表10-4 变量的相关分析

	家庭代际流动	性别	所在地	国家人均GDP	空间迁移	户籍类型	父代社会地位	父代教育程度	政治面貌	教育程度
家庭代际流动	—	—	—	—	—	—	—	—	—	—
性别	0.120**	—	—	—	—	—	—	—	—	—
所在地	0.188**	-0.020	—	—	—	—	—	—	—	—

续表

	家庭代际流动	性别	所在地	国家人均GDP	空间迁移	户籍类型	父代社会地位	父代教育程度	政治面貌	教育程度
国家人均 GDP	0.075**	0.004	0.068**	—	—	—	—	—	—	—
空间迁移	0.126**	-0.014	0.347**	0.083**	—	—	—	—	—	—
户籍类型	0.143**	0.008	0.292**	-0.157**	0.159**	—	—	—	—	—
父代社会地位	-0.356**	-0.009	0.125**	0.140**	0.090**	0.177**	—	—	—	—
父代教育程度	0.021	0.007	0.249**	0.417**	0.171**	0.123**	0.467**	—	—	—
政治面貌	0.159**	0.164**	0.137**	-0.070**	0.096**	0.264**	0.096**	0.065**	—	—
教育程度	0.256**	0.134**	0.366**	0.360**	0.247**	0.342**	0.331**	0.578**	0.277**	—

注：$^{**} p < 0.01$，$^{*} p < 0.05$

第三节　城郊农民家庭代际流动的解释模型

从同期群视角分析城郊农民家庭代际流动的影响机制，一方面可以呈现家庭代际流动在同期群群体间的差异，另一方面可以呈现同期群成年时期宏观经济社会发展对城郊农民家庭代际流动的影响机制，以及宏观因素与个体层次变量的交互作用对城郊农民家庭代际流动的影响。基于这一思路，运用 HLM6.8 建构广义多层线性模型（GHLM），将因变量代际流动处理为多分定类变量，通过 logit 转换建构罗吉斯回归进行分析，罗吉斯回归的右边相当于一般线性回归方程式，左边则是事件两两比较而得到的两事件发生的概率比值的自然对数,其中两事件发生概率的比值称为事件的发生比(odds)。[1] 模型使用连续 logit 函数进行拟合,概率并不是由回归系数直接表示出来,可以通过回归系数的符号判断比值比(odds ratio, OR),若系数大于0,则 OR 值大于1,表示发生可能性更大;若系数小于0,则 OR 值小于1,表示发生可能性更小。

依据提出的对城郊农民家庭代际流动影响机制的 7 组命题 13 个假设,建构多层概率回归模型,检验城郊农民家庭代际流动的影响机制。模型以多分定类变量家庭代际流动为因变量,按照家庭代际流动状况,划分为向下流动、向上流动和平行流动三种类型,其中向下流动和向上流动体现家庭代际流动,平行流动体现家庭代际继承,因此以平行流动为参照,建构向下流动和向上流动模型,呈现家庭代际流动的影响机制。

为了减少分析误差,同期群群组采用基于出生年代的分组方式,从 1930 年到 1999 年共计 70 个同期群群组,群组层次的自变量为同期群成年时期全国人均 GDP,即 1950 年至 2019 年全国人均 GDP。

个体层次的控制变量为性别和所在地,自变量包括空间迁移和户籍类型两个制度因素变量,父代社会经济地位和父代教育程度两个先赋因素变量,以及政治面貌和教育程度两个自致因素变量。

一、零模型

以城郊农民家庭代际流动为因变量,以 70 个同期群为群组变量,检验家庭代际流动是否存在显著的同期群群组差异。

零模型具体如下:

---

① 参见温福星:《阶层线性模型的原理与应用》,中国轻工业出版社,2009 年,第 192～199 页。

第一层: $prob[$代际流动$(1)=1 | \beta]=P(1)$

$prob[$代际流动$(2)=1 | \beta]=P(2)$

$prob[$代际流动$(3)=1 | \beta]=P(3)=1-P(1)-P(2)$

$log[P(1)/P(3)]=\beta_{0(1)}$

$log[P(2)/P(3)]=\beta_{0(2)}$

第二层: $\beta_{0(1)}=\gamma_{00(1)}+\mu_{0(1)}$

$\beta_{0(2)}=\gamma_{00(2)}+\mu_{0(2)}$

零模型分析结果如表 10-5 所示,以平行流动为参照,向下流动模型平均数信度为 0.558,向上流动模型平均数信度为 0.766,表明用样本估计总体的可靠性较高。向下流动模型的群组层次方差成分为 0.278,向上流动模型的群组层次方差成分为 0.726,计算向下流动模型的组内相关系数 $ICC=0.078>0.059$,呈现中度组内相关,向上流动模型的组内相关系数 $ICC=0.181>0.138$,呈现高度组内相关,可以认为城郊农民的家庭代际流动存在同期群群组间的显著差异性,构建多层分析模型是存在必要性的。

表 10-5 零模型分析结果

	向下流动(1)			向上流动(2)		
	γ 系数	t	*Odds Ratio*	γ 系数	t	*Odds Ratio*
固定效应 平均截距(γ_{00})	0.544 (0.084)	6.511 0.000	1.723	1.055 (0.116)	9.116 0.000	2.871
随机效应 平均水平(μ_0)	系数	卡方值		系数	卡方值	
	0.278 *** (0.527)	170.320 0.000		0.726 (0.852)	334.145 0.000	
参考类别	平行流动(3)					

注:1. *** $p<0.001$, ** $p<0.01$, * $p<0.05$;
2. level-1 units = 3358, level-2 units = 70。

二、随机效应单因素协方差模型

将个体层次的自变量空间迁移、户籍类型、父代社会经济地位、父代教育程度、政治面貌、教育程度,以及控制变量性别和所在城市(以重庆为参照)纳入模型,建构随机效应单因素协方差模型,呈现出在不考虑群组差异的前提下,个体层次变量对因变量的影响。

随机效应单因素协方差分析模型具体如下:

第一层:$prob\left[\text{代际流动}(1)=1\mid\beta\right]=P(1)$

$prob\left[\text{代际流动}(2)=1\mid\beta\right]=P(2)$

$prob\left[\text{代际流动}(3)=1\mid\beta\right]=P(3)=1-P(1)-P(2)$

$log\left[P(1)/P(3)\right]=\beta_{0(1)}+\beta_{1(1)}*\text{空间迁移}+\beta_{2(1)}*\text{户籍类型}+\beta_{3(1)}*\text{父代社会经济地位}+\beta_{4(1)}*\text{父代教育程度}+\beta_{5(1)}*\text{政治面貌}+\beta_{6(1)}*\text{教育程度}+\beta_{7(1)}*\text{性别}+\beta_{8(1)}*\text{北京}+\beta_{9(1)}*\text{上海}+\beta_{10(1)}*\text{天津}$

$log\left[P(2)/P(3)\right]=\beta_{0(2)}+\beta_{1(2)}*\text{空间迁移}+\beta_{2(2)}*\text{户籍类型}+\beta_{3(2)}*\text{父代社会经济地位}+\beta_{4(2)}*\text{父代教育程度}+\beta_{5(2)}*\text{政治面貌}+\beta_{6(2)}*\text{教育程度}+\beta_{7(2)}*\text{性别}+\beta_{8(2)}*\text{北京}+\beta_{9(2)}*\text{上海}+\beta_{10(2)}*\text{天津}$

第二层:$\beta_{0(1)}=\gamma_{00(1)}+\mu_{0(1)}$

$\beta_{1(1)}=\gamma_{10(1)}$

$\beta_{2(1)}=\gamma_{20(1)}$

…

$\beta_{10(1)}=\gamma_{100(1)}$

$\beta_{0(2)}=\gamma_{00(2)}+\mu_{0(1)}$

$$\beta_{1(2)} = \gamma_{10(2)}$$

$$\beta_{2(2)} = \gamma_{20(2)}$$

$$\cdots$$

$$\beta_{10(2)} = \gamma_{100(2)}$$

随机效应单因素协方差分析模型的分析结果如表 10 – 6 所示：以平行流动为参照，向下流动模型的平均截距项 γ_{00} 的估计值为 – 1.855，对应 p 值为 0.000；向上流动模型的平均截距项 γ_{00} 的估计值为 – 1.198，对应 p 值为 0.000。说明总体来看，个体层次变量对城郊农民家庭代际流动具有显著影响。

个体层次自变量中，空间迁移 γ_{10} 在向下流动模型中的估计值为 0.260（$p = 0.031$），在向上流动模型中的估计值为 0.383（$p = 0.005$），呈现出对代际流动的显著正向作用；户籍类型 γ_{20} 在向下流动模型中的估计值为 0.629（$p = 0.000$），在向上流动模型中的估计值为 1.238（$p = 0.000$），呈现出对代际流动的显著正向作用；父代社会地位 γ_{30} 在向下流动模型中的估计值为 0.047（$p = 0.000$），呈现出对向下流动的显著正向作用，在向上流动模型中的估计值为 – 0.073（$p = 0.000$），呈现出对向上流动的显著负向作用；父代教育程度 γ_{40} 在向上流动模型中的估计值为 0.038（$p = 0.025$），呈现出对向上流动的显著正向作用；政治面貌 γ_{50} 在向上流动模型中的估计值为 0.504（$p = 0.025$），呈现出对向上流动的显著正向作用；教育程度 γ_{60} 在向上流动模型中的估计值为 0.207（$p = 0.000$），呈现出对向上流动的显著正向作用。

同期群平均水平的随机效应方差 τ_{00} 在向下流动模型中估计值为 0.035（$p = 0.217$），在向上流动模型中估计值为 0.222（$p = 0.000$），说明向上流动模型截距项存在同期群层次的变异，因此有必要纳入群组层次变量进行进一步的解释。

表 10 -6　随机效应单因素协方差模型分析结果

	向下流动(1)			向上流动(2)		
	γ 系数	t	Odds Ratio	γ 系数	t	Odds Ratio
群组层次						
同期群成年时期国家人均 GDP(γ_{01})						
个体层次						
空间迁移(γ_{10})	0.260 *	2.161	1.297	0.383 **	2.850	1.467
	(0.120)	0.031		(0.135)	0.005	
户籍类型(γ_{20})	0.629 ***	5.926	1.875	1.238 ***	8.262	3.448
	(0.106)	0.000		(0.150)	0.000	
父代社会经济地位(γ_{30})	0.047 ***	7.112	1.048	-0.073 ***	-8.608	0.930
	(0.007)	0.000		(0.008)	0.000	
父代教育程度(γ_{40})	0.015	0.901	1.015	0.038 *	2.243	1.038
	(0.017)	0.368		(0.017)	0.025	
政治面貌(γ_{50})	-0.457	-1.870	0.633	0.504 *	2.245	1.656
	(0.245)	0.061		(0.225)	0.025	
教育程度(γ_{60})	0.013	0.908	1.013	0.207 ***	11.239	1.229
	(0.015)	0.364		(0.018)	0.000	
第一层控制变量						
性别(γ_{70})	-0.325 **	-2.626	0.722	0.222	1.600	1.249
	(0.124)	0.009		(0.139)	0.109	
所在地　北京(γ_{80})	1.397 ***	8.814	4.044	2.455 ***	14.630	11.641
	(0.159)	0.000		(0.168)	0.000	
(参照:重庆)　上海(γ_{90})	1.043 ***	4.638	2.836	2.270 ***	9.438	9.677
	(0.225)	0.000		(0.240)	0.000	
天津(γ_{100})	1.558 ***	5.831	4.751	2.502 ***	9.289	12.203
	(0.267)	0.000		(0.269)	0.000	

随机效应	系数		卡方值	系数		卡方值
平均水平(μ_0)	0.035		76.814	0.222 ***		122.196
	(0.187)		0.217	(0.471)		0.000

参考类别	平行流动(3)

注:1. *** $p < 0.001$, ** $p < 0.01$, * $p < 0.05$;

　　2. level - 1 units = 3358, level - 2 units = 70。

三、截距模型

只加入群组层次的解释变量,不加入个体层次的解释变量,建构截距模

型,具体如下:

第一层:$prob[$代际流动$(1)=1|\beta]=P(1)$

$\qquad prob[$代际流动$(2)=1|\beta]=P(2)$

$\qquad prob[$代际流动$(3)=1|\beta]=P(3)=1-P(1)-P(2)$

$\qquad log[P(1)/P(3)]=\beta_{0(1)}$

$\qquad log[P(2)/P(3)]=\beta_{0(2)}$

第二层:$\beta_{0(1)}=\gamma_{00(1)}+\gamma_{01(1)}*$同期群成年时期全国人均 GDP $+\mu_{0(1)}$

$\qquad \beta_{0(2)}=\gamma_{00(2)}+\gamma_{01(2)}*$同期群成年时期全国人均 GDP $+\mu_{0(2)}$

截距模型的分析结果如表 10 - 7 所示:以平行流动为参照,向下流动模型固定效应平均截距项 γ_{00} 的估计值为 0.268($p=0.001$),向上流动模型固定效应平均截距项 γ_{00} 的估计值为 0.721($p=0.000$),说明同期群群组对城郊农民家庭代际流动具有显著影响。群组层次自变量——同期群成年时期国家人均 CDP 的 γ_{01} 在向下流动模型中估计值为 0.457($p=0.000$),在向上流动模型中估计值为 0.529($p=0.000$),均通过显著性检验,说明同期群成年时期国家人均 GDP 越高,城郊农民越可能出现代际流动,而不是代际继承。

对比零模型和截距模型的同期群群组平均水平的随机效应方差项可以发现,加入同期群成年时期国家人均 GDP 后,向下流动模型组间方差(τ_{00})由原来的 0.278 降低到 0.108,也就是说同期群成年时期国家人均 GDP 能够解释 61.2%的截距差异;向上流动模型组间方差(τ_{00})由原来的 0.726 降低到 0.414,也就是说同期群成年时期国家人均 GDP 能够解释 43.0%的截距差异,说明同期群成年时期国家人均 GDP 对城郊农民家庭代际流动的同期群群组差异存在解释力。

表 10 - 7 截距模型分析结果

	向下流动(1)			向上流动(2)		
	γ 系数	t	*Odds Ratio*	γ 系数	t	*Odds Ratio*
固定效应 平均截距(γ_{00})	0.268 ** (0.074)	3.603 0.001	1.307	0.721 *** (0.099)	7.319 0.000	2.056
群组层次 同期群成年时期国家人均 GDP(γ_{01})	0.457 *** (0.074)	6.190 0.000	1.579	0.529 *** (0.109)	4.829 0.000	1.696
随机效应 平均水平(μ_0)	系数	卡方值		系数		卡方值
	0.108 ** (0.329)	104.464 0.003		0.414 *** (0.644)		211.168 0.000
参考类别	平行流动(3)					

注:1. *** $p < 0.001$,** $p < 0.01$,* $p < 0.05$;

2. level - 1 units = 3358, level - 2 units = 70。

四、完整模型

加入第一层的个体层次自变量、控制变量,第二层的同期群群组层次自变量,以及第二层自变量与第一层自变量的交互变量,建构完整模型,具体如下:

第一层:$prob[$代际流动(1) = 1|$\beta] = P(1)$

$prob[$代际流动(2) = 1|$\beta] = P(2)$

$prob[$代际流动(3) = 1|$\beta] = P(3) = 1 - P(1) - P(2)$

$log[P(1)/P(3)] = \beta_{0(1)} + \beta_{1(1)} *$ 空间迁移 + $\beta_{2(1)} *$ 户籍类型 + $\beta_{3(1)} *$ 父代社会经济地位 + $\beta_{4(1)} *$ 父代教育程度 + $\beta_{5(1)} *$ 政治面貌 + $\beta_{6(1)} *$ 教育程度 + $\beta_{7(1)} *$ 性别 + $\beta_{8(1)} *$ 北京 + $\beta_{9(1)} *$ 上海 + $\beta_{10(1)} *$ 天津

$log[P(2)/P(3)] = \beta_{0(2)} + \beta_{1(2)} *$ 空间迁移 + $\beta_{2(2)} *$ 户籍类型 + $\beta_{3(2)} *$ 父代社会经济地位 + $\beta_{4(2)} *$ 父代教育程度 + $\beta_{5(2)} *$

$$政治面貌 + \beta_{6(2)} * 教育程度 + \beta_{7(2)} * 性别 + \beta_{8(2)} * 北京 +$$

$$\beta_{9(2)} * 上海 + \beta_{10(2)} * 天津$$

第二层：$\beta_{0(1)} = \gamma_{00(1)} + \gamma_{01(1)} *$ 同期群成年时期全国人均 GDP $+ \mu_{0j}$

$$\beta_{1(1)} = \gamma_{10(1)} + \gamma_{11(1)} * 同期群成年时期全国人均 GDP$$

$$\beta_{2(1)} = \gamma_{20(1)} + \gamma_{21(1)} * 同期群成年时期全国人均 GDP$$

$$\beta_{3(1)} = \gamma_{30(1)} + \gamma_{31(1)} * 同期群成年时期全国人均 GDP$$

$$\beta_{4(1)} = \gamma_{40(1)} + \gamma_{41(1)} * 同期群成年时期全国人均 GDP$$

$$\beta_{5(1)} = \gamma_{50(1)} + \gamma_{51(1)} * 同期群成年时期全国人均 GDP$$

$$\beta_{6(1)} = \gamma_{60(1)} + \gamma_{61(1)} * 同期群成年时期全国人均 GDP$$

$$\beta_{7(1)} = \gamma_{70(1)}$$

$$\beta_{8(1)} = \gamma_{80(1)}$$

$$\beta_{9(1)} = \gamma_{90(1)}$$

$$\beta_{10(1)} = \gamma_{100(1)} ；$$

$$\beta_{0(2)} = \gamma_{00(2)} + \gamma_{01(2)} * 同期群成年时期全国人均 GDP + \mu_{0j}$$

$$\beta_{1(2)} = \gamma_{10(2)} + \gamma_{11(2)} * 同期群成年时期全国人均 GDP$$

$$\beta_{2(2)} = \gamma_{20(2)} + \gamma_{21(2)} * 同期群成年时期全国人均 GDP$$

$$\beta_{3(2)} = \gamma_{30(2)} + \gamma_{31(2)} * 同期群成年时期全国人均 GDP$$

$$\beta_{4(2)} = \gamma_{40(2)} + \gamma_{41(2)} * 同期群成年时期全国人均 GDP$$

$$\beta_{5(2)} = \gamma_{50(2)} + \gamma_{51(2)} * 同期群成年时期全国人均 GDP$$

$$\beta_{6(2)} = \gamma_{60(2)} + \gamma_{61(2)} * 同期群成年时期全国人均 GDP$$

$$\beta_{7(2)} = \gamma_{70(2)}$$

$$\beta_{8(2)} = \gamma_{80(2)}$$

$$\beta_{9(2)} = \gamma_{90(2)}$$

$$\beta_{10(2)} = \gamma_{100(2)}$$

完整模型的分析结果如表 10 - 8 所示：以平行流动为参照，群组层次的

平均截距 γ_{00} 在向下流动模型中估计值为 0.168($p=0.142$),在向上流动模型中估计值为 -0.368($p=0.022$),呈现出同期群群组对向上流动的显著影响。在群组层次上,同期群成年时期人均 GDP 变量 γ_{01} 在向下流动模型中估计值为 0.214($p=0.007$),在向上流动模型中估计值为 0.309($p=0.009$),均通过显著性检验,呈现出同期群成年时期全国人均 GDP 对代际流动的显著正向影响。以平行流动为参照,在控制其他变量的情况下,同期群成年时期全国人均 GDP 每增加 1 万元,向下流动概率增加23.9%,向上流动概率增加 36.2%。

在个体层次上,制度因素的两个变量中,空间迁移变量对代际流动的影响消失,户籍类型对代际流动呈现出显著影响。户籍类型 γ_{20} 在向下流动模型中估计值为 0.476($p=0.004$),在向上流动模型中估计值为 1.090($p=0.000$),均通过显著性检验。以平行流动为参照,在控制其他变量的情况下,农转非户籍者向下流动概率是农业户籍者的 1.609 倍,向上流动概率是农业户籍者的 2.974 倍。

先赋因素的两个变量中,父代教育程度的影响消失,父代社会经济地位对代际流动呈现出显著影响。父代社会经济地位 γ_{30} 在向下流动模型中估计值为 0.047($p=0.000$),在向上流动模型中估计值为 -0.070($p=0.008$),均通过显著性检验。以平行流动为参照,在控制其他变量的情况下,父代社会经济地位每提高 1 分,向下流动的概率增加 4.9%,向上流动的概率减少7.2%。

自致因素的两个变量中,政治面貌和教育程度对向上流动呈现出显著影响。在向上流动模型中政治面貌 γ_{50} 的估计值为 0.585($p=0.008$),教育程度 γ_{60} 的估计值为 0.154($p=0.000$),均通过显著性检验。以平行流动为参照,在控制其他变量的情况下,党员向上流动概率是非党员的 1.794 倍;教育程度每增加 1 分,向上流动的概率增加 16.6%。

　　在交互层次上,同期群成年时期国家人均 GDP 在向下流动模型中与个体层次上空间迁移变量的跨层次交互作用通过显著性检验,以平行流动为参照,在控制其他变量的情况下,同期群成年时期国家人均 GDP 越高,越弱化空间迁移对城郊农民向下流动的影响。同期群成年时期国家人均 GDP 在向上流动模型中与个体层次上户籍类型变量的跨层次交互作用通过显著性检验,以平行流动为参照,在控制其他变量的情况下,同期群成年时期国家人均 GDP 越高,越弱化户籍类型对城郊农民向上流动的影响。

　　控制变量中,性别在向下流动模型中呈现出显著影响,以平行流动为参照,在控制其他变量的情况下,女性向下流动的概率是男性的 0.753 倍。所在地在向下流动和向上流动模型中均呈现出对代际流动的显著影响,以平行流动为参照,在控制其他变量的情况下,所在地为北京的向下流动概率是所在地为重庆的 4.612 倍,向上流动概率是所在地为重庆的 13.879 倍;所在地为上海的向下流动概率是所在地为重庆的 3.227 倍,向上流动概率是所在地为重庆的 10.997 倍;所在地为天津的向下流动概率是所在地为重庆的 5.107 倍,向上流动概率是所在地为重庆的 13.115 倍。

表 10 - 8　完整模型分析结果

	向下流动(1)			向上流动(2)		
	γ 系数	t	Odds Ratio	γ 系数	t	Odds Ratio
固定效应						
平均截距(γ_{00})	0.168	1.487	1.183	-0.368 *	-2.348	0.692
	(0.113)	0.142		(0.157)	0.022	
群组层次						
同期群成年时期国家	0.214 **	2.811	1.239	0.309 **	2.703	1.362
人均 GDP(γ_{01})	(0.076)	0.007		(0.114)	0.009	

续表

	向下流动(1)			向上流动(2)		
个体层次						
空间迁移(γ_{10})	0.041	0.261	1.042	0.173	1.093	1.189
	(0.156)	0.794		(0.158)	0.275	
户籍类型(γ_{20})	0.476**	2.878	1.609	1.090***	5.347	2.974
	(0.165)	0.004		(0.204)	0.000	
父代社会经济地位(γ_{30})	0.047***	7.203	1.049	-0.070***	-8.343	0.933
	(0.007)	0.000		(0.008)	0.000	
父代教育程度(γ_{40})	0.001	0.049	1.001	0.002	0.075	1.002
	(0.022)	0.961		(0.023)	0.941	
政治面貌(γ_{50})	-0.162	-0.580	0.850	0.585**	2.683	1.794
	(0.279)	0.562		(0.218)	0.008	
教育程度(γ_{60})	-0.038	-1.325	0.962	0.154***	5.018	1.166
	(0.029)	0.185		(0.031)	0.000	
交互变量						
同期群成年时期国家人均GDP * 空间迁移(γ_{11})	-0.382*	-2.168	0.682	-0.168	-0.958	-0.846
	(0.176)	0.030		(0.175)	0.338	
同期群成年时期国家人均GDP * 户籍类型(γ_{21})	-0.193	-1.100	0.824	-0.481*	-2.167	0.618
	(0.176)	0.272		(0.222)	0.030	
同期群成年时期国家人均GDP * 父代社会经济地位(γ_{31})	-0.0010	-1.602	0.991	-0.009	-1.301	0.991
	(0.006)	0.109		(0.007)	0.193	
同期群成年时期国家人均GDP * 父代教育程度(γ_{41})	0.003	0.132	1.003	-0.011	-0.453	0.989
	(0.023)	0.895		(0.025)	0.650	
同期群成年时期国家人均GDP * 政治面貌(γ_{51})	0.359	1.331	1.431	-0.087	-0.470	0.917
	(0.269)	0.183		(0.185)	0.638	
同期群成年时期国家人均GDP * 教育程度(γ_{61})	-0.051	-1.530	0.950	-0.026	-0.748	0.974
	(0.033)	0.126		(0.035)	0.455	

续表

第一层控制变量	向下流动(1)			向上流动(2)		
性别(γ_{70})	-0.283*	-2.302	0.753	0.262	1.915	1.299
	(0.123)	0.021		(0.137)	0.055	
所在地　北京(γ_{80})	1.529***	9.603	4.612	2.630***	15.144	13.879
	(0.159)	0.000		(0.174)	0.000	
(参照:重庆)　上海(γ_{90})	1.172***	5.058	3.227	2.398***	9.444	10.997
	(0.232)	0.000		(0.254)	0.000	
天津(γ_{100})	1.631***	6.017	5.107	2.574***	9.252	13.115
	(0.271)	0.000		(0.278)	0.000	
随机效应	系数		卡方值	系数		卡方值
平均水平(μ_0)	0.044		75.403	0.484***		167.265
	(0.210)		0.225	(0.695)		0.000
参考类别	平行流动(3)					

注:1. *** $p < 0.001$, ** $p < 0.01$, * $p < 0.05$;
　　2. level-1 units = 3358, level-2 units = 70。

第四节　城郊农民家庭代际流动的总结

一、社会经济地位的家庭代际流动

总体来看,城郊农民社会经济地位家庭代际差平均值为正,说明社会经济地位在家庭代际间存在向上流动趋势,配对样本 T 检验结果验证了子代社会经济地位平均值显著高于父代。城郊农民社会经济地位向上流动的占比最多,将近五成;平行流动占比最少,略多于两成。向上流动组的社会经济地位平均值最高,向下流动组的社会经济地位平均值最低,三组间的社会经济地位得分存在显著差异。

对家庭代际流动的多层回归分析中,零模型分析显示城郊农民的家庭代际流动存在显著同期群群组差异,发生比分析显示,以平行流动为参照,同期群群体越年轻,家庭代际流动的概率越高,代际继承的概率越低,同时向上流动概率高于向下流动概率。

二、家庭代际流动的宏观因素影响机制

多层回归分析截距模型和完整模型中均呈现出了同期群群体成年时期全国人均 GDP 对代际流动的显著影响,发生比分析显示,以平行流动为参照,同期群群体成年时期全国人均 GDP 越高,家庭代际流动的概率越高,代际继承的概率越低,同时向上流动概率高于向下流动概率,这一结果使研究假设 H14 得到证实。

此外,在完整模型中,呈现出了宏观社会经济发展与个体层次制度因素的交互效应,具体体现为:以平行流动为参照,在向下流动模型中弱化空间迁移对向下流动的影响;在向上流动模型中弱化户籍类型对向上流动的影响。这一结果使研究假设 H21、H22 得到证实,而研究假设 H23、H24、H25、H26 未得到证实,即同期群群体成年时期的全国人均 GDP 未呈现出与先赋因素和自致因素的交互影响。

三、家庭代际流动的制度因素影响机制

多层回归分析模型的随机效应单因素协方差模型中呈现了空间迁移对代际流动的显著影响,发生比分析显示,以平行流动为参照,本地人代际继承概率更高,迁居者社会流动概率更高,同时迁居者向上流动概率高于向下流动概率。但是在完整模型中,加入群组层次变量后,空间迁移对代际流动的显著影响消失,同时在向下流动模型中还呈现出群组变量对空间迁移影响机制的制约作用,体现为同期群群体成年时期全国人均 GDP 的提高弱化了空间迁移对向下流动的影响。由此,研究假设 H15 得到部分证实。

随机效应单因素协方差模型和完整模型都呈现了户籍类型对代际流动的显著影响,发生比分析显示,以平行流动为参照,农业户籍者代际继承概率更高,农转非户籍者社会流动概率更高,同时农转非户籍者向上流动概率高于向下流动概率。在完整模型中加入群组层次变量后,向上流动模型中呈现出群组变量对户籍类型影响机制的制约作用,体现为同期群群体成年时期的全国人均 GDP 的提高弱化了户籍类型对向上流动的影响。由此,研究假设 H16 得到证实。

四、家庭代际流动的先赋因素影响机制

多层回归分析模型的随机效应单因素协方差模型和完整模型中均呈现出父代社会经济地位对城郊农民家庭代际流动的显著影响,发生比分析显示,以平行流动为参照,父代社会经济地位越高,向下流动的概率越高,向上流动的概率越低。父代社会经济地位并没有为子代实现向上社会流动提供正向促进作用。由此,研究假设 H17 得到证实。

在随机效应单因素协方差模型中呈现了父代教育程度对代际流动的影响,在向上流动模型中,以平行流动为参照,父代教育程度越高,城郊农民向上流动概率越高。但是在完整模型中,加入群组层次变量及其交互作用后,父代教育程度的显著影响消失。由此,研究假设 H18 得到有条件的证实。

五、家庭代际流动的自致因素影响机制

多层回归分析模型的随机效应单因素协方差模型和完整模型中都显示出政治面貌和教育程度在向上流动模型中对代际流动的显著影响。发生比分析显示,以平行流动为参照,党员向上流动的概率高于非党员;教育程度越高,向上流动的概率越高。由此,研究假设 H19 和 H20 得到有条件的证实。

六、小结

总体来看,城郊农民社会经济地位呈现出家庭代际向上流动的趋势。以平行流动为参照,女性向下流动概率高于男性,但向上流动概率没有受到性别因素的显著影响。所在地在北京、上海和天津的代际流动概率高于所在地在重庆的,且向上流动概率高于向下流动概率。

家庭代际流动的影响机制如图 10-2 所示,具体体现为:

宏观社会经济发展因素对代际流动产生直接促进作用,导致代际流动概率高于代际继承概率,且向上流动概率更高。同时,宏观社会经济发展因素抑制空间迁移对城郊农民向下流动的影响;抑制户籍类型对城郊农民向上流动的影响,呈现出宏观社会发展因素对制度因素的抑制作用。

在制度因素中,空间迁移和户籍类型对城郊农民的代际流动均产生促进作用,导致代际流动概率高于代际继承概率,且向上流动概率更高。但在加入宏观社会发展因素后,空间迁移的影响变得不显著,而且在向下流动模型中呈现出宏观社会因素对空间迁移影响的弱化作用;同时在向上流动模型中,宏观社会发展因素对户籍类型的影响也产生了弱化作用。

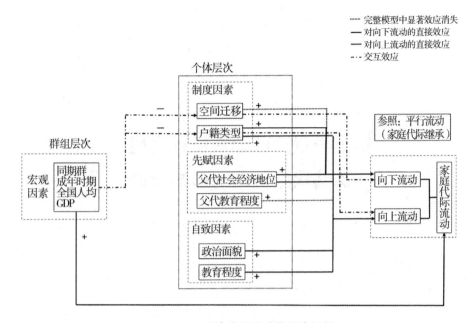

图 10－2　家庭代际流动的影响机制

在先赋性因素中,父代社会经济地位对城郊农民的代际流动产生显著影响,这种影响体现为父代社会经济地位的提升增加了城郊农民向下流动的概率,减少了城郊农民向上流动的概率。

在自致性因素中,政治面貌和教育程度对城郊农民的向下流动不产生显著影响,对城郊农民的向上流动产生显著的正向影响。

第十一章　城郊农民社会地位
及其代际流动的影响机制

第一节　城郊农民社会地位获得
与流动的影响机制

一、社会转型与城郊农民的社会地位流动

随着经济的发展和社会结构的转型,农民的社会流动也在不断进行。从社会经济发展的角度看,产业结构的转型升级促进了农民的职业流动及社会流动。改革开放以来,随着产业结构的调整,第一产业的从业人员从1978年的70.50%降低到2005年的44.80%;到2019年,第一产业的从业人员占全国从业人员的比例仅为25.10%。与此相对应,第二、三产业的从业人员从2005年的55.2%增加到2019年的74.90%。[①] 农业从业人员的减少

---

① 中国统计年鉴,http://www.stats.gov.cn/tjsj/ndsj/2020/indexch.htm。

为农民提供了职业流动的机会,增加了农民社会流动的可能和实现职业代际流动的可能。[①] 2000 年以前我国农民劳动者阶层的社会流动率在 20% 左右,2000 年以后这一比率上升到 50%。[②] 陈明星等人指出,城镇中的非正规就业为农业转移人口提供了大量的就业机会,其中东部地区非正规就业岗位最多,中部地区次之,西部地区最少。[③]

从本书的结论中也可以看到,社会经济发展因素对于城郊农民社会经济地位的获得和向上的代际流动均产生显著的正向影响,同时宏观社会经济的发展还弱化了二元户籍制度对城郊农民社会地位获得和家庭代际流动的影响。随着社会经济的现代化发展和城镇化的不断深入,城郊农民会获得更多的社会地位提升和向上流动的机会。但同时也得看到,城郊农民的社会地位获得与流动还会受到其他因素的影响。

二、空间迁移与城郊农民的社会地位流动

将地理流动与社会流动联系起来被视为社会流动研究新的发展领域[④],布劳和邓肯曾对地理流动与社会流动的关系进行了分析[⑤]。我国学者王宁指出一个国家是由许多具有边界性的地方社会构成的,每个地方社会也有核心区与边缘区的区分,由于在自然、社会、经济、政治和文化条件上的不均

---

① 参见李怀:《转型期中国城市社会分层与流动的新趋势》,《广东社会科学》,2020 年第 4 期。

② 参见胡建国、李伟、蒋丽平:《中国社会阶层结构变化及趋势研究——基于中国社会流动变化的考察》,《行政管理改革》,2019 年第 8 期。

③ 参见陈明星、黄莘绒、黄耿志、杨燕珊:《新型城镇化与非正规就业:规模、格局及社会融合》,《地理科学进展》,2021 年第 1 期。

④ See Flippen C., Relative Deprivation and Internal Migration in the United States: A Comparison of Black and White Men, *American Journal of Sociology*, 2013 (5).

⑤ See Peter M. Blau & Otis Dudley Duncan, *The American Occupational Structure*, Free Press, 1967, pp. 250 – 255.

衡,产生了地方之间的分层与不平等。由此,人口的空间流动也是一种以地方为中介的社会流动,从低等级地方流向高等级地方,就可以为个人和子女发展带来更多的生活机遇。[①] 李春玲也指出,我国农民工的地理流动大多流向沿海地区,其助推的动力正是为了获得更高的经济收入。[②]

从本书中可以看到空间因素对城郊农民社会地位的影响。首先体现在超大城市的外来迁居农民社会经济地位要高于本地农民,其家庭代际向下流动概率低于本地农民,而家庭代际向上流动概率则明显高于本地农民;其次体现在东部地区的特大城市,如上海、北京、天津,城郊农民社会经济地位总体要高于重庆地区,其家庭代际向上流动概率也明显高于重庆地区的城郊农民。

可见,城郊农民的社会流动水平不仅随着时间发展不断推进,城市规模及地区发展等空间因素也是其重要的影响机制。以往研究也显示,北京、上海、广州等超大城市的发展程度最高,与此相伴随,城市有更好的经济条件、更多的就业机会、更完善的社会保障,并能为农民提供职业技能培训的服务和持续发展的保障,因此这些地区农民的市民化程度和社会流动水平更高。[③]

三、户籍制度与城郊农民的社会地位流动

1992 年《关于实行当地有效城镇居民户口制度的通知》的颁布使城乡二元结构对农村居民的各项限制逐渐解除。21 世纪以来,特别是 2011 年国务

---

① 参见王宁:《地方分层、人才流动与城市人才吸引力——"地理流动与社会流动"理论探究之二》,《同济大学学报》(社会科学版),2014 年第 6 期。
② 参见李春玲:《城乡移民与社会流动》,《江苏社会科学》,2007 年第 2 期。
③ 参见贺雪峰:《上海的农业治理》,《中共杭州市委党校学报》,2016 年第 3 期。

院办公厅颁布《关于积极稳妥推进户籍管理制度改革的通知》,使我国户籍制度改革进入了新的阶段,为农民的社会流动提供了政策保障。① 胡涤非等人将由于"征地、移民安置、村改居"等原因形成的户籍转变称为户籍转变的"政策性"渠道,并说明这种"政策性"渠道为城郊农民的社会流动提供支持。② 本书中也可以看到,户籍农转非对城郊农民社会地位获得和实现向上的代际社会流动提供了正向作用,同时农转非户籍者的社会经济地位显著高于农业户籍者。

虽然城郊农民经历"农转非",有助于其更大程度地获取城市的各种资源,使其社会经济地位不断提高③,但"农转非"并不能使城郊农民获得与城镇居民同样的待遇,"农转非"人口在受教育水平、经济收入、社会保障水平等方面都要低于同地区的原住城镇居民④。许多研究证明,城郊农民的职业获得与职业的代际流动受到了其原有户籍的影响⑤,即使城郊农民获得了户籍上的"突破",依然在劳动力市场上受到制度性或非制度性的歧视⑥。

四、先赋因素与城郊农民的社会地位流动

地位获得模型得出的结论表明:先赋因素极大程度上影响了个体职业

① 参见伍薆霖、卢冲:《户籍制度改革会促进农村流动人口落户城市吗?——来自准自然实验的证据》,《人口与发展》,2020年第5期。

② 参见胡涤非、邓少婷:《农转非群体的社会流动及其影响因素研究——基于"选择性"与"政策性"农转非的比较》,《西北人口》,2018年第2期。

③ See Sears D. O. & Funk C. L.,The Role of Self-Interest in Social and Political Attitude, *Advances in Experimental Social Psychology*, 1991(1).

④ 参见杨汝岱、周靖祥:《户籍转变与身份融合:来自CFPS的证据》,《消费经济》,2017年第1期。

⑤ 参见吴晓刚:《中国的户籍制度与代际职业流动》,《社会学研究》,2007年第6期;乔明睿、钱雪亚、姚先国:《劳动力市场分割、户口与城乡就业差异》,《中国人口科学》,2009年第1期。

⑥ 参见王鹏:《"农转非"、人力资本回报与收入不平等 基于分位数回归分解的方法》,《社会》,2017年第5期。

地位的获得。父代经济收入、教育程度、就业情况、职业类型等因素都是影响个体职业地位获得的重要因素。[①] 切蒂(Chetty)等人关于美国社会流动的研究发现,家庭较高的经济收入往往伴随着子女更高的经济收入,家庭的经济资本和社会资本及其稳定性都在一定程度上影响个体的社会流动。[②] 安德森(Ardersen)等人在研究中发现,个体的社会经济地位高低在很大程度上决定了个体实现阶层跨越的难易程度,对家庭资本更多的个体来说,其实现向上社会流动的可能性更高。中国的高等教育由精英式向大众化普及的过程中,家庭背景不仅影响了学生当前教育地位的获得,还对他们今后的职业地位获得与经济地位获得产生较大的影响。[③] 杨胜利等人的研究证明了家庭资本的多寡会影响子代教育获得及职业获得,丰富的家庭资本对子代教育获得及职业获得起促进作用,更多的家庭资本通常伴随子代更高的教育地位和职业地位。[④]

本书发现,城郊农民父代社会经济地位和教育程度都处于较低水平,因此城郊农民的先赋条件并不优越,虽然在相关分析中可以看到父代社会经济地位和父代教育程度对子代社会经济地位获得具有正向的相关性,但在本书的解释模型中,先赋因素对城郊农民社会经济地位的影响并不显著。同时在家庭代际流动的影响机制中,父代教育程度对向上流动的正向影响在加入宏观因素之后失去显著性,父代社会经济地位虽然对社会流动产生显著影响,但影响是负向的,父代社会经济地位越高反而导致向下流动的可

---

① 参见孙明:《家庭背景与干部地位获得(1950—2003)》,《社会》,2011 年第 5 期。

② See Chetty R., Hendren N., Kline P., et al. Where is the Land of Opportunity? The Geography of Intergenerational Mobility In The United States, *Quarterly Journal of Economics*, 2014(4).

③ 参见丛玉飞、任春红:《家庭阶层差异与高等教育地位获得——一种历史视角的解读》,《高教探索》,2020 年第 6 期;刘志民、高耀:《家庭资本、社会分层与高等教育获得——基于江苏省的经验研究》,《高等教育研究》,2011 年第 12 期。

④ 参见杨胜利、姚建、苏寒云:《家庭资本与子代职业地位获得:教育的中介效应分析》,《西北人口》,2021 年第 42 期。

能性增加和向上流动的可能性减少。这说明,当父代社会经济地位水平较低时,子代更可能超越父代,实现代际的向上流动;而当父代社会经济地位较高时,子代反而难以逾越父代而更可能向下流动,父代在社会经济地位以及教育水平上的优势在城郊农民群体中难以传递给子代,而助力子代的向上流动。

五、自致因素与城郊农民的社会地位流动

现代化理论认为,在传统社会中,个体的家庭背景及其家庭在社会中所处的阶级等先赋因素对个体职业地位的获得产生极大影响。而在现代社会中,个体的教育水平、党员身份等自致因素日益成为影响个体职业地位获得的重要因素。[1]

随着义务教育的普及和高等教育的发展,子代的教育程度普遍高于父代,这种教育的代际流动是普遍存在的。教育水平的提高使个体拥有更高的就业能力和更多的就业机会,从而获得职业的发展和经济社会地位的提高。地位结构论认为人力资本对个体的社会流动具有促进作用:较高的人力资本往往使个体更容易实现社会地位的向上流动。贝克、舒尔茨等人的研究也表明个体的教育程度、职业技能及经历等人力资本因素对个体的经济地位获得有积极的促进作用。[2] 国内学者的研究也证明,专业资格证书、个体的受教育水平及类似的工作经验对农民的职业获得和工资收入具有正

---

① 参见李煜:《家庭背景在初职地位获得中的作用及变迁》,《江苏社会科学》,2007 年第 5 期。

② See Becker G. S., Investment in Human Capital: A Theoretical Analysis, *Journal of Political Economy*, 1962(5);[美]西奥多·W. 舒尔茨:《论人力资本投资》,吴珠华译,北京经济学院出版社,1990年,第 17~27 页;Chiswick B. R., The Effect of Americanization on the Earnings of Foreign-born Men, *Journal of Political Economy*, 1978(86).

向影响。① 胡涤非等人研究发现户籍迁移及失地经历使城郊农民有更多的职业选择,这种迁移经历帮助他们实现了不同于父辈的社会经济地位流动与职业流动。此外,政治身份对社会地位的流动也存在一定的影响:与非党员者相比,党员身份的政策性"农转非"者更可能获得职业类别的向上流动。②

本书发现,自致因素对城郊农民的社会地位获得和向上的代际流动均具有非常显著的正向影响,并且随着宏观社会经济的发展,受教育程度的正向影响还被不断强化。可见教育是促进城郊农民社会地位提升和实现向上的代际流动的重要影响机制。但目前城郊农民受教育程度总体水平还不高,在一定程度上制约其社会经济地位的获得和向上的代际流动。

第二节　城郊农民社会地位获得
与流动面临的问题与对策

本编对超大城市城郊农民社会经济地位水平的调查结果显示,城郊农民的社会经济地位处于较低水平,低社会地位组占比最高,尽管如此,与父代相比城郊农民社会经济地位水平已经有了一定的提升。整体来看,男性的社会经济地位高于女性,外来迁居者的社会经济地位高于本地农民,农转

---

① 参见田北海、雷华、佘洪毅、刘定学:《人力资本与社会资本孰重孰轻:对农民工职业流动影响因素的再探讨——基于地位结构观与网络结构观的综合视角》,《中国农村观察》,2013 年第 1 期;何俊、徐冲、祝成才:《人力资本、社会资本与农村迁移劳动力的工资决定》,《农业技术经济》,2008 年第 1 期;谢勇:《基于人力资本和社会资本视角的农民工就业境况研究——以南京市为例》,《中国农村观察》,2009 年第 5 期;刘士杰:《人力资本、职业搜寻渠道、职业流动对农民工工资的影响——基于分位数回归和 OLS 回归的实证分析》,《人口学刊》,2011 年第 5 期。
② 参见胡涤非、邓少婷:《农转非群体的社会流动及其影响因素研究——基于"选择性"与"政策性"农转非的比较》,《西北人口》,2018 年第 2 期。

非户籍者的社会经济地位高于农业户籍者,党员的社会经济地位高于非党员,东部城市(上海、北京、天津)城郊农民的社会经济地位高于西部地区城市(重庆)。

从同期群代际流动看,"30后"到"50后"的城郊农民的社会经济地位呈现下降趋势,"60后"到"80后"的城郊农民的社会经济地位呈加速上升趋势,"90后"比"80后"的社会经济地位略有降低。

从家庭代际流动状况看,将近五成的城郊农民呈现社会经济地位向上的代际流动,三成呈现向下的代际流动,仅有两成呈现社会经济地位的代际继承。城郊农民社会经济地位得分子代显著高于父代,从总体上呈现出向上的家庭代际流动。

上述结果显示,一方面城郊农民社会经济地位已经呈现出向上的流动趋势,而另一方面城郊农民社会经济地位总体水平仍然较低。

一、城郊农民社会地位流动面临的问题

首先,与城市居民相比,城郊农民的社会经济地位及其流动程度较低,且存在地区差异。我国城郊农民的社会经济地位低于城市居民且社会流动水平呈现出由东部沿海地区向西部内陆地区递减的趋势。此外,我国户籍制度具有明显的排斥作用,将持有农业户籍的农民排斥在优质的社会资源之外。即使农民由农村迁入城镇,也无法完全获得与城市居民同等的社会资源。因此,城郊农民更容易受到宏观经济资源的影响,并在社会流动方面产生地区差异。

其次,户籍制度改革带来的直接后果是更加频繁与剧烈的社会流动,并导致城郊农民的社会身份转型以及职业身份与社会身份的分离。较低的教育水平使大量农民从"面朝黄土背朝天"的农业劳动者转变为散落在城市各行各业中的非正规就业者①,在劳动力市场上长期处于劣势地位。土地不再是城郊农民唯一的生存资本,市场的冲击使传统的农村家庭结构和文化观念受到现代科学文化知识和技能的挑战②,通过教育或职业培训等方式提高自身的人力资本成为农民改变自己及后代的社会经济地位、实现向上社会流动的重要途径③。

最后,城郊农民"上楼"后在生计保障、稳定脱贫、社会适应及城市融入等方面面临着巨大挑战。④ 长期以来,我国的教育、医疗等各种资源始终倾向于城市,使城镇户籍居民在经济地位和职业地位上普遍高于农村户籍居民。城郊农民的受教育程度和职业地位普遍不高,与城市居民之间存在着巨大的经济分层和社会隔离,并且这种分层和隔离存在代际传递性,这影响了城郊农民的代际流动和持续发展。研究者发现,由于"村改居"等政策因素实现"农转非"的农业转移人口的教育回报率要低于原本就拥有城市户籍的居民和由于学业、职业流动等原因而"农转非"的群体⑤;在城镇化过程中被动"农转非"居民的贫困发生率往往高于那些主动"农转非"的居民⑥;被动"农转非"居民的经济收入也往往低于原本就具有城市户籍背景的居民⑦。

① 参见殷晓清:《农民工就业模式对就业迁移的影响》,《人口研究》,2001 年第 3 期。

② See Domanski, H., Rise of Meritocracy in Poland: 1982 – 2008, *European Sociological Review*, 2011(3).

③ 参见薛耀文、宋媚、张朋柱:《中国农民收入水平、受教育程度及其社会地位的实证研究》,《数理统计与管理》,2007 年第 3 期。

④ 参见檀学文:《中国移民扶贫 70 年变迁研究》,《中国农村经济》,2019 年第 8 期。

⑤ 参见王鹏:《"农转非"、人力资本回报与收入不平等 基于分位数回归分解的方法》,《社会》,2017 年第 5 期。

⑥ 参见蒋和超:《城镇化过程中农转非居民的贫困消减》,《华南农业大学学报》(社会科学版),2017 年第 1 期。

⑦ 参见李云森:《农转非、农村背景与城镇居民收入差异 基于 CGSS2008 的实证研究》,《上海经济研究》,2014 年第 9 期。

二、促进城郊农民社会地位流动的对策建议

基于城郊农民社会地位获得与流动面临的问题,提出以下对策建议:

第一,在大力推进东部沿海地区经济建设的同时,重视中西部地区城镇及乡村的发展。中西部地区的建设发展有利于为当地的城郊农民带来更多的就业机会、更高的经济效益、更优质的教育资源、更完善的社会保障、更畅通的社会流动渠道,有利于缩小不同地区之间的经济差异及城郊农民的社会流动差异,减少中西部地区城郊农民中优质人才的流失。

第二,加快推进户籍制度改革,加强相关配套设施的建设及完善,使城郊农民享有与城市居民相同的教育资源、医疗资源、社会保障资源等,弥补政策性"农转非"人口难以享受公共资源的不足,加快完善社会保障体系并推进公共服务均等化的落实,改变其弱势地位,为城郊农民市民身份的转化扫清制度上的障碍。

第三,加大城郊及农村地区的教育投入,提高农村人口的受教育机会,提升农村教育教学质量,加强农村人口及外致型"农转非"人口的职业技能培训,提升其综合素质与文化素养。这有利于改善农村人口的人力资本状况,弥补其人力资本的劣势,提升其在劳动力市场上的适应力和竞争力,帮助农村居民及"农转非"群体有效地融入城市劳动力市场,增强其向上流动的能力,使其真正步入城市市民的行列。

第四,打破职业壁垒,消除劳动力市场上的户籍歧视。在着力搭建就业信息交流平台的同时,防止农业转移人口在劳动力市场上再次受到城镇劳动力市场的分割,建立合理的职务晋升制度和公平、绿色的就业平台,促进劳动力市场的公平竞争,消除城镇范围内的经济收入分层,促进城郊农民的职业与职务流动。

第五,对农业转移人口而言,实现户籍"农转非"并不是其城镇化转型的终点。在推动城郊农民户籍身份市民化的同时,要重视农业转移人口的城市"促融",帮助农业转移人口建立市民角色的观念意识以及对城市的认同感和归属感。同时,政府应给予农业转移人口更多的关注,根据不同类型的农业转移人口面临的实际问题——提出应对方案,避免其在市民化的过程中因各种问题未得到及时妥善的解决而成为"问题市民",激化社会矛盾。

附录

城郊居民市民化状况调查问卷

一、基本信息记录

居住空间点：_____ 区/县 _____ 镇/乡/街

所属村队：_____村/队

所属社区：_____小区/居委会

入住小区的时间：_____

调查时间：_____年_____月_____日 调查员：_____

二、基本状况

A1、性别：1. 男；2. 女

A2、年龄：_____岁

A3、文化程度：

1. 小学及以下；2. 初中/技校；3. 高中/职高；4. 大专/高职；5. 大本；6. 研究生及以上

A4、婚姻状况：1. 已婚；2. 未婚；3. 离异；4. 丧偶

A5、政治面貌：1. 党员；2. 民主党派；3. 团员；4. 群众

A6、户籍性质：1. 农业户口；2. 非农户口；3. 居民户口（即换领新的《居民户口簿》）

A7、您的居住空间类型为：1. 城市；2. 城镇；3. 郊区；4. 农村；5. 其他_____

A8、是否转变过户口类型:

1. 没有(跳到 A10);

2. 农转非/居:时间_____(回答 A9)

3. 非转农:时间_____;原因_____(跳到 A10)

4. 外地转本地:时间_____;原因_____(跳到 A10)

A9、农转非/居的原因:1.因征地转变户口;2.因结婚转变户口;3.因上学转变户口;4.因工作转变户口;5.因购房转变户口;6.为获得村籍权益转变户口;7.因户籍改革要求转变户口;8.其他 _____

A10、您是否愿意将农业户口转变为非农户口(或居民户口):1.不愿意;2.无所谓;3.愿意

A11、您认为自己现在是: 1. 农村人;2 郊区人;3. 城市人;4. 其他_____(为什么这样认为_____)

三、经济状况

B1、您家是否有过承包土地_____;是否有过自留地_____:1.有过;2.不知道;3.没有过(跳到 B2)

您是否愿意放弃承包土地_____;是否愿意放弃自留地_____:1.不愿意;2.无所谓;3.愿意

您家是否失去了土地_____,为什么失去_____

您是否获得出让土地的补偿(什么补偿)_____

对此是否满意:1.很不满意;2.不太满意;3.不好说;4.比较满意;5.非常满意

B2、您是否有过务农经历:1.没有过务农经历(跳到 B5);2.有_____年务农经历

B3、您现在是否还务农：1. 不务农（跳到 B5）；2. 兼职务农；3. 全职务农

B4、您现在在哪里务农：1. 在自留地里耕种；2. 在家庭承包的土地中从事经营劳动；3. 在农业企业、农场、农村种养大户那里做雇工；4. 其他_____

B5、您是否有非农就业的经历：1. 没有；2. 有

B6、您现在是否工作（包括务农）：

1. 工作——您现在从事的工作是否需要专业学习或培训：1. 需要；2. 无所谓；3. 不需要

2. 不工作——您现在不工作的原因：1. 需要照顾家庭；2. 下岗失业；3. 对找到的工作不满意；4. 求职屡遭用人单位的拒绝；5. 离退休；6. 丧失劳动能力；7. 只能务农，可承包的土地被征用；8. 有经济来源，不需要工作（从未工作者跳到 B11）

B7、您当前的工作性质（或曾经从事的工作/退休人员退休前）：

1. 偏脑力劳动；2. 半脑力半体力；3. 偏体力劳动；4. 其他_____

B8、您当前的职业类型（在学或求职者理想的职业类型，退休人员退休前）：1. 农副业；2. 工业企业；3. 服务业企业；4. 事业单位；5. 社区组织（村/居委会）；6. 政府机关（街道）/军队/人民团体；7. 协会/行会/基金会等社会团体/社会组织；8. 个体私营；9. 个体租赁；10. 其他_____

B9、您的单位性质（在学或求职者理想的，退休人员退休前）

1. 国有；2. 集体；3. 个体；4. 私营；5. 外资；6. 合资

B10、您当前的工作性质（退休人员退休前的）

1. 需要很高的专业技能；2. 需要较高的专业技能；3. 需要一些专业技能；4. 半技术半体力；5. 体力劳动；6. 其他_____

B11、您现在的职位（退休人员退休前）

1. 高层管理人员；2. 中层管理人员；3. 基层管理人员；4. 普通员工；5. 其他_____

B12、您现在的职称（退休人员退休前）

1. 高级专业技术人员；2. 中级专业技术人员；3. 初级专业技术人员；4. 无职称

B13、您现在是否享受村镇补助：

1. 无补助；2. 不知道；3. 有补助——有哪些补助＿＿＿＿＿＿＿＿；您是否满意＿＿＿＿

B14、您现在是否有固定收入（非村镇补助）：1. 无收入；2. 有不固定收入；3. 有固定收入

您每月平均收入大约＿＿＿＿＿＿＿＿元；家庭月平均收入大约＿＿＿＿＿＿＿＿元

B15、您家庭的生活来源有（有几项选几项）：前三位：（1）＿＿＿＿＿＿；（2）＿＿＿＿＿＿；（3）＿＿＿＿＿＿

1. 个人就业/打工收入/退休金；2. 其他家庭成员个人就业/打工收入/退休金；3. 家庭农副业收入；4. 村/镇集体补助/股份分红；5. 低保/救济；6. 家庭出租房屋收入；7. 家庭商业经营收入；8. 家庭财产收入（储蓄/投资）；9. 其他＿＿＿＿＿＿＿＿＿＿＿＿

B16、您拥有哪些社会保险：1. 养老保险；2. 医疗保险；3. 失业保险；4. 最低生活保障；5. 工伤保险；6. 其他＿＿＿＿＿＿＿＿＿；7. 什么保险都没有（跳到 C1）

B17、您是如何拥有社会保险的（可多选）：养老保险：＿＿＿＿＿＿；医疗保险：＿＿＿＿＿＿

1. 村集体购置保险；2. 镇政府集体购置保险；3. 就业单位上保险；4. 用地单位上保险；5. 个人（在街镇或单位）上保险；6. 个人购买商业保险；7. 其他＿＿＿＿＿＿＿＿＿＿

四、居住情况

C1、您家的迁居经历:您现在拥有_____套住房

住房地点:1. 现居住空间;2. 非现居住空间,_____(填写省市/区县/街镇)

获取方式:1. 继承私产房;2. 集体分配/安置;3. 企业分配/安置;4. 国家分配/安置;5. 个人全款购买;6. 个人贷款购买;7. 其他_____

满意程度:1. 很不满意;2. 不太满意;3. 一般;4. 比较满意;5. 非常满意

C2、您所在村落是否经历了房屋拆迁(出让宅基地):1. 没有(跳到C3);2. 很快就会拆迁;3. 已经历过

您获得了怎样的拆迁补偿:_____

对此是否满意:1. 很不满意;2. 不太满意;3. 不好说;4. 比较满意;5. 非常满意

C3、您是否愿意拆迁(出让宅基地)

1. 很不愿意;2. 不太愿意;3. 无所谓;4. 比较愿意;5. 非常愿意

C4、您认为如果您到市中心定居会遇到哪些问题,前五位_____

_____

1. 人际交往难;2. 就业压力大;3. 生活成本高;4. 孩子上学贵;5. 看病费用高;6. 住房价格高;7. 交通拥挤;8. 生活节奏快;9. 环境污染重;10. 生活习惯不同;11. 价值观念不同;12. 社会融入难;13. 居住空间小;14. 受到歧视;15. 其他

C5、与搬迁/进城/5 年之前相比,您的生活有什么变化:1. 是的;2. 没变化;3. 不是(即相反)

1. 住房面积增加了		2. 家庭收入增加了		3. 家庭支出增加了	
4. 家庭负担增加了		5. 生活水平提高了		6. 社会保障提高了	
7. 村民福利增加了		8. 幸福感增加了		9. 生活丰富多彩了	
10. 朋友往来减少了		11. 亲戚走动减少了		12. 村落归属感减少了	

C6、您所居住的小区是否有城市居民居住:

1. 没有;2. 很少;3. 有一些;4. 较多;5. 有很多;6. 不知道

C7、您是否和城市居民有往来:1. 没有往来;2. 见过面,无接触;3. 点头之交;4. 有过接触(聊天、参加活动等);5. 经常接触(同4);6. 交往频繁(经常相互拜访/相聚);7. 非常亲密(互相帮助/彼此熟悉/感情亲密)

C8、您是否愿意与城市居民亲密交往:

1. 很不愿意;2. 不太愿意;3. 无所谓;4. 比较愿意;5. 非常愿意

五、村庄状况

D1、您是否愿意脱离村集体? 1. 不愿意;2. 无所谓;3. 愿意(跳过D2)

为什么_____

D2、如果将集体资产分配给村民,您是否愿意脱离村集体? 1. 不愿意;2. 无所谓;3. 愿意

D3、如果脱离村集体,您最担心哪些问题(前三):_____

1. 集体资产分配不公;2. 无收入来源;3. 无社会保障来源;4. 个人支付物业和社会服务费用;5. 看病问题;6. 养老问题;7. (子女)就业;8. 子女教育;9. 自己没有了归属;10. 社区事务管理不好;11. 其他_____

D4、您是否赞同以下观点:1. 是的;2. 不好说/不知道;3. 不是

1. 我能够接受取消村委会建立居委会	2. 村集体的社区服务和设施,外来人口不应免费分享	
3. 我喜欢过去的村落生活	4. 居委会主任/书记不能由外来的社区居民担任	
5. 城郊农民转为非农户口就成了市民	6. 城郊农民无法在城市找到理想的工作	
7. 中心城市的竞争压力太大	8. 如果能有挣钱的机会,不上大学也行	
9. 我觉得在单位里上班非常受约束	10. 我喜欢现在的工作/谋生方式	
11. 流动人口的增加不利于本地治安管理	12. 外来人口与城郊农民在谋生就业上存在竞争	

D5、您是否认同以下观点:1. 是的;2. 不是(相反);3. 一样的

1. 城郊农民有房屋出租和集体补助,生活更有保障	2. 城郊农民不担心下岗失业	
3. 城市居民能找到更好的工作	4. 城市居民的市民待遇更好	
5. 城市居民能接受更好的教育	6. 城市居民享受更好的社会服务	
7. 城市居民的生活更加丰富	8. 城市居民看病更方便	

D6、您对土地和村集体的看法是:1. 是的;2. 不知道/不好说;3. 不是

1. 失去村籍身份,不会影响生活保障	2. 我关心村集体资产的状况	
3. 失去土地和宅基地,我觉得失去安全感	4. 村民下一代比父代的收入更多,生活更好	
5. 村民的福利补助与村集体发展直接相关	6. 我对现在的村庄/社区管理很满意	
7. 现在村集体资产是由村干部控制的	8. 不应该保留集体资产,应将其分配给村民	
9. 失去农业户籍,就失去村里的福利待遇	10. 社区/村庄的公共事务是由村委会干部做主	
11. 我愿意参加村庄/社区事务的决策	12. 普通村民无法参与村庄/社区事务的决策	

我们的调查结束了,送给您一份小礼物,感谢您的配合!

参考文献

一、中文文献

(一)中文著作

1.《列宁选集》(第一卷),人民出版社,1995年。

2.蔡禾主编:《城市社会学:理论与视野》,中山大学出版社,2003年。

3.邓伟志:《社会学辞典》,上海辞书出版社,2009年。

4.冯健、周一星、李伯衡、王凯:《城乡划分与监测》,科学出版社,2012年。

5.谷中原:《农村社会学新论》,武汉大学出版社,2010年。

6.陆学艺主编:《当代中国社会阶层研究报告》,社会科学文献出版社,2002年。

7.陆学艺主编:《当代中国社会流动》,社会科学文献出版社,2004年。

8.李培林:《农民工:中国进城农民工的经济社会分析》,社会科学文献出版社,2003年。

9. 李强:《社会分层十讲》,社会科学文献出版社,2008 年。

10. 刘豪兴:《农村社会学》,中国人民大学出版社,2004 年。

11. 潘家华、魏后凯:《中国城市发展报告》,社会科学文献出版社,2013 年。

12. 周晓虹:《传统与变迁——江浙农民的社会心理及其近代以来的嬗变》,生活·读书·新知三联书店,1998 年。

(二)中译文著作

1.［法］埃米尔·涂尔干:《社会分工论》,渠敬东译,生活·读书·新知三联书店,2017 年。

2.［英］安东尼·吉登斯:《现代性与自我认同》,夏璐译,生活·读书·新知三联书店,1998 年。

3.［法］布尔迪厄:《文化资本和社会炼金术》,包亚明译,人民出版社,1997 年。

4.［美］罗纳德·伊兰伯格、罗伯特·史密斯:《现代劳动经济学》,刘昕译,中国人民大学出版社,1999 年。

5.［美］曼纽尔·卡斯特:《认同的力量》,曹荣湘译,社会科学文献出版社,2006 年。

6.［法］莫里斯·哈布瓦赫:《论集体记忆》,毕然、郭金华译,上海人民出版社,2002 年。

7.［美］托达罗:《第三世界的经济发展》,于同申、苏蓉生等译,中国人民大学出版社,1988 年。

8.［美］西奥多·W.舒尔茨:《论人力资本投资》,吴珠华译,北京经济学院出版社,1990 年。

9.［美］詹姆斯·C.斯科特:《农民的道义经济学:东南亚的反叛与生存》,程立显等译,译林出版社,2001 年。

（三）期刊

1. 边燕杰：《城市居民社会资本的来源及作用：网络观点与调查发现》，《中国社会科学》，2004 年第 3 期。

2. 蔡昉、王美艳：《农村劳动力剩余及其相关事实的重新考察——一个反设事实法的应用》，《中国农村经济》，2007 年第 10 期。

3. 蔡志海：《流动民工现代性的探讨》，《华中师范大学学报》（人文社会科学版），2004 年第 3 期。

4. 曹煜玲：《城市近郊区失地农民职业获得影响因素及路径变革——基于对山东省潍坊市坊子区的调查》，《兰州学刊》，2016 年第 5 期。

5. 陈丹、汪少良、张藕香：《城镇化进程中失地农民再就业影响因素分析》，《调研世界》，2014 年第 7 期。

6. 陈浩、陈雪春：《城镇化进程中失地农民就业分化及特征分析——基于长三角 858 户调研数据》，《调研世界》，2013 年第 7 期。

7. 陈辉、熊春文：《关于农民工代际划分问题的讨论——基于曼海姆的代的社会学理论》，《中国农业大学学报》（社会科学版），2011 年第 4 期。

8. 陈乐：《"先赋"与"后生"：文化资本与农村大学生的内部分化》，《江苏高教》，2019 年第 8 期。

9. 陈美荣：《城市化过程中的失地农民就业问题探讨》，《现代商业》，2007 年第 13 期。

10. 陈明星、黄莘绒、黄耿志、杨燕珊：《新型城镇化与非正规就业：规模、格局及社会融合》，《地理科学进展》，2021 年第 1 期。

11. 陈胜祥：《农民土地情结变迁的经济意义——基于 1149 份问卷的调查分析》，《青海社会科学》，2012 年第 6 期。

12. 陈堂、陈光：《成都经济区城镇化进程中失地农民再就业影响因素研究》，《成都大学学报》（社会科学版），2017 年第 6 期。

13. 陈晓红、李城固:《我国城市化与城乡一体化研究》,《城市发展研究》,2004 年第 2 期。

14. 陈英、谢保鹏、张仁陟:《农民土地价值观代际差异研究——基于甘肃天水地区调查数据的实证分析》,《干旱区资源与环境》,2013 年第 10 期。

15. 陈治:《论我国农村社会福利保障体系之构建:观念、原则与框架》,《农村经济》,2012 年第 11 期。

16. 陈志、丁士军、吴海涛:《当农民还是做市民:城中村居民市民化意愿研究》,《财政研究》,2016 年第 11 期。

17. 程云蕾:《论我国农民工市民化现状及时代特征》,《农业经济》,2015 年第 4 期。

18. 程业炳、张德化:《农业转移人口市民化的制度障碍与路径选择》,《社会科学家》,2016 年第 7 期。

19. 丛玉飞、任春红:《家庭阶层差异与高等教育地位获得——一种历史视角的解读》,《高教探索》,2020 年第 6 期。

20. 崔波、李开宇、高万辉:《城乡结合部失地农民身份认同:社会空间视角》,《经济经纬》,2010 年第 6 期。

21. 崔岩:《流动人口心理层面的社会融入和身份认同问题研究》,《社会学研究》,2012 年第 5 期。

22. 邓大才:《农民打工:动机与行为逻辑——劳动力社会化的动机 - 行为分析框架》,《社会科学战线》,2008 年第 9 期。

23. 邓文、乔梦茹:《社会支持体系对失地农民再就业的影响分析——基于湖北四市的调查数据》,《江汉论坛》,2017 年第 9 期。

24. 邸玉娜:《代际流动、教育收益与机会平等——基于微观调查数据的研究》,《经济科学》,2014 年第 1 期。

25. 丁栋虹、刘志彪:《从人力资本到异质型人力资本》,《生产力研究》,

1999 年第 3 期。

26. 丁煌、黄立敏:《从社会资本视角看"村改居"社区治理》,《特区实践与理论》,2010 年第 3 期。

27. 董发志、于莉:《失地农民就业质量及其影响因素研究》,《农村经济与科技》,2020 年第 7 期。

28. 杜洪梅:《城郊失地农民的社会角色转换》,《社会科学》,2006 年第 9 期。

29. 杜书云、徐景霞:《内源式发展视角下失地农民可持续生计困境及破解机制研究》,《经济学家》,2016 年第 7 期。

30. 杜曦:《我国城市化进程中失地农民就业问题:困境与出路》,《重庆理工大学学报》(社会科学),2011 年第 2 期。

31. 方鸣、应瑞瑶:《中国城乡居民的代际收入流动及分解》,《中国人口·资源与环境》,2010 年第 5 期。

32. 冯晓英:《北京市城乡结合部人口管理模式的制度选择》,《北京社会科学》,2004 年第 1 期。

33. 符平、唐有财:《倒"U"型轨迹与新生代农民工的社会流动——新生代农民工的流动史研究》,《浙江社会科学》,2009 年第 12 期。

34. 甘晓成、孙慧:《失地农民社会保障问题的分析—综述与思考》,《农业经济》,2015 年第 2 期。

35. 范晓光、陈云松:《中国城乡居民的阶层地位认同偏差》,《社会学研究》,2015 年第 4 期。

36. 顾萍、黄以胜:《城市化进程中主动失地农民社会融合的困境及对策》,《农村经济与科技》,2018 年第 19 期。

37. 郭春华、洪敦龙:《城镇化背景下失地农民就业现状与政策研究——基于怀宁县新山社区的实地调研》,《安徽农业科学》,2016 年第 10 期。

38. 郭小辉:《城镇化背景下失地农民再就业问题分析》,《中国集体经济》,2019 年第 1 期。

39. 郭云涛:《农民非农初职间隔及其影响因素作用的代际差异——基于"CGSS2006"调查数据的实证研究》,《中国人口科学》,2010 年第 4 期。

40. 郭正林、周大鸣:《外出务工与农民现代性的获得》,《中山大学学报》(社会科学版),1996 年第 5 期。

41. 谷彦芳、胥日、徐紫怡:《河北省失地农民就业的制约因素与解决对策》,《经济研究参考》,2017 年第 32 期。

42. 韩瀚:《城镇化进程中失地农民心理问题调适策略研究》,《科教导刊》(下旬),2018 年第 36 期。

43. 韩英娣:《失地农民就业和保障途径探讨》,《农业科技与装备》,2017 年第 8 期。

44. 何国俊、徐冲、祝成才:《人力资本、社会资本与农村迁移劳动力的工资决定》,《农业技术经济》,2008 年第 1 期。

45. 贺鹏、张海钟:《对我国失地农民再就业问题的思考》,《农村经济与科技》,2019 年第 3 期。

46. 贺书霞:《土地保障与农民社会保障:冲突与协调》,《中州学刊》,2013 年第 2 期。

47. 贺雪峰:《上海的农业治理》,《中共杭州市委党校学报》,2016 年第 3 期。

48. 侯明利、范红袍、王玉琪:《城郊失地农民城市融入问题研究——基于河南省新乡市城郊村的调查》,《农村经济与科技》,2019 年第 11 期。

49. 胡涤非、邓少婷:《农转非群体的社会流动及其影响因素研究——基于"选择性"与"政策性"农转非的比较》,《西北人口》,2018 年第 2 期。

50. 胡建国、李伟、蒋丽平:《中国社会阶层结构变化及趋势研究——基于中国社会流动变化的考察》,《行政管理改革》,2019 年第 8 期。

51. 胡现岭:《农村青年社会流动方式之变迁(1978—2010)——以对河南省 22 个村庄的调查为中心》,《中国青年研究》,2013 年第 10 期。

52. 扈海鹏:《分层视野中的社会化分析——关于农村大学生生活方式转型的一种描述》,《青年研究》,2006 年第 11 期。

53. 黄锟:《农村土地制度对新生代农民工市民化的影响与制度创新》,《农业现代化研究》,2011 年第 2 期。

54. 黄丽萍、蔡雪雄:《中国现代化进程中农民身份转化问题的探讨》,《中国农垦经济》,2003 年第 1 期。

55. 黄锐、文军:《从传统村落到新型都市共同体:转型社区的形成及其基本特质》,《学习与实践》,2012 年第 4 期。

56. 黄祖辉、顾益康、徐加:《农村工业化、城市化和农民市民化》,《经济研究》,1989 年第 3 期。

57. 惠宁、霍丽:《试论人力资本理论的形成及其发展》,《江西社会科学》,2008 年第 3 期。

58. 姬亚楠:《梁鸿乡土书写中的农民身份认同问题研究》,《中州学刊》,2019 年第 4 期。

59. 冀县卿、钱忠好:《人力资本、物质资本、社会资本与失地农民城市适应性——基于江苏省 469 户失地农民的调查数据》,《江海学刊》,2011 年第 6 期。

60. 冀县卿、钱忠好:《市民化后的失地农民对征地制度评价:基于江苏省的调查数据》,《农业技术经济》,2011 年第 11 期。

61. 金桥:《上海居民文化资本与政治参与——基于上海社会质量调查数据的分析》,《社会学研究》,2012 年第 4 期。

62. 晋龙涛:《试论村委会与居委会的差异》,《农业考古》,2012 年第

3 期。

63. 蒋和超:《城镇化过程中农转非居民的贫困消减》,《华南农业大学学报》(社会科学版),2017 年第 1 期。

64. 蓝宇蕴:《非农化村庄:一种缺乏社会延展性的社区组织》,《广东社会科学》,2001 年第 6 期。

65. 雷翠:《关注关爱失地农民 促进社会稳定发展——宜宾市南溪区失地农民就业状况调查》,《中共乐山市委党校学报》,2018 年第 5 期。

66. 黎智洪:《农业转移人口市民化:制度困局与策略选择》,《人民论坛》,2013 年第 20 期。

67. 李春玲:《当代中国社会的声望分层——职业声望与社会经济地位指数测量》,《社会学研究》,2005 年第 2 期。

68. 李春玲:《城乡移民与社会流动》,《江苏社会科学》,2007 年第 2 期。

69. 李飞、钟涨宝:《人力资本、社会资本与失地农民的职业获得——基于江苏省扬州市两个失地农民社区的调查》,《中国农村观察》,2010 年第 6 期。

70. 李贵成:《新生代农民工市民化与社会资本重构》,《内蒙古社会科学》(汉文版),2016 年第 5 期。

71. 李怀:《转型期中国城市社会分层与流动的新趋势》,《广东社会科学》,2020 年第 4 期。

72. 李辉、冯蛟、于宏:《社会资本视角下失地农民异质性消费理财行为实证研究》,《消费经济》,2017 年第 2 期。

73. 李军峰:《就业质量的性别比较分析》,《市场与人口分析》,2003 年第 6 期。

74. 李力行、周广肃:《家庭借贷约束、公共教育支出与社会流动性》,《经济学》(季刊),2015 年第 1 期。

75. 李路路:《制度转型与分层结构的变迁——阶层相对关系模式的"双重再生产"》,《中国社会科学》,2002 年第 6 期。

76. 李路路、朱斌:《当代中国的代际流动模式及其变迁》,《中国社会科学》,2015 年第 5 期。

77. 李路路、石磊、朱斌:《固化还是流动?——当代中国阶层结构变迁四十年》,《社会学研究》,2018 年第 6 期。

78. 李楠、刘宇辉:《城市化进程中的失地农民就业安置探究》,《生产力研究》,2010 年第 12 期。

79. 李培林、田丰:《中国劳动力市场人力资本对社会经济地位的影响》,《社会》,2010 年第 1 期。

80. 李强:《"丁字型"社会结构与"结构紧张"》,《社会学研究》,2005 年第 2 期。

81. 李强:《中国大陆城市农民工的职业流动》,《社会学研究》,1999 年第 3 期。

82. 李蓉蓉、段萌琦:《城镇化进程中中国新市民的身份迷失——身份认同危机的类型学研究》,《经济社会体制比较》,2019 年第 3 期。

83. 李苏:《宁夏回族失地农民生存境况及身份认同研究——基于 198 户回族失地农民家庭的调查研究》,《宁夏社会科学》,2012 年第 1 期。

84. 李诗和:《失地农民再就业能力现状、影响因素及提升对策研究》,《成都理工大学学报》(社会科学版),2019 年第 3 期。

85. 李氏钒、陈嘉琳、陈琳、林穗慧:《资本禀赋对失地农民就业状况的影响》,《特区经济》,2017 年第 7 期。

86. 李向军:《论失地农民的身份认同危机》,《西北农林科技大学学报》(社会科学版),2007 年第 3 期。

87. 李小云、董强、饶小龙、赵丽霞:《农户脆弱性分析方法及其本土化应用》,《中国农村经济》,2007 年第 4 期。

88. 李世峰:《大城市边缘区地域特征属性界定方法》,《经济地理》,2006 年第 3 期。

89. 李守身、黄永强:《贝克尔人力资本理论及其现实意义》,《江淮论坛》,2001 年第 5 期。

90. 李彦、刘琴:《彭州市城镇化进程中失地农民市民化现状及问题分析》,《南方农业》,2017 年第 10 期。

91. 李燕:《新型城镇化进程中农民身份转化问题及对策》,《理论月刊》,2017 年第 2 期。

92. 李义波、朱考金:《农民工融合度主观认知状况:身份认同、城市归属与发展规划——以江苏省 1085 名农民工为例》,《南京农业大学学报》(社会科学版),2010 年第 1 期。

93. 李逸波、彭建强、赵帮宏:《农民职业分化与工业化的关系研究——基于理论与实证的双重角度》,《农业经济》,2013 年第 8 期。

94. 李煜:《家庭背景在初职地位获得中的作用及变迁》,《江苏社会科学》,2007 年第 5 期。

95. 李勇华、陈祥英:《身份多元化和新型农村社区治理困境及其化解路径》,《学术界》,2017 年第 1 期。

96. 李勇麟:《晋江市农民失地问题研究》,《农村经济与科技》,2018 年第 22 期。

97. 李云新、吴智灵:《农业转移人口市民化的社区支持机制研究》,《农村经济》,2016 年第 3 期。

98. 梁昊:《城镇化路径下失地农民的就业保障问题与政策探析》,《改革与战略》,2017 年第 1 期。

99. 梁慧、王琳:《"村改居"社区居委会管理中的问题及对策分析》,《理论月刊》,2008 年第 11 期。

100. 刘传江:《中国农民工市民化研究》,《理论月刊》,2006 年第 10 期。

101. 刘传江、徐建玲:《第二代农民工及其市民化研究》,《中国人口·资源与环境》,2007 年第 1 期。

102. 刘健:《城郊地区失地农民就业问题与路径重构研究》,《上海农村经济》,2018 年第 8 期。

103. 刘建峰:《构建完善的城乡结合部管理体系》,《广西农学报》,2011 年第 3 期。

104. 刘劲飞:《浅析影响失地农民就业的因素》,《山西农经》,2018 年第 24 期。

105. 刘林平、沈宫阁:《"贫二代"现象及其发生机制实证分析》,《人民论坛》,2014 年第 2 期。

106. 刘胜华:《我国土地生态安全问题及其立法》,《国土资源科技管理》,2004 年第 2 期。

107. 刘士杰:《人力资本、职业搜寻渠道、职业流动对农民工工资的影响——基于分位数回归和 OLS 回归的实证分析》,《人口学刊》,2011 年第 5 期。

108. 刘素华:《就业质量:内涵及其与就业数量的关系》,《内蒙古社会科学》(汉文版),2005 年第 5 期。

109. 刘先莉、蒋志强:《失地农民就业面临的挑战与出路》,《安徽农业科学》,2007 年第 30 期。

110. 刘晓霞:《失地农民市民化身份转换的问题研究》,《理论与现代化》,2009 年第 2 期。

111. 刘莹莹、梁栩凌、张一名:《新生代农民工人力资本对其就业质量的影响》,《调研世界》,2018 年第 12 期。

112. 刘玉:《城乡结合部混和经济形态与驱动要素分析——以北京市海淀区为例》,《城市规划》,2012 年第 10 期。

113. 刘玉侠、柳俊丰:《农民中的准市民群体市民化问题探析》,《经济问题探索》,2011 年第 5 期。

114. 刘源超、潘素昆:《社会资本因素对失地农民市民化的影响分析》,《经济经纬》,2007 年第 5 期。

115. 刘召勇、张广宇、李德洗:《农民工市民化待遇期盼及意向分析》,《调研世界》,2014 年第 2 期。

116. 刘兆征:《农业转移人口市民化的意愿、障碍及对策——基于山西的调查分析》,《国家行政学院学报》,2016 年第 3 期。

117. 刘志民、高耀:《家庭资本、社会分层与高等教育获得——基于江苏省的经验研究》,《高等教育研究》,2011 年第 12 期。

118. 刘志筠:《论失地语境下农民就业保障制度的重建》,《农业经济》,2016 年第 3 期。

119. 柳建坤:《户籍歧视、人力资本差异与中国城镇收入不平等——基于劳动力市场分割的视角》,《社会发展研究》,2017 年第 4 期。

120. 柳萍:《失地农民权益受损的归因分析》,《兰州学刊》,2015 年第 2 期。

121. 卢小君、孟娜:《代际差异视角下的农民工社会融入研究——基于大连市的调查》,《西北农林科技大学学报》(社会科学版),2014 年第 1 期。

122. 卢海阳、李祖娴:《农民工人力资本现状分析与政策建议——基于福建省 1476 个农民工的调查》,《中国农村观察》,2018 年第 1 期。

123. 卢文:《我国城乡关系的新发展》,《中国农村经济》,1986 年第 11 期。

124. 陆学艺:《中国社会阶级阶层结构变迁 60 年》,《中国人口·资源与环境》,2010 年第 7 期。

125. 陆益龙:《户口还起作用吗——户籍制度与社会分层和流动》,《中国社会科学》,2008 年第 1 期。

126. 吕晓兰、姚先国:《农民工职业流动类型与收入效应的性别差异分析》,《经济学家》,2013 年第 6 期。

127. 马林靖、王燕、苑佳佳:《快速城镇化中政府行为对失地农民就业的影响——基于天津"宅基地换房"试点镇调查的博弈分析》,《西部论坛》,2015 年第 1 期。

128. 马少春、王发曾:《城乡结合部的犯罪机会控制与空间综合治理》,《人文地理》,2011 年第 2 期。

129. 马瑜、王琪延:《教育对代际流动的影响效应分析》,《现代管理科学》,2015 年第 11 期。

130. 毛丹、王燕锋:《J 市农民为什么不愿做市民——城郊农民的安全经济学》,《社会学研究》,2006 年第 6 期。

131. 米华:《中国共产党与当代农民土地情感迁变——以湖南省溆浦县桐木坨村农民为例》,《北京行政学院学报》,2007 年第 2 期。

132. 聂伟、风笑天:《就业质量、社会交往与农民工入户意愿——基于珠三角和长三角的农民工调查》,《农业经济问题》,2016 年第 6 期。

133. 潘峰:《高职"农二代"的文化资本与社会流动——来自厦门高职毕业生的案例考察》,《职教论坛》,2018 年第 5 期。

134. 彭晓宽:《经济理性抑或安全需求:城中村改造中农民行动考察》,《求实》,2016 年第 3 期。

135. 彭媛翠:《促进失地农民充分就业的对策——以楚雄市鹿城镇推进城市化建设为例》,《现代农业科技》,2017 年第 15 期。

136. 彭远春:《论农民工身份认同及其影响因素——对武汉市杨园社区

餐饮服务员的调查分析》,《人口研究》,2007 年第 2 期。

137. 齐童、白振平、郑怀文:《北京市城乡结合部功能分析》,《城市问题》,2005 年第 2 期。

138. 戚晓明:《人力资本、家庭禀赋与被征地农民就业——基于CFPS 2014 数据的分析》,《南京农业大学学报》(社会科学版),2017 年第 5 期。

139. 钱存阳、易荣华、刘家鹏、张华:《城镇化改造中集体经济对失地农民保障作用研究——基于浙江 9 个地区的调查数据》,《农业经济问题》,2015 年第 1 期。

140. 钱永坤:《农村劳动力异地迁移行为研究》,《中国人口科学》,2006 年第 5 期。

141. 钱文荣:《浙北传统粮区农户土地流转意愿与行为的实证研究》,《中国农村经济》,2002 年第 7 期。

142. 乔明睿、钱雪亚、姚先国:《劳动力市场分割、户口与城乡就业差异》,《中国人口科学》,2009 年第 1 期。

143. 仇立平、肖日葵:《文化资本与社会地位获得——基于上海市的实证研究》,《中国社会科学》,2011 年第 6 期。

144. 秦晖:《关于农民问题的历史考察》,《民主与科学》,2004 年第 1 期。

145. 沈诗杰:《东北地区新生代农民工"就业质量"影响因素探析——以"人力资本"和"社会资本"为中心》,《江海学刊》,2018 年第 2 期。

146. 司敏:《"社会空间视角":当代城市社会学研究的新视角》,《社会》,2004 年第 5 期。

147. 孙林:《农民工职业流动的代际差异分析》,《北京劳动保障职业学院学报》,2019 年第 1 期。

148. 谭波媚:《对拆迁失地农民再就业引导和扶持方式的探究——以南

宁市邕宁区蒲庙镇为例》,《农村经济与科技》,2018 年第 6 期。

149. 檀学文:《中国移民扶贫 70 年变迁研究》,《中国农村经济》,2019 年第 8 期。

150. 汤无水:《职业流动种种》,《职业教育研究》,1992 年第 6 期。

151. 唐美玲:《青年农民工的就业质量:与城市青年的比较》,《中州学刊》,2013 年第 1 期。

152. 田丰:《逆成长:农民工社会经济地位的十年变化(2006—2015)》,《社会学研究》,2017 年第 3 期。

153. 田梨、张皞:《新型城镇化背景下失地农民可持续生计问题研究——以郑州市丁楼村为例》,《乡村科技》,2018 年第 22 期。

154. 田婷婷、徐丹丹:《关于失地农民再社会化的探索和思考》,《现代商业》,2018 年第 13 期。

155. 田雪原:《中国城市人口划分标准问题研究》,《人口与经济》,1989 年第 1 期。

156. 田园:《政府主导和推进下农业转移人口市民化问题探究》,《西北农林科技大学学报》(社会科学版),2013 年第 3 期。

157. 仝尧:《我国农业转移人口市民化路径探讨》,《行政与法》,2014 年第 2 期。

158. 佟明忠:《论我国的城乡二元体制与城乡一体化道路》,《社会科学》,1989 年第 6 期。

159. 汪晖:《城乡结合部的土地征用:征用权与征地补偿》,《中国农村经济》,2002 年第 2 期。

160. 汪小红、朱力:《失地农民身份认同及其分异——基于生命历程范式的解释》,《中州学刊》,2014 年第 4 期。

161. 王超恩、符平:《农民工的职业流动及其影响因素——基于职业分层与代际差异视角的考察》,《人口与经济》,2013 年第 5 期。

162. 王处辉、朱焱龙:《高等教育获得与代际流动:机制、变迁及现实》,《中南大学学报》(社会科学版),2015 年第 2 期。

163. 王春光:《农村流动人口的"半城市化"问题研究》,《社会学研究》,2006 年第 5 期。

164. 王春光:《新生代农村流动人口的社会认同与城乡融合的关系》,《社会学研究》,2011 年第 1 期。

165. 王佃慧:《城镇化过程中失地农民就业问题》,《现代经济信息》,2019 年第 9 期。

166. 王海港:《中国居民收入分配的代际流动》,《经济科学》,2005 年第 2 期。

167. 王海娟、莎日娜:《新生代农民工身份认同中经济边缘化及其优化》,《农业经济》,2016 年第 5 期。

168. 王桂新、沈建法、刘建波:《中国城市农民工市民化研究——以上海为例》,《人口与发展》,2008 年第 1 期。

169. 王桂新、武俊奎:《城市农民工与本地居民社会距离影响因素分析——以上海为例》,《社会学研究》,2011 年第 2 期。

170. 王建:《正规教育与技能培训:何种人力资本更有利于农民工正规就业?》,《中国农村观察》,2017 年第 1 期。

171. 王克强:《农村土地基本生活保障向社会保险过渡存在的困难——兼论农民对土地决策基础从生存伦理向经济理性的转移》,《社会科学战线》,2005 年第 2 期。

172. 王李兵:《新型城镇化背景下的江苏中心镇建设》,《社科纵横》,2019 年第 8 期。

173. 王丽丽、梁丹妮:《两代农业转移人口市民身份认同影响因素的异同》,《城市问题》,2017 年第 2 期。

174. 王利玲:《城市化进程中失地农民就业状况调查及存在问题研究——以江苏省徐州市为例》,《农村经济与科技》,2015 年第 1 期。

175. 王亮:《制度建构与个体的身份认同问题——我国二元的户籍制度对失地农民身份认同的影响》,《前沿》,2010 年第 8 期。

176. 王亮:《城中村社会空间对失地转制居民身份认同的影响》,《甘肃社会科学》,2010 年第 1 期。

177. 王慧博:《城市化进程中失地农民市民化调查状况比较分析》,《宁夏社会科学》,2010 年第 4 期。

178. 王宁:《地方分层、人才流动与城市人才吸引力——"地理流动与社会流动"理论探究之二》,《同济大学学报》(社会科学版),2014 年第 6 期。

179. 王琦:《在集体土地征收补偿制度中应设定失地农民就业保障权》,《税务与经济》,2013 年第 3 期。

180. 王晓刚、陈浩:《失地农民就业质量的影响因素分析——以武汉市江夏区龚家铺村为例》,《城市问题》,2014 年第 1 期。

181. 王兴周:《"90 后农民工"群体特性探析——以珠江三角洲为例》,《广西民族大学学报》(哲学社会科学版),2013 年第 1 期。

182. 王卫东:《中国城市居民的社会网络资本与个人资本》,《社会学研究》,2006 年第 3 期。

183. 王岩、马贤磊、石晓平、饶芳萍:《农民土地流转行为决策:一个道义经济的分析视角——基于和田地区 K 村的考察》,《干旱区资源与环境》,2017 年第 8 期。

184. 温福英、黄建新:《城市化进程中的农民职业流动》,《河北北方学院学报》(社会科学版),2009 年第 3 期。

185. 文军:《农民市民化:从农民到市民的角色转型》,《华东师范大学学报》(哲学社会科学版),2004 年第 3 期。

186. 文军、沈东:《"市民化连续体":农业转移人口类型比较研究》,《社会科学战线》,2016 年第 10 期。

187. 文军、黄锐:《超越结构与行动:论农民市民化的困境及其出路——以上海郊区的调查为例》,《吉林大学社会科学学报》,2011 年第 2 期。

188. 文军、李珊珊:《文化资本代际传递的阶层差异及其影响——基于上海市中产阶层和工人阶层家庭的比较研究》,《华东师范大学学报》(哲学社会科学版),2018 年第 4 期。

189. 魏娜:《城乡结合部管理体制改革:思路与政策建议——公共物品提供的主体、责任与机制》,《北京行政学院学报》,2004 年第 3 期。

190. 魏伟、周婕:《中国大城市边缘区的概念辨析及其划分》,《人文地理》,2006 年第 4 期。

191. 魏玉君、叶中华:《项目制服务下的身份认同与社会融合——公益组织促进失地农民市民化研究》,《中国行政管理》,2019 年第 10 期。

192. 吴德群:《消除职业流动中的社会排斥:社会建设的内在要求——以广西为例》,《未来与发展》,2008 年第 11 期。

193. 吴晓刚:《中国的户籍制度与代际职业流动》,《社会学研究》,2007 年第 6 期。

194. 吴晓义、李津:《失地农民职业流动的约束及突破》,《江苏技术师范学院学报》(职教通讯),2008 年第 7 期。

195. 吴业苗:《农民身份转变的进路:政治改造,抑或公共服务支持》,《社会主义研究》,2014 年第 2 期。

196. 吴莹、叶健民:《"村里人"还是"城里人"——上楼农民的社会认同与基层治理》,《江海学刊》,2017 年第 3 期。

197. 伍薆霖、卢冲:《户籍制度改革会促进农村流动人口落户城市吗?——来自准自然实验的证据》,《人口与发展》,2020 年第 5 期。

198. 夏金梅、孔祥利:《1921—2021 年:我国农业劳动力城乡流动的嬗变、导向与双向互动》,《经济问题》,2021 年第 6 期。

199. 项军:《新形势下促进区域社会流动机会协调发展:理论、经验与对策》,《福建师范大学学报》(哲学社会科学版),2021 年第 1 期。

200. 谢勇:《基于人力资本和社会资本视角的农民工就业境况研究——以南京市为例》,《中国农村观察》,2009 年第 5 期。

201. 解永庆、缪杨兵、曹广忠:《农民工就业空间选择及留城意愿代际差异分析》,《城市发展研究》,2014 年第 4 期。

202. 徐美银:《人力资本、社会资本与农民工市民化意愿》,《华南农业大学学报》(社会科学版),2018 年第 4 期。

203. 徐延辉、刘彦:《社会分层视角下的城市居民获得感研究》,《社会科学辑刊》,2021 年第 2 期。

204. 徐建玲:《农民工市民化进程度量:理论探讨与实证分析》,《农业经济问题》,2008 年第 9 期。

205. 徐延辉、王高哲:《就业质量对社会融合的影响研究——基于深圳市的实证研究》,《学习与实践》,2014 年第 2 期。

206. 徐臻:《社会分层与农业转移人口的身份认同》,《四川师范大学学报》(社会科学版),2018 年第 1 期。

207. 薛妍:《城市化进程中失地农民就业现状问题及对策——以兰州市安宁区为例》,《农业科技与信息》,2017 年第 4 期。

208. 薛耀文、宋媚、张朋柱:《中国农民收入水平、受教育程度及其社会地位的实证研究》,《数理统计与管理》,2007 年第 3 期。

209. 严蓓蓓、杨嵘均:《失地农民市民化的困境及其破解路径——基于江苏省 N 市 J 区的实证调查》,《学海》,2013 年第 6 期。

210. 阳义南、连玉君:《中国社会代际流动性的动态解析——CGSS 与 CLDS 混合横截面数据的经验证据》,《管理世界》,2015 年第 4 期。

211. 杨建华、张秀梅:《浙江社会流动调查报告》,《浙江社会科学》,2012 年第 7 期。

212. 杨晶、丁士军、邓大松:《人力资本、社会资本对失地农民个体收入不平等的影响研究》,《中国人口·资源与环境》,2019 年第 3 期。

213. 杨菊华、张莹、陈志光:《北京市流动人口身份认同研究——基于不同代际、户籍及地区的比较》,《人口与经济》,2013 年第 3 期。

214. 杨菊华:《"代际改善"还是"故事重复"?——青年流动人口职业地位纵向变动趋势研究》,《中国青年研究》,2014 年第 7 期。

215. 杨蕾、王海涛:《农村城镇化进程中农民身份转换对策研究——以沈阳经济区为例》,《社会科学辑刊》,2011 年第 6 期。

216. 杨汝岱、周靖祥:《户籍转变与身份融合:来自 CFPS 的证据》,《消费经济》,2017 年第 1 期。

217. 杨伟鲁:《中国城市化进程中必须重视的几个现实问题》,《经济纵横》,2011 年第 4 期。

218. 杨秀琴:《新一轮征地制度改革探索:创新征地安置制度与路径》,《农村经济》,2015 年第 7 期。

219. 杨云善:《马恩关于农民向工人阶级转化思想及启示》,《社会主义研究》,2004 年第 6 期。

220. 杨云彦、褚清华:《外出务工人员的职业流动、能力形成和社会融合》,《中国人口·资源与环境》,2013 年第 1 期。

221. 姚先国、黎煦:《劳动力市场分割:一个文献综述》,《渤海大学学报》(哲学社会科学版),2005 年第 1 期。

222. 叶继红:《集中居住区移民身份认同偏差:生成机理与调整策略》,

《思想战线》,2013 年第 4 期。

223. 叶继红:《农民集中居住、身份认同及其影响因素》,《内蒙古社会科学》(汉文版),2011 年第 4 期。

224. 叶继红:《失地农民职业发展状况、影响因素与支持体系建构》,《浙江社会科学》,2014 年第 8 期。

225. 殷晓清:《农民工就业模式对就业迁移的影响》,《人口研究》,2001 年第 3 期。

226. 于长永:《保障与风险:农民生活安全的脆弱性分析》,《农村经济》,2011 年第 1 期。

227. 于谨凯、曹艳乔:《我国农村剩余劳动力转移路径分析——基于托达罗模型与刘易斯模型》,《青岛农业大学学报》(社会科学版),2008 年第 1 期。

228. 于莉:《从土地依恋到户籍依恋——天津城郊农民生活安全脆弱性与市民化意愿代际分析》,《北京社会科学》,2018 年第 6 期。

229. 于莉、曹丽莉:《城乡结合部:我国城乡体系的第三空间》,《理论导刊》,2015 年第 5 期。

230. 于莉、崔金海、袁小波:《城乡结合部"村改社区"基层管理体制的转制研究》,《云南行政学院学报》,2015 年第 6 期。

231. 于水:《刍议城市化进程中失地农民的就业问题》,《新西部》,2017 年第 10 期。

232. 于学花:《我国征地安置模式创新及政策选择》,《农村经济》,2005 年第 12 期。

233. 余传杰:《农业转移人口市民化:机制完善及制度创新》,《中州学刊》,2014 年第 3 期。

234. 禹四明:《论城镇化进程中失地农民的再就业问题》,《企业经济》,

2016 年第 12 期。

235. 郁晓晖、张海波:《失地农民的社会认同与社会建构》,《中国农村观察》,2006 年第 1 期。

236. 云梅、骆云中:《失地农民补偿中情感资本补偿的缺失》,《中国农学通报》,2010 年第 2 期。

237. 翟年祥、项光勤:《城市化进程中失地农民就业的制约因素及其政策支持》,《中国行政管理》,2012 年第 2 期。

238. 章文波、方修琦、张兰生:《利用遥感影像划分城乡过渡带方法的研究》,《遥感学报》,1999 年第 3 期。

239. 张春泥:《农民工为何频繁变换工作 户籍制度下农民工的工作流动研究》,《社会》,2011 年第 6 期。

240. 张海波、童星:《我国城市化进程中失地农民的社会适应》,《社会科学研究》,2006 年第 1 期。

241. 张晖、温作民、李丰:《失地农民雇佣就业、自主创业的影响因素分析——基于苏州市高新区东渚镇的调查》,《南京农业大学学报》(社会科学版),2012 年第 1 期。

242. 张凯:《就业质量的概念内涵及其理论基础》,《社会发展研究》,2015 年第 1 期。

243. 张苏峰:《文化资本对农村青年社会流动的影响研究——以豫东黄淮平原 M 村和 T 村为例》,《中国青年研究》,2013 年第 10 期。

244. 张文宏:《城市居民社会网络资本的阶层差异》,《社会学研究》,2005 年第 4 期。

245. 张文宏、雷开春:《城市新移民社会融合的结构、现状与影响因素分析》,《社会学研究》,2008 年第 5 期。

246. 张文武、欧习、徐嘉婕:《城市规模、社会保障与农业转移人口市民化意愿》,《农业经济问题》,2018 年第 9 期。

247. 张翼:《中国人社会地位的获得——阶级继承和代内流动》,《社会学研究》,2004 年第 4 期。

248. 张永敏、李丽艳:《城镇化背景下失地农民就业问题探究》,《农业经济》,2018 年第 5 期。

249. 张勇:《三线建设移民的内迁、去留与身份认同——以重庆地区移民为重点》,《贵州社会科学》,2019 年第 12 期。

250. 张雨林:《论城乡一体化》,《社会学研究》,1988 年第 5 期。

251. 张志勇:《西部农业转移人口市民化的问题及对策研究》,《中国农业资源与区划》,2017 年第 2 期。

252. 赵光、李放:《非农就业、社会保障与农户土地转出——基于 30 镇 49 村 476 个农民的实证分析》,《中国人口·资源与环境》,2012 年第 10 期。

253. 赵立新:《城市农民工市民化问题研究》,《人口学刊》,2006 年第 4 期。

254. 赵亮、张世伟:《农村内部收入不平等变动的成因——基于回归分解的研究途径》,《人口学刊》,2011 年第 5 期。

255. 赵蒙成、张伟琴:《发达地区失地农民就业质量的问题与提升策略——基于苏州市失地农民就业质量的调查》,《徐州工程学院学报》(社会科学版),2018 年第 4 期。

256. 赵爽:《论失业失地农民市民化的制度障碍与途径——基于就业保障城乡一体化的视角》,《中州学刊》,2007 年第 3 期。

257. 赵晓锋、张永辉、霍学喜:《农业结构调整对农户家庭收入影响的实证分析》,《中南财经政法大学学报》,2012 年第 5 期。

258. 赵晓菊:《被征地村集体经济发展不可忽视——山东平度城郊农村失地农民和集体经济出路调查》,《农村经营管理》,2012 年第 10 期。

259.赵晔琴:《身份建构逻辑与群体性差异的表征——基于巴黎东北新移民的实证调查》,《社会学研究》,2013 年第 6 期。

260.赵裕杰:《城市化进程中失地农民再就业问题分析》,《现代商贸工业》,2018 年第 15 期。

261.郑杭生:《农民市民化:当代中国社会学的重要研究主题》,《甘肃社会科学》,2005 年第 4 期。

262.郑杭生、陆益龙:《城市中农业户口阶层的地位、再流动与社会整合》,《江海学刊》,2002 年第 2 期。

263.郑子峰、郑庆昌、黄建新:《被征地农民职业流动的微观影响因素研究——基于人力资本与社会资本的比较》,《福建论坛》(人文社会科学版),2016 年第 3 期。

264.钟涛:《社群隔离、身份认同与流动青年城市定居意愿》,《当代青年研究》,2019 年第 1 期。

265.周毕芬:《社会排斥视角下的失地农民权益问题分析》,《农业经济问题》,2015 年第 4 期。

266.周坤:《论人力资本的特征及其价值实现》,《中国科技论坛》,1997 年第 3 期。

267.周娴:《"放弃"还是"保留":免税之后农民工的土地选择——对青岛市农民工的调查分析》,《湖北行政学院学报》,2006 年第 2 期。

268.周小刚、陈东有:《中国人口城市化的理论阐释与政策选择:农民工市民化》,《江西社会科学》,2009 年第 12 期。

269.周晓虹:《流动与城市体验对中国农民现代性的影响——北京"浙江村"与温州一个农村社区的考察》,《社会学研究》,1998 年第 5 期。

270.周新芳:《人力资本理论文献综述》,《现代经济信息》,2008 年第 1 期。

271. 周一星、史育龙:《建立中国城市的实体地域概念》,《地理学报》,1995 年第 4 期。

272. 周游、厉伟:《发挥中心城市作用 推进城乡一体化发展》,《南京农业大学学报》,2000 年第 3 期。

273. 朱常柏、双传学:《失地农民公民身份及其社会保障公平性研究》,《南京社会科学》,2014 年第 11 期。

274. 朱冬梅、袁欣:《有序推进农业转移人口市民化问题研究综述》,《城市发展研究》,2014 年第 11 期。

275. 朱宁:《城乡一体化背景下失地农民就业困境及其破解途径》,《沈阳农业大学学报》(社会科学版),2012 年第 6 期。

276. 卓玛草、孔祥利:《农民工留城意愿再研究——基于代际差异和职业流动的比较分析》,《人口学刊》,2016 年第 3 期。

277. 佐赫、孙正林:《外部环境、个人能力与农民工市民化意愿》,《商业研究》,2017 年第 9 期。

二、外文文献

(一)著作

1. Becker, G. S., *Human Capital: A Theoretical and Empirical Analysis with Special Reference to Education*, The University of Chicago Press, 1993.

2. Breakwell, G. M., *Coping with Threatened Identities*, Methuen, 1986.

3. Donald J. Treiman., *Occupational Prestige in Comparative Perspective*, Academic Press, 1997.

4. Erikson R. & Goldthorpe J. H., *The Constant Flux: A Study of Class Mobility in Industrial Societies*, Clarendon Press, 1992.

5. Lin, Nan, *Social Capital: A Theory of Social Structure and Action*, Cambridge Press, 2001.

6. Peter M. Blau & Otis Dudley Duncan, *The American Occupational Structure*, The Free Press, 1967.

7. Popkin, Samuel L., *The Rational Peasant: The Political Economy of Rural Society in Vietnam*, University of California Press, 1979.

8. Putnarn, R. D., *Bowling Alone: The Collapse and Revival of American Community*, Simon & Schuster, 2000.

9. Seymour Martin Lipset & Hans L. Zetterberg, *Social Mobility in Industrial Societies*, University of California Press, 1959.

10. Wright E. O., *Class Counts: Comparative Studies in Class Analysis*, Cambridge University Press, 1997.

(二)期刊

1. Becker G. S., Investment in Human Capital: A Theoretical Analysis, *Journal of Political Economy*, 1962(5).

2. Bukodi E. & Goldthorpe J. H., Market versus Meritocracy: Hungary as a Critical Case, *European Sociological Review*, 2010(6).

3. Chen M., Intergenerational Mobility in Contemporary China, *Chinese Sociological Review*, 2013(4).

4. Chiswick B. R., The Effect of Americanization on the Earnings of Foreign – born Men, *Journal of Political Economy*, 1978(86).

5. Donald J. Treiman, Industrialization and Social Stratification, *Sociological Inquiry*, 1970(2).

6. Erzsébet Bukodi, Market versus Meritocracy: Hungary as a Critical Case, *European Sociological Review*, 2010(6).

7. Granovetter, M. S., The Strength of Weak Ties, *American Journal of Sociology*, 1973(6).

8. Grawe N., Reconsidering the Use of Nonlinearities in Intergenerational Earnings Mobility as a Test of Credit Constraints, *Journal of Human Resources*, 2004(3).

9. Hendrik D. Flap & Nan Dirk De Graaf, Social Capital and Attained Occupational Status, *Netherlands Journal of Sociology*, 1986(2).

10. Mushkin S. J., Health as an Investment, *Journal of Political Economy*, 1962(2).

11. Parkin F., Class Stratification in Socialist Societies, *The British Journal of Sociology*, 1969(4).

12. Robert M. Hauser, Peter J. Dickinson, Harry P. Travis & John N. Koffel, Structural Changes in Occupational Mobility Among Men in the United States, *American Sociological Review*, 1975(5).

13. Schultz, T. W., Investment in Human Capital, *The American Economic Review*, 1961,51(1).

14. Wan G., Zhou Z., Income Inequality in Rural China: Regression – based Decomposition Using Household Data, *Review of Development Economics*, 2005(1).

15. Yaish M. & Andersen R., Social Mobility in 20 Modern Societies: The Role of Economic and Political Context, *Social Science Research*, 2012(3).

16. Yuan Cheng & Jianzhong Dai, Intergenerational Mobility in Modern China, *European Sociological Review*, 1995(1).

政治文化与政治文明书系书目

- **多元文化与国家建设系列**（执行主编：常士訚）

1. 常士訚、高春芽、吕建明主编：《多元文化与国家建设》

2. 张鑫著：《混和选举制度对政党体系之影响：基于德国和日本的比较研究》

3. 王坚著：《美国印第安人政策史论》

4. 常士訚著：《合族之道的反思——当代多民族国家政治整合研究》

5. 常士訚著：《族际合作治理：多民族发展中国家政治整合研究》

6. 王向贤著：《为父之道：父职的社会构建》

7. 崔金海著：《中韩跨国婚姻家庭关系建构及发展的扎根理论研究》

- **行政文化与政府治理系列**（执行主编：吴春华）

8. 史瑞杰等著：《当代中国政府正义问题研究》

9. 曹海军、李筠著：《社会管理的理论与实践》

10. 韩志明著：《让权利运用起来——公民问责的理论与实践研究》

11. 温志强、郝雅立著：《快速城镇化背景下的群体性突发事件预警与
    阻断机制研究》

12. 曹海军著：《国外城市治理理论研究》

13. 宋林霖著：《中国公共政策制定的时间成本管理研究》

14. 宋林霖著：《中国共产党执政能力建设研究》

15. 孙宏伟著：《英国地方自治体制研究》

16. 宋林霖、朱光磊主编：《贵州贵安新区行政审批制度改革创新研究》

17. 袁小波著：《老龄社会的照料危机——成年子女照料者的角色经历与
    社会支持研究》

18. 刘琳著：《空间资本、居住隔离与外来人口的社会融合——以上海市为例》

19. 于莉著：《城乡农民的身份转型与社会流动研究》

- **政治思想与政治理论译丛**（执行主编：刘训练）

20. 郭台辉、余慧元编译：《历史中的公民概念》

21. ［英］加里·布朗宁等著，黎汉基、黄佩璇译：《对话当代政治理论家》

- **政治思想与比较政治文化系列（执行主编：高建）**

22. 刘学斌著：《应为何臣　臣应何为——春秋战国时期的臣道思想》

23. 王乐理著：《美德与国家——西方传统政治思想专题研究》

24. 张师伟著：《中国传统政治哲学的逻辑演绎》（上下）

25. 刘学斌著：《中国传统政治思想中的公共观念研究》

- **民主的理论与实践系列（执行主编：佟德志）**

26. 李璐著：《社会转型期城市社区组织管理创新研究》

27. 田改伟：《党内民主与人民民主》

28. 佟德志著：《民主的否定之否定——近代西方政治思想的历史与逻辑》

- **政治思潮与政治哲学系列（执行主编：马德普）**

29. 高景柱著：《当代政治哲学视域中的平等理论》

30. 许超著：《在理想与现实之间——正义实现研究》

31. 马德普主编：《当代中国政治思潮（改革开放以来）》

- **社会主义政治文明建设系列（执行主编：余金成）**

32. 余金成著：《马克思主义从原创形态向现代形态的发展——关于中国特色社会主义基础理论的探索》

33. 冯宏良著：《国家意识形态安全与马克思主义大众化——基于社会政治稳定的研究视野》

- **国际政治系列**

34. 杨卫东著：《国际秩序与美国对外战略调整》